形体训练与形象设计
(第3版)

王　晶　张岩松　主　编
王淑华　马　蕾　高　琳　副主编

清华大学出版社
北京

内 容 简 介

当今社会，个人的形象魅力已成为一个人立足于社会的核心竞争力。本书提供了基本的形体训练与形象设计的科学理念和有效方法，对形体基本姿态训练、形体素质训练、形体动作协调训练，以及芭蕾、交际舞、健美操、瑜伽等形体训练方法和妆容、服饰、语言交际、社交礼仪、气质培养等形象设计技巧都做了较系统的阐述，可帮助读者训练仪态、塑造体形，使自身成为具有高雅气质、不俗谈吐、文明礼仪和高尚道德的复合型人才。

本书是高职高专公共基础课教材，可作为高职高专院校各专业学生的形体训练和形象设计课程教材，同时也可作为相关企事业单位的培训用书，还可作为广大读者进行形体训练与形象设计的实用手册。

图书在版编目(CIP)数据

形体训练与形象设计/王晶，张岩松主编. —3 版. —北京：清华大学出版社，2020.8（2021.12 重印）
ISBN 978-7-302-56034-0

Ⅰ. ①形⋯　Ⅱ. ①王⋯　②张⋯　Ⅲ. ①形体—健身运动—教材　②个人—形象—设计—教材　Ⅳ. ①G831.3
②B834.3

中国版本图书馆 CIP 数据核字(2020)第 127052 号

责任编辑：桑任松
装帧设计：刘孝琼
责任校对：吴春华
责任印制：宋　林
出版发行：清华大学出版社
　　　　网　　　址：http://www.tup.com.cn, http://www.wqbook.com
　　　　地　　　址：北京清华大学学研大厦 A 座　　　邮　　编：100084
　　　　社 总 机：010-62770175　　　　　　　　邮　　购：010-62786544
　　　　投稿与读者服务：010-62776969, c-service@tup.tsinghua.edu.cn
　　　　质量反馈：010-62772015, zhiliang@tup.tsinghua.edu.cn
　　　　课件下载：http://www.tup.com.cn, 010-62791865
印 装 者：三河市龙大印装有限公司
经　　销：全国新华书店
开　　本：185mm×260mm　　　　印　张：19　　　字　数：462 千字
版　　次：2011 年 9 月第 1 版　　2020 年 9 月第 3 版　　印　次：2021 年 12 月第 3 次印刷
定　　价：54.00 元

产品编号：086659-01

良好的形象是美丽生活的代言人，是走向人生更高阶梯的扶手，是成功进入神圣殿堂的敲门砖，是成功人生的潜在资本。形象力同智力、体力一样，已成为人力资源的重要组成部分。

人类正在进入一个"读秒"的时代，如潮的信息令人应接不暇，这必然带来语言的"缺失症"，给形象这一"此时无声胜有声"的高级而有效的沟通手段带来空前的发展。用外在形象符号，包括仪容、服饰、体态、形体、举止等来表示自身或者判断他人的内涵、修养、学识、品位、为人，甚至价值观、道德观已成为交往中的常态。

个人形象对现代人来说越来越重要。在竞争日益激烈的当今社会，形象之功胜过千言万语。塑造完美的形象，不仅能彰显个人的专业实力，也是提升企业或组织整体形象的重要基础。形象魅力已成为一种新的生产力资源，成为对公众的凝聚力、吸引力、感召力、诉求力和竞争力。

本书提供了基本的形体训练和形象设计的科学理念和有效方法，全书对形体基本素质训练、体态训练、动作协调训练以及芭蕾、交际舞、健美操、瑜伽等形体训练方法和妆容、服饰、语言交际、社交礼仪、气质培养等形象设计技巧都做了较系统的阐述，它将帮助读者训练仪态、塑造体形，使自身成长为具有高雅气质、不俗谈吐、文明礼仪和高尚道德的复合型人才。

作为全国高职高专公共基础课教材，本书借鉴了大连职业技术学院张岩松教授的"现代交际礼仪"国家精品课程建设成果。本书可作为高职高专院校各专业学生的形体训练和形象设计课程教材，也可以作为相关企业和机构的培训用书，还可以作为各级各类企事业单位进行形体训练和形象设计学习与训练的手册。

本书自 2011 年出版以来受到数十所高校师生的热烈欢迎，被选作公共基础课教材，累计发行 3 万余册。此次在第 1 版、第 2 版的基础上，融合各院校同人的意见、建议，进行了全面修订。为推进课程思政，每章前提出了"课程思政要求"，便于教师在教学中遵循；为适应当今碎片化阅读特点，在基本知识介绍中大量补充了"小故事""小知识"，极大地增强了趣味性和可读性，使本书能更好地满足各高职院校以及广大读者的需求。

本书由王晶、张岩松任主编，王淑华、马蕾、高琳任副主编。全书共分为 13 章，具体分工如下：王晶编写第一至第四章；张岩松编写第九章和第十二章；马蕾编写第五至第七章；王淑华编写第八章和第十三章；高琳编写第十章和第十一章。本书的平面模特为王佳特、陈沁然、朱倩倩、蔺瑶、王静雯、高伟、吴佳霖；王林、王耀萱、马蕾完成了图片摄影工作，王林、王淑华完成了图片制作工作。全书由张岩松、高琳统稿。

在本书的编写过程中，参考了大量报刊文献，吸收了国内学者的新研究成果，限于篇幅仅列出主要参考书目，在此，向各位专家、学者表示衷心的感谢。有些资料是参考互联网上发布或转发的信息，在此亦向各位原作者所付出的辛勤劳动表示衷心的感谢。

由于时间有限，书中难免有疏漏之处，敬请读者批评指正。

编　者

目　　录

第一章　形体训练概述

人体以它生动柔和的线条和轮廓，有力的体魄和匀称的体态，滋润、光泽、透明的色彩成为在自然中最完美的部分，标志着我们这个星球上最高级生命的尊严。

——朱光潜

相貌的美高于色泽的美，而优雅合适的动作美又高于相貌的美，这才是美的精华。

——[英]培根(Francis Bacon)

课程思政要求：

- 进行社会主义核心价值观教育；
- 进行爱国主义教育；
- 开展诚信教育、法律意识教育和道德意识教育；
- 塑造职业形象、提高职业素养；
- 促进学生全面发展；
- 提高大学生的审美意识和审美情趣。

形体训练是对学生进行素质教育，培养其综合能力和塑造其优美体态的一门基础课。通过以人体科学为基础的形体动作训练，可以改善学生形体动作的姿态，提高灵活性、协调性，从而增强其形体外在表现力与内在气质的相互融合，提高个人的综合素质和综合能力。

第一节　形体与形体训练

一、形体

形体即人身体的形态。如古人所说，"形体不蔽，精神不散，亦可以百数""七八，肝气衰，筋不能动，天癸竭，精少，肾脏衰，形体皆极"(《素问·上古天真论》)。我们可以给形体下这样一个定义：形体是指人在先天遗传和后天获得的基础上所表现出的身体形态上的相对稳定性的特征，是包括人的表情、姿态和体型在内的人的外在形象的总和。形体是人体美的一种艺术表现形式，而艺术是指富有创造性的方式、方法。从一定意义上来说，先天遗传对形体起着决定性的作用，同时形体与后天生活条件及科学训练也有密切关系。后天科学的形体训练，可以使个人的优点得到弘扬，不足得到改善，从而使形体变得更美。

形体由体格、体型、姿态三个方面构成。

体格指标包括人的高度(身高、坐高等)、体重、围度(胸围、腰围、臀围、臂围、腿围、颈围等)、宽度(肩宽、骨盆宽度等)、长度(上、下肢长度等)等。其中，身高主要反映骨骼的生长发育情况；体重主要反映骨骼、肌肉、脂肪等重量的综合情况；胸围则反映胸廓的大小及胸部肌肉的生长发育状况。因而身高、体重及胸围被列为人体形态变化的三项基本指标。

体型是指身体各部分的比例，如上、下身长的比例，肩宽与身高的比例，各种围度之间的比例等。形体是否美主要取决于骨骼组成与肌肉的状况，取决于身体各部分发展的均衡与整体的和谐，正如达·芬奇所说："美感完全建立在各部分之间神圣的比例上。"

姿态是指人坐、立、行等各种基本活动的姿势。人体的姿势是通过脊柱弯曲的程度、四肢和手足以及头的部位等来体现的。姿势的正确、优美，不仅能衬托、体现人的整体美，还能反映一个人的气质与精神风貌。可以说，它是展示人的内在美的一个窗口。

可见，形体美是一种综合的美，它既包含了人体外表形状、轮廓的美，又包含了人体在各种活动中表现出来的体态美。所谓形体美，就是健壮体格、完美体型、优美姿态互相融合，从而展现出来的和谐的整体美。这种美可以通过形体训练来获得。

二、形体训练

形体训练是一个外来语，狭义上认为形体训练是形体美训练；广义上则认为只要有形体动作的训练就可以叫作形体训练，这样各式各样的动作都可以称为形体训练，甚至某些服务行业的程式化动作，如迎宾、礼仪姿势等，也被称为形体训练。一般情况下，我们用形体美训练来定义形体训练，这也符合大多数形体训练者的意愿。形体训练是一项比较优美、高雅的健身项目和艺术项目，它起源于舞蹈、体操等基本功训练，主要通过舒展优美的舞蹈基础练习(以芭蕾为基础)，结合古典舞、民族民间舞蹈进行综合训练，塑造人们优美的体态，培养高雅的气质，纠正生活中不正确的姿态。

所谓形体训练，是以人体科学为基础的形体动作训练，是以改变练习者形体动作的原始状态、增强可塑性为目的的形体素质的基本训练，是以提高练习者形体的灵活性和艺术表现力为目的的形体技巧训练。它既注重外在美的训练，又注重内在美的培养。形体训练是一个有目的、有计划、有组织的教育过程。练习者在旋律优美的乐曲伴奏下，进行经常性的形体艺术训练会使身心得到全面发展，不仅能获得健康美，还能获得体型美、姿态美和气质美，使形体更富有艺术魅力。

第二节　形体训练的特点

形体训练是以人体形态科学为基础，以美的标准进行的一项运动，所以形体训练有其区别于其他体育运动的不同特点。

一、目的性

形体训练的根本目的是培养良好的身体形态。它是以培养良好形态的身体练习为主要特征的科学。形体训练的内容多为周期性的静力性活动和控制能力的练习，而非剧烈的体育运动，形体训练是一种以严格规范的形体控制练习和舒展优美并符合人体运动自然规律而进行徒手练习为基础的运动形式。

二、艺术性

形体训练具有强烈的艺术性。形体训练是一种具有美的性质的运动，所以其对美的感受较于其他体育运动要强得多，可以说是一种具有艺术特征的身体运动。形体训练常以其丰富多彩的练习内容及形体美的表达形式、舒展优美的姿态、矫健匀称的体型、集体练习中巧妙变换的队形等方式展示强烈的美感。在形体训练中常加入音乐，将整个形体训练生动地组合起来，还可以根据不同风格的乐曲，选择创造出不同风格、形式的形体训练动作，使整个形体训练变得更加生动、优美。在形体训练中，还提高了形体训练者的音乐素养，培养其良好的气质和修养。值得强调的是，形体素质训练中多采用旋律优美的钢琴曲伴奏，而钢琴的表现力是所有乐器中最为突出的，钢琴是感受音乐美感的首选乐器，也是最好的乐器，所以形体训练对于培养人的音乐素养可以发挥很大的作用。

三、多样性

形体训练的方法、形式、项目等多种多样，适用于不同水平的练习者。

从形体训练的方法上看，它是在人体解剖学、运动心理学、运动训练学、运动生理学、美学等学科理论指导下进行的。可根据不同的年龄和性别、不同的体型和体质、不同的训练目的和各自的水平，选择不同的训练方法。

从形体训练的形式上看，有局部练习，也有全身性的练习；有单人练习，也有双人练习，还有集体练习；有徒手练习，也有器械练习；有站姿练习，也有坐姿练习；有节奏柔和缓慢的练习，也有节奏快、动感强的练习。

从形体训练的项目上看，有健身强体的练习，也有健美体形的练习；有训练正确的站、坐、行走姿态的专门练习，也有塑造形象的着装、发式、化妆以及言谈、举止、礼仪等形体语言练习；有适合胖人减肥的锻炼，也有适合瘦人丰腴健美的锻炼等。

四、舞蹈性

形体训练是各项以身体表现为主的舞蹈和运动项目的基础训练内容，也是培养现代礼仪的主要手段。体操、艺术体操和舞蹈等运动项目的基础就是形体的训练，而这些项目又可促进形体的训练，两者相辅相成，对提升个人形体美、培养个人艺术素养有着重要的作用。

第三节 形体训练的内容

形体训练包括形体素质训练、身体基本形态训练和形体综合训练。

一、形体素质训练

形体素质训练具有高密度、低强度的特点，主要是训练形体的控制力和表现力，它包括身体力量、柔韧性、协调性、耐力和灵活性的训练。①

1. 力量

力量是指人体肌肉收缩时表现出来的一种克服阻力的能力。力量的大小取决于以下几方面：肌肉的生理横断面；支配肌肉收缩的神经中枢的作用程度；肌肉组织的生化积极性；完成动作的技术。在训练中，对肌肉活动的不同形式形成了不同的力量概念，即绝对力量、速度力量和耐力力量。绝对力量取决于肌肉最大限度地任意收缩的能力；速度力量取决于肌肉迅速收缩时克服外部阻力的能力；耐力力量取决于人的肌体在做长时间的耐力活动时对抗疲劳的能力。在形体训练中，培养局部力量(如前、侧、后控腿的力量)具有特别重要的意义，但必须合理适度，其目的是增强腿部肌肉的速度力量和耐力力量。

培养力量的基本手段有极限训练法、重复训练法、动力训练法和静力训练法。①极限训练法不适于形体训练，高负荷和中等负荷训练也都不适宜。②对形体训练者来说，重复训练法是非常有效的。③动力训练法适用于培养速度力量素质，其具体表现是弹跳力。弹跳力是一种综合素质，这种素质的基础就是在保持动作最大幅度的前提下，使肌肉收缩的力度与速度相结合并在形体训练中表现出来。弹跳力有着非常重要的意义，如各种大跳动作，它是表明练习者技术水平与素质的一种指标。④静力训练法就是使肌肉经受长达56秒最大的、重复性紧张。为了有目的地培养人体某块肌肉群，形体艺术训练中广泛采用静力训练法，如各种控制动作和各种平衡姿势的腿部动作。

2. 柔韧性

柔韧性一般被称为"软度"，它是指肌肉、韧带的弹性和关节的活动范围及灵活性。柔韧性的好坏在形体训练中起着重要的作用。良好的柔韧性能够增加形体动作的幅度，使动作更加舒展、优美、完善，是高质量完成动作的基本保证。要使形体艺术训练的动作更加完善，必须全面发展身体各部位的柔韧性，否则就无法发挥出动作的优美表现力和塑造力，也无法提高动作的技术水平。关节的灵活性差往往会使动作受到局限或变得僵硬，因此，在形体训练中提高脊柱的柔韧性(如腰椎、胸椎和颈椎的柔韧性)具有特殊意义。脊柱的柔韧性对掌握波浪、摆动和结环等动作非常重要。

柔韧性有主动柔韧性和被动柔韧性两种。主动柔韧性是练习者不借助外力，只靠自身的肌肉力量独立完成的关节最大可能的灵活性。被动柔韧性是靠同伴、器材或负重等外力作用所完成的最大幅度的动作。只有同时发展主动和被动这两种柔韧性，才能使身体各关节获得适宜的灵活性。但是，发展柔韧素质要与放松练习交替进行，以利于韧带和肌肉的伸展和放松，避免损伤。

---

① 钱立安，王华. 金融职业形体礼仪[M]. 北京：中国金融出版社，2019.

3. 协调性

协调性是指练习者身体各部位在时间和空间上相互配合，合理有效地完成动作的能力。它是身体素质中最不好练习、最不容易提高的一项素质，但它是形体训练中必须具备的素质之一。协调性可通过各种舞蹈组合(如爵士舞组合、现代舞组合等)及健美操和形体动作组合来提高，因为这些练习需要全身大小肌肉都参加运动，而许多肌肉是日常生活和其他运动项目活动不到的。这些练习的动作有对称的，有不对称的，变化较多。在安排一些动作的组合练习时应选择那些需要上下肢、躯干、头等多部位相互配合，具有一定复杂性的动作，这样可锻炼大脑支配身体各部位同时参与不同运动的能力。要提高协调性，还应让练习者尽可能多地学习和掌握各种类型的动作。学习的动作越多，神经、肌肉的支配能力就越能得到锻炼和提高。

4. 耐力

耐力就是在尽可能长的时间内，坚持完成某种规定动作的能力。耐力有一般耐力和专项耐力之分。①形体的一般耐力是指持续完成某项动作的能力，这项动作往往可使许多肌群参与活动，而且会对心血管系统、呼吸系统和中枢神经系统提出更高的要求。有了一般耐力，就能使练习者顺利地完成大负荷的动作。②形体的专项耐力是指完成某种非常剧烈但为时不长的动作的能力。有了这种能力，练习者就能够轻松自如、连贯流畅、动作优美和富于表现力地完成无比精彩、复杂和新颖的表演动作。

5. 灵活性

灵活性在身体素质训练中占有特殊的位置，它与其他身体素质的联系最为广泛，是一种最综合的素质。灵活性有一般灵活性和专项灵活性之分。一般灵活性是指一种能正确协调自身动作与合理完成动作的能力。专项灵活性则是一种能根据项目的特点，合理运用该项运动技术的能力。灵活性的基础在于运动技能的灵巧、高度发达的肌肉感和神经系统的可塑性。练习者对自己所做动作的领悟能力越高、越正确，就越能更好地掌握新动作的要领。

身体素质训练的内容较多，但其中力量、柔韧性、协调性和灵活性是形体基本素质训练中最主要的内容，它们的好坏直接地影响着身体形态的控制力和表现力的提高。因此，在形体艺术训练中，每个动作都和增强形体专项素质的能力有密切的关系，练习者尤其需要加强基本体质的训练，以利于良好身体形态的形成，从而达到形体训练的目的。

二、身体基本形态训练

身体基本形态训练主要是指在音乐伴奏下进行大量的徒手练习、地面练习和把杆练习，其目的是培养练习者正确的体态和完成动作的协调性、准确性，进一步改善身体形态的原始状态，逐渐形成正确站姿、坐姿、走姿及优雅举止，提高形体动作的灵活性和表达能力。

三、形体综合训练

形体综合训练主要是以有节奏的形体动作作为主要练习手段，一般采用基本舞步、舞蹈组合、韵律操、健美操、体育舞蹈等多种项目进行练习。形体综合训练可以提高练习者的有氧代谢能力，促进其身体全面均衡地发展，提高节奏感、音乐表现力、形态表达能力，增强练习者的兴趣，陶冶情操，培养高雅的气质和风度，提高练习者对美的感受和欣赏能力，丰富其想象力和创造力，保持健美体形，促进优美体态的形成。

小知识 1—1

形体训练中的呼吸方法

生命离不开呼吸这一不断交替的运动，呼吸直接影响着生命的活力。人的生命力来源于身体的能量，能量通过呼吸来吸收，渗透人体的每个细胞，使细胞不断更新，恢复活力。呼吸习惯和呼吸方式既可以增加也可以减少人体的能量储备。呼吸方式与我们的感情和心态有着密切联系。例如，呼吸平稳而有节奏就不会觉得焦躁不安，反过来如果呼吸急促、快慢不均，心情就很难平静。有意识地控制呼吸可以抑制情绪的波动，与姿势练习结合起来有助于动作的流畅，并能集中注意力。有意识的呼吸也可以单独进行。其实，不管在什么情况下，都可以有意识地让自己的呼吸更均匀平稳和更深入一些。但是要记住，虽然呼吸深入能够有效地增加体内能量，但并不是说呼吸得越深越好。

1. 呼吸练习的基本要求

(1) 除非有特殊情况，一般用鼻呼吸，嘴唇微闭。

(2) 每次吸气和呼气都要舒缓、深入并均匀。

(3) 呼气时间比吸气时间稍长，这样有利于放松，呼吸练习中常常用到这一点。

(4) 练习开始和结束时都要配合呼吸，动作之间的衔接也要配合呼吸。

(5) 呼吸的次数可以用来计算做某一姿势的时间。

(6) 练习时，若想加快练习速度，也要加快呼吸，但注意呼吸要配合动作之间的衔接。正确的姿势要求正确地呼吸，这样才能保证呼吸顺畅，使横膈膜尽量运动到最大限度。在一次完整的深呼吸过程中，横膈膜的上升和下降运动都会刺激淋巴系统，起到去除体内毒素的作用，有加强免疫系统的功能。

2. 局部型呼吸

局部型呼吸有助于增加肺活量，同时使身体更加平静。局部型呼吸可以作为胸腹式呼吸的前导。方式如下：吸气至肺下部，将手指平放在肚脐两侧，两手的肘关节落在地板上，呼吸三次，让手指感觉腹部的起伏。吸气至肺上部，将手指平放在锁骨下方。吸气时，感到胸部上方轻轻升起。两肩放松，不要抬升或拉紧双肩。吸气至肺中部，将手指平放在胸腔两侧。呼吸三次，感觉吸气时胸腔向两旁扩张，呼气时放松。

3. 胸腹式呼吸

手臂平放在身体两侧，掌心向上或向下。吸气一次，先将空气吸入下腹部，然后到胸腔，最后进入胸部上方。呼气时放松。

(资料来源：徐桂云. 形体训练教程[M]. 济南：山东大学出版社，2009.)

第四节 形体训练的作用

一、健身

形体训练是以身体训练为基本手段，均匀和谐地发展人体，增强体质，促进人体形态更加健美的一种体育运动。通过形体训练，诸如健美操锻炼、体态训练、柔韧性练习等都能增强运动系统的功能，有益于肌肉、骨骼、关节匀称与和谐地发展，有利于形成正确的体态和健美的形体，还能增强心血管系统及呼吸系统的功能，提高体能素质，达到健身的目的，为良好形象气质的形成奠定坚实的基础。

形体训练通过基本动作和成套动作练习，对身体各关节、韧带、各重要肌肉群和内脏器官施加合理的运动负荷，对心血管功能、身体柔韧性、协调性、力量、耐力、体重、体质等的改善都有十分显著的作用。例如，采用压、拉肩及下腰等练习来发展柔韧性；采用舞蹈、徒手及成套动作练习来锻炼大脑支配身体部位同步运动，发展身体的协调性；采用健美操中的仰卧起坐、快速高踢腿、跳步等来发展力量和弹跳力，提高动作的速度和力度；采用跑跳操等练习来提高耐力，增强体能。

人的身体是由骨骼、关节和肌肉组成的，骨骼、关节和肌肉的发育正常与否，将直接影响一个人的身体基本素质情况。经常性的形体训练能使骨密质增厚，骨径变粗，骨周围的血液循环得到改善，肌肉的控制能力增强，关节更加灵活。经常进行形体训练，还将使身体变得强壮有力，改善心肺功能，提高消化系统的功能，增强皮肤的血液循环，促进新陈代谢，从而加强人体的防御能力，真正达到健身的目的。

小知识 1-2

形体测量

形体健美在很大程度上取决于身体各部位体围的尺寸和相互间的比例。身高主要反映人体骨骼的发育程度。体重是反映人体发育状况的重量指标。胸围反映胸廓的大小和胸部肌肉与乳房的发育情况，是人体厚度和宽度最有代表性的测量值，也是身体发育状况的重要指标。腰围反映一个人的腰背健壮程度和脂肪状况。上臂围反映一个人肱三头肌和肱二头肌的发达程度。大腿围反映一个人股四头肌及股后肌群的发育状况。臀围反映一个人髋部骨骼和肌肉的发育情况。形体测量先要准备一条软尺，把全身主要的部位正确地测量出来并记录，判断自己的形体。

(1) 身高、体重：身高和体重在一日之内就有微妙的变化，故要在早晨起床后，身体还没活动之前测量为宜，尤其是体重，饭前饭后差别很大。

(2) 胸围:测量时,身体直立,两臂自然下垂。皮尺前面放在乳头上缘,皮尺后面置于肩胛骨下角处。先测安静时的胸围,再测深吸气时的胸围,最后测深呼气时的胸围。一般成人呼吸差为 6~8cm,经常参加锻炼者的呼吸差可达 10cm 以上。呼吸差可反映呼吸器官的功能。测量未成年女性胸围时,应将皮尺水平放在肩胛骨下角,前方放在乳峰上。测量时不要耸肩,呼气时不要弯腰。

(3) 腰围:测量时,身体直立,呼吸保持平稳,两臂自然下垂,不要收腹,皮尺水平放在髋骨上、肋骨下最窄的部位(腰最细的部位)。

(4) 臀围:测量时,两腿并拢直立,两臂自然下垂,皮尺水平放在前面的耻骨联合处。

(5) 臂围:手臂与手腕是比较纤细的部分,基本而言,上臂围是肘至肩部最粗的部位,比颈围(下巴抬起颈部细长的状态)细 4.5cm 是最理想的。

(6) 颈围:测量时,身体直立,测量颈的中部最细处。

(资料来源:陈宝珠. 形体训练与形象塑造[M]. 北京:清华大学出版社,2015.)

二、健美

健美主要是指人体的形体美,即人体外形的匀称、和谐。形体美基本上是由身高、体重和人体各部分的长度、围度及比例所决定的。通过形体锻炼的力量练习,可使身体各部分的肌肉得到协调、匀称地发展,其主要特征是身体部分肌肉特别发达、线条清晰。通过健美操的练习,可使身体各部分的脂肪减少,肌肉的协调性、灵活性增强,其主要特征是动作优美动人。进行系统的形体训练还能为良好的站姿、坐姿、走姿的培养打下坚实的基础,而且对于矫正身体的不良姿态、形成优美的体态有着特殊的功效。长期坚持形体锻炼可以使少年儿童形成正确的身体姿态;使青年人动作优美,体态矫健;使中年人延缓身体的衰老,保持良好体形。

健美的形体是通过运动锻炼出来的。通过科学、系统的形体锻炼,使身体协调发展,塑造自己理想的形体,获得良好的健美效果。

小知识 1—3

形体美的衡量指数

女性形体美的衡量指数与男性形体美的衡量指数有所区别,它们分别如下。

(1) 女性形体美的衡量指数。

标准体重计算公式为:[身高(cm)-100]×0.85(kg)。

上下身比例:以肚脐为界,上下身比例应为 5:8,符合"黄金分割"定律。

胸围应为身高的 1/2。

腰围的标准围度比胸围小 20cm。

臀围应较胸围大 4cm。

大腿围应较腰围小 10cm。

小腿围应较大腿围小 20cm。

足颈围应小于小腿围 10cm。

手腕围应较足颈围小 5cm。

颈围应等于小腿围。

肩宽即两肩峰之间的距离，应等于胸围的 1/2 减去 4cm。

(2) 男性形体美的衡量指数。

标准体重计算公式为：[身高(cm)-100]×0.9(kg)。

身体的中心点应在股骨大转子顶部。

向两侧平伸两臂，两手中指尖的距离应等于身高。

肩宽应等于身高的 1/4。

胸围应等于身高的 1/2 加 5cm。

腰围应较胸围小 15cm。

髋围应等于身高的 1/2。

大腿围应较腰围小 22.5cm。

小腿围应较大腿围小 18cm。

足颈围应较小腿围小 12cm。

手腕围应较足颈围小 5cm。

上臂围等于大腿围的 1/2。

颈围应等于小腿围。

(资料来源：陈宝珠. 形体训练与形象塑造[M]. 北京：清华大学出版社，2015.)

三、健心

形体训练的健身价值是显而易见的，而它的健心价值对青年人的健康成长有着不可替代的作用。

1. 增强乐感

在形体训练的过程中，我们一般根据不同的训练内容，安排一些节奏舒缓或者节奏欢快的音乐。形体训练的教学实践也证明：初次接触形体训练的学生中，大多数节奏韵律感差，听不出音乐的节奏，对于一拍一动、二拍一动更是摸不着头脑，只有少数学生能合拍有节奏地练习，而通过一段时间的形体训练后，大部分学生都能跟上音乐的节奏，较好地表达音乐的内涵。

2. 丰富想象力、创造力

想象，是在表象重新组合的基础上，反映未直接感受过的事物新形象的过程。其在形体训练中具有一定的随意性，练习者在音乐的伴奏下可以进行各种练习，情绪随意发挥，尽情欢跳。如在韵律操的创编中，不得多次重复某个动作，音乐的选配也与动作的表现力相吻合。此时，同学们可以充分发挥自己的想象力和创造力。

3. 锻炼顽强意志

意志是人们自觉地确定目标,并支配行动,克服种种困难而实现目标的心理过程。形体健身的意义及其锻炼身体的价值,是把它作为一项健身、健心的娱乐项目来进行身体锻炼,始终保持充沛的精力、愉快的心情,来培养良好的身体姿态,促进生理、心理健康发展。对于从未接触过舞蹈、体操的人来说,刚开始训练时会遇到许多困难,如动作不协调、柔韧性差、动作无法到位、体力跟不上、姿态差等。形体训练以其独特的魅力吸引着练习者去克服困难,咬紧牙关,坚持下去。良好的意志品质不是自发产生的,而是在教育和学习中形成的。形体训练要有成效,必须有一个量的积累过程,即从量变到质变,那就需要一定的耐心和顽强的意志。

4. 培养正确的审美观

形体训练不仅是身体素质的训练,也是精神文明教育和审美教育。人体美的表现形式是外在美,但人体美脱离不开内在美。"人的外表和纯洁应是他内心的优美和纯洁的表现。"形体训练,以自己丰富的内容和独特的形式,可以培养训练者正确的审美意识,陶冶美的情操,形成正确的审美观。由漂亮的木地板、宽敞的落地镜组成的体操房和舞蹈教室,优美、欢快的音乐,丰富多彩的动作,矫健匀称的体型,五颜六色的服装,构成一幅美的图画。在形体练习中,练习者不仅心情愉快,精神上得到了满足,而且可以懂得什么是美的动作、美的仪表、美的心灵,提高对美的感受、鉴赏、表现和创造能力。

总之,形体训练可以陶冶情操、美化心灵,培养热爱生活、乐观积极的品格,激发对生活的自信心和进取心,形成豁达、乐观、开朗的良好心境,极大地促进身心的健康。

小知识 1—4

形体训练中的音乐选择

形体训练的过程离不开音乐,只有将动作和音乐有机地结合起来,才能赋予动作生命和美感,没有音乐,就会失去其光彩和美的魅力。音乐选配得合适与否,直接影响着训练的效果。

1. 选择的音乐应该旋律优美、格调高雅、富于动感

形体训练是一个有计划、有目的的教育过程,它不仅是人体的动态造型运动,更要在美的音乐旋律的感受下,引导人们去塑造美、表现美、创造美。各个方面都体现出一个"美"字,那么从音乐的角度来讲,旋律的选择也应该强调"美"。音乐应优美动听且格调高雅,富有表现力,这样更能激起学生内心的兴奋,启发他们内在的美感,有效地调动学生学习的积极性和主动性,使他们能随着乐曲的旋律把形体动作完成得更准确、更优美,从而达到训练的目的。

2. 选择的音乐应该易于被学生理解与接受

对于初学者,应该选择他们较为熟悉,节奏适中且又相对简单、清晰的乐段或乐曲,如一些具有民族风格的抒情曲或现代乐曲等,可以催人向上,有利于身心健康,学生喜闻乐见，易于接受。这个阶段不适合速度太快、太激烈或节奏太复杂的乐曲，如果他们找不到音乐的感觉，就不可能更好地展现形体动作。有了一定基础后就可以选择结构较为复杂、速度稍快的乐曲，使他们在练习中进一步掌握动作要领并体会所要表现的情绪和风格。另外，在学生能够理解的基础上，应不断更新形体课堂的音乐，从而产生一种新鲜感，同时也促使学生了解和熟悉多种不同风格的节奏和旋律，这将对学生在形体训练中完成动作起到潜移默化的积极作用。

3. 选择的音乐应该符合形体动作的特点

音乐和动作的风格特点要相吻合，不同种类的动作应选用不同旋律的音乐。每首乐曲有它的旋律节奏和风格特点，可体现各种情绪和不同的强、弱、快、慢节奏。各种动作组合也有其个性特点，有大、小、快、慢的不同律动。特点各异的动作可以体现不同的情感和不同的风格。这样在教学中，通过生动形象的语言描绘和悦耳动听的音乐欣赏，学生就可以加深对动作的理解，从而能够尽情自如地表现动作，抒发细腻的艺术情感，自觉地进入美的意境，使动作更加优美。

音乐给动作以灵魂，使其更富有韵律感和节奏感。音乐对于提高形体教学是有帮助的，它促进了形体教学的进步和提高。因此，我们应该让音乐发挥出最大的艺术表现功能，更好地为形体训练服务。

(资料来源：李晓帆，张绍荣. 形体训练三要素——综合性、科学性和艺术性[J].
湖南税务高等专科学校学报，2009(4).)

第五节　形体训练的基本要求

一、做好准备

训练前必须做好准备活动，唤醒神经、肌肉与韧带。准备活动要安排轻松自如、由弱到强的适度练习，一般以 10～15 分钟为宜。

训练时要穿有弹性的紧身服装或宽松的休闲服，穿体操鞋、舞蹈鞋或健身鞋，并保持整洁。

二、合理安排

形体训练要遵循人体发展和适应环境的基本规律，根据练习者身体的实际情况来确定训练方法，循序渐进，逐步提高，不能急于求成，更不能虎头蛇尾，要持之以恒，较完整地掌握形体训练的有关知识和方法。

一般来说合理的锻炼时间是每次 1～1.5 小时，每周至少练习两次。

参加形体训练还要有恰当的生理和心理负荷。运动时达到最大心率的 70%～80%效果最好，训练结束后要作调整。

在做器械练习时，要有专人指导和帮助，要注意训练的安全。

训练中和训练后要注意适当补充水分。同时要注意糖、脂肪、蛋白质、维生素、矿物质等饮食营养的合理搭配，以保证足够的营养和营养之间的平衡。

音乐选配合适与否，直接影响到形体训练的效果。形体训练的音乐要旋律优美，格调高雅，富于动感，符合形体动作特点，且易于被人们理解和接受。

三、全面锻炼

全面锻炼要求在训练时做到力量与速度、耐力、协调性、柔韧性等素质相结合，动力性与静力性练习相结合，大肌肉群和小肌肉群相结合，主动性运动部位与被动性运动部位相结合，负重练习与徒手练习相结合，全身训练与身体某部位的强化训练相结合，无氧运动与有氧运动相结合，呼吸与动作节奏相配合等，从而使全身肌肉群肌肉匀称，促进心肺功能的改善和肌肉群的协调发展，使身体形态、机能等各种身体素质以及心理素质等诸方面都得到和谐的发展。

在全面锻炼的基础上，有目的、有意识地加强职业实用性形体训练，效果更佳。

小知识 1—5

形体训练的常用术语

(1) 主力腿。主力腿是指动作过程中，或者形成姿态时，支撑身体重心的一条腿。它与动力腿的配合，对身体平衡以及动作姿态的优美有着重要作用。

(2) 动力腿。动力腿是相对主力腿而言的，非重心支撑的一条腿，可做各种屈伸、摆动等动作。

(3) 身段。身段是在舞台表演或训练中，各种形体动作的统称。从最简单的比拟手势到复杂的武打技巧，如坐、卧、行、走、甩袖、亮相等都可称为身段。

(4) 造型。造型是塑造人物外部形象的艺术手段之一。人们一般将雕塑性强的动作姿态称为造型。

(5) 亮相。亮相是指表演时在一个短促的停顿中所做的姿态，它也是戏曲表演中的一种程式动作。

(6) 韵律。韵律是指在动作表演过程中，人体运动的自然规律造成欲左先右，欲纵先收，以及动与静、上与下、高与低、长与短等辩证的规律，形成了动作的韵律。

(资料来源：佚名. 舞蹈常用术语都有哪些 [EB/OL].[2016-01-09].
https://zhidao.baidu.com/question/303503275345331764.html.)

小知识 1—6

舞蹈中眼睛看的"点位"

舞蹈中的 1 点=钟表的 12 点。

舞蹈中的 2 点=钟表的 1 点和 2 点之间(就是右上指向的 45°)。

舞蹈中的 3 点=钟表的 3 点。

舞蹈中的 4 点=钟表的 4 点和 5 点之间(就是右下指向的 135°)。

舞蹈中的 5 点=钟表的 6 点。

舞蹈中的 6 点=钟表的 7 点和 8 点之间(就是左下指向的 135°)。

舞蹈中的 7 点=钟表的 9 点。

舞蹈中的 8 点=钟表的 10 点和 11 点之间(就是左上指向的 45°)。

(资料来源：佚名. 跳舞时眼睛看 1 点是什么意思[EB/OL].[2015-06-26].
https://zhidao.baidu.com/question/147009446.html.)

思考与训练

1. 什么是形体？什么是形体训练？

2. 形体训练有哪些特点？

3. 形体训练的内容有哪些？

4. 形体训练的作用是什么？

5. 进行形体训练应注意什么？

6. 作为一名职业技术学院的学生，进行形体训练有何意义？

7. 结合你的职业岗位谈谈学习形体训练的必要性。

第二章　基本姿态训练

优雅之于体态，犹如判断力之于智慧。

——[法]拉罗什富科(La Rochefoucauld)

凡人之所以为人者，礼义也。礼义之始，在于正容体、齐颜色、顺辞令。容体正、颜色齐、辞令顺，而后礼义备。

——《礼记·冠义》

课程思政要求：

- 进行社会主义核心价值观教育；
- 进行爱国主义教育；
- 开展诚信教育、法律意识教育和道德意识教育；
- 塑造职业形象、提高职业素养；
- 促进学生全面发展；
- 提高大学生审美意识和审美情趣。

人体的基本姿态包括站姿、坐姿、走姿、蹲姿等，当这些基本姿态呈现在人们面前时，会给人不同的感受，如身体形态所显示的端庄、挺拔与高雅，会给人以赏心悦目的美感。古人云："站如松，坐如钟，行如风。"人们在日常工作和生活中的各种姿态正确与否，直接影响着人们的工作和生活质量，良好的姿态是个人内在修养和综合素质的完美外在表现。随着人类社会文明程度的不断提高，对人们姿态的要求已不是简单的正确与否，社会文明对人们姿态美的呼吁不断发展和提高。

本章主要讲授站姿、坐姿、走姿、蹲姿训练的内容。在课堂教学中，教师要注意以下几个方面。

(1) 教师要准确、清晰地讲解动作要领并进行标准示范，学生根据教师语言提示认真进行姿态练习。

(2) 教师要注意课堂气氛的调动，使学生保持饱满的精神状态。

(3) 训练过程中注意个别指导，及时纠正错误。

(4) 教师要运用具体情境来讲授不同姿态的要求。

(5) 训练过程中要灵活运用教学方法，使学习者始终都能保持浓厚的学习兴趣。

(6) 根据学习者的实际情况适时调整训练内容和强度。

(7) 注意在训练过程中选择典型音乐进行辅助教学。

第一节 站 姿 训 练

　　站姿是静态的造型动作，是指人的双腿在直立静止状态下所呈现出的姿势。站姿是建立个人形象最重要的前提，它是走姿和坐姿的基础。一个人要想表现出得体雅致的姿态，首先要从规范站姿开始。所谓"站如松"，就是指人的站立姿势要像松树一样直立挺拔，双腿均匀用力。

　　日常交际中，根据不同的场合，需要呈现不同的站姿。良好的站姿，对人的社会交际、工作、生活等方面起着很好的促进作用。女士站姿应体现优雅秀美，男士站姿应体现俊朗洒脱。

一、站姿的基本要求

1. 站姿的要求

站姿的总体要求是正直挺拔、舒展大方、庄重自信，具体要求如下所述。

1) 头正

两眼平视前方，脖颈挺直，下颌微收，嘴角上扬，表情自然，面带微笑。

2) 肩平

肩部微微放松，稍向后下沉，自然呼吸，两肩平齐、舒展。

3) 臂垂

两臂自然下垂于体侧，虎口向前，手指自然弯曲。

4) 躯挺

后背正直，挺胸收腹，提臀，立腰。

5) 腿并

双腿膝盖夹紧，大腿内侧收紧。

6) 脚稳

站正步，脚跟靠拢，脚尖并拢，身体重心落在两脚中间。

标准站姿如图 2-1 和图 2-2 所示。

图 2-1　　　　　　　　　　　　　　　　图 2-2

2. 站姿的要领

站姿的要领是：一提，二收，三沉。一提，是指髋骨上提，膝盖拉长；二收，是指腹肌收紧，臀部收紧，两处有相夹的感觉；三沉，是指肩部下沉，头部向上延展。

二、常用站姿介绍

根据不同场合、不同礼仪规范的要求，站立姿态也有所不同。以下简单介绍最常用的三种站姿。

1. 体侧垂手式

体侧垂手式站姿的做法是：在基本站姿的基础上，双手下垂放于体侧，两眼平视前方，女士双脚并拢向前，如图 2-3 所示。男士可在此基础上，双脚脚跟分开与肩同宽，脚尖向前。

适用场合：一般用于较为正式或庄重的场合，如升国旗、奏国歌、出席庆典仪式、聆听贵宾讲话、商务谈判后的合影、接受领导和尊者接见等。

2. 体前交叉握手式

体前交叉握手式站姿的做法是：在基本站姿的基础上，双手体前相握，右手在前，左手在后，稍向上提，放于小腹前。两脚呈左丁字步(左脚在前，右脚在后)。根据需要可做相反方向的动作，如图 2-4 所示。男士有时也可以采用这种姿态，但两脚要略微分开，脚呈大八字步。

适用场合：仪式主持、晚会主持、礼仪迎宾，也可用于前台的站立服务。

3. 体后背手式

体后背手式站姿的做法是：在基本站姿的基础上，双手背在体后，交叉相握，双脚呈小八字步站立，如图 2-5 所示。男士可在此基础上，双脚脚跟分开同肩宽，脚尖略分开。

适用场合：酒店或其他服务行业，保安服务也较多地采用这种站姿。

图 2-3　　　　　图 2-4　　　　　图 2-5

小知识 2—1

从站姿看性格和心理

1. 问题

你平时的站姿是以下哪种？

A. 背脊挺直、胸部挺起、双目平视

B. 弯腰屈背、略现佝偻状

C. 两手叉腰而立

D. 两腿交叉而立

E. 将双手插入口袋而立

F. 靠墙壁而立

G. 背手站立

2. 答案分析

选择 A：说明有充分的自信，给人以气宇轩昂、心情乐观愉快的印象，属开放型。

选择 B：属封闭型，表现出自我防卫、闭锁、消沉的倾向，同时，也表明精神上处于劣势，有惶惑不安或自我抑制的心情。

选择 C：是具有自信心和精神上优势的表现，属于开放型动作。对面临的事物没有充分心理准备时绝不会采用这个动作。

选择 D：表示一种保留态度或轻微拒绝的意思，也是感到拘束和缺乏自信心的表现。

选择 E：具有不袒露心思、暗中策划、盘算的倾向；若同时配合有弯腰屈背的姿势，则是心情沮丧或苦恼的反映。

选择 F：有这种习惯者多是失意者，通常比较坦白，容易接纳别人。

选择 G：多半是自信力很强的人，喜欢把握局势，控制一切。一个人若采用这种姿势出现在人面前，说明他怀有居高临下的心理。

(资料来源：佚名. 站姿看你的性格和心理[J]. 呼和浩特文苑，2008(9).)

三、易出现的不良站姿

1. 身体松懈，肌肉紧张，状态不够

这种姿势会使得身体直立程度不够，引发重心歪斜、含胸驼背、肩斜头歪的现象，直接造成人体的直立线条美被破坏，会给人以精神状态不佳、颓废消沉、态度不认真的感觉。

2. 双手摆放位置不佳

双手放置位置应保持规范，给人以优雅或庄重的感觉。切忌出现以下姿势：手臂交叉

抱肘、双手或单手叉腰、双手置于裤袋或衣袋中、双手支于某处(如手支下巴)、手握私人用品等。

3. 双腿摆放位置不准确

双腿、双脚的姿势或位置不当，如一腿直一腿弯曲、两腿叉开很大距离、两腿交叉或倚墙靠桌、两脚前后蹭踏等，都是十分不雅的姿态，会给他人造成不尊重的感觉。

四、站姿训练方法

形成正确站姿，不仅要掌握基本理论要求，更要进行科学的训练。练习者从最初的基本状态，到养成正确的站立姿态，需要进行耐心、认真和持之以恒的练习。

1. 对镜练习

在明确站姿要求的基础上面对镜子进行训练，从镜子中观察自己的姿态是否准确、优美，必要时可请他人给予协助和指导。在找到标准站姿的感觉后，再坚持每次 20 分钟左右的训练，以巩固动作技能，形成习惯性动作姿态。

2. 靠墙站立练习

靠墙站立练习要求五点成一条线，即脚后跟、小腿、臀部、双肩、后脑勺都要紧贴墙壁，如图 2-6 所示。每次训练宜控制在 20～30 分钟，直到延长至40 分钟。

3. 工具辅助练习

在前两项练习的基础上，加大训练难度，使用工具辅助练习，工具可为书本。要求将一本厚度适中的书放在头顶中心，为使书不掉下来，头部、躯干须挺直，自然保持平衡。这种训练方法可以纠正低头、仰脸、晃头及左顾右盼等不良习惯。每次训练宜控制在 20～30 分钟。

图 2-6

第二节　坐　姿　训　练

坐姿是一种基本的静态体位，是指人在就座以后身体所保持的一种姿势。正确而优雅的坐姿是一种文明行为，它既能体现一个人的形态美，又能体现其行为美。端庄优美的坐姿会给人以文雅、稳重、大方的美感，给人留下良好的印象。所谓"坐如钟"，就是指坐姿要像钟一样端庄沉稳、镇定安详。

一、坐姿的基本要求

坐姿包括入座、落座和离座三个环节，每个环节又有其相应的基本要求。

1. 入座

入座要求保持轻、稳、缓。入座有以下两种方式。

(1) 侧身走近座椅，从座椅的左侧轻轻落座。一般坐在椅面 2/3 的位置，不要坐满或只坐很少一部分。

(2) 面向座椅，直接走到座位前，转身后站稳，右脚向后撤半步，用小腿确定座椅的位置，轻稳地坐下，左脚向右与右脚并拢。如果女士着裙装，落座前，应先用手将裙装下摆收拢一下，不可在落座后再整理衣裙。

2. 落座

落座时同站姿一样，上身总体要求正直、舒展，下身依据不同场合的要求形成不同姿态，具体要求如下。

(1) 两眼平视前方，嘴唇微闭，微收下颌。

(2) 两肩平正放松，立腰、挺胸，上身自然挺直。

(3) 双脚并拢，左右大腿大致平行，膝弯曲大致成直角，双脚平放在地面上，手轻放在大腿上，如图 2-7 和图 2-8 所示。男士可在此基础上，膝盖稍分开一拳的距离，双脚分开。

图 2-7

图 2-8

3. 离座

离座前，先以语言或动作向周围的人示意或暗示，请他们做好心理上的准备；右脚向后收半步，轻稳站起，站稳后从座椅左侧离座。

二、常用坐姿介绍

根据不同场合、不同礼仪规范的要求，坐姿也有所不同。以下简单介绍最常用的几种坐姿。

1. 双腿垂直式

双腿垂直式坐姿的做法是：双膝并拢，小腿垂直于地面，双脚脚跟和脚尖靠拢，双手放置于膝盖上，如图 2-7 所示。男士双脚可以稍微分开。

适用场合：谈判、谈话、会谈等比较严肃和正式的场合。

2. 双腿前后式

双腿前后式坐姿的做法是：大腿靠拢，膝盖夹紧，两脚前后放在一条线上，右脚在前，左脚在后，双手交叉相握，放置于腿上，如图 2-9 和图 2-10 所示。

图 2-9   图 2-10

适用场合：在比较轻松、随意的非正式场合，如谈话、倾听他人教导等。

3. 双腿转体式

双腿转体式坐姿的做法是：双脚并拢放在右侧，上身和双腿同时向左转 45°，双手交叉相握，放置于腿上，眼看一点，如图 2-11 所示。

适用场合：在特定的礼仪场合和与旁边的人交谈时，可采用此坐姿。

4. 双腿交叉式

双腿交叉式坐姿的做法是：双腿双膝并拢，双脚在脚踝部交叉。此坐姿双腿不能向前方直伸，双手交叉相握，放置于腿上，眼看一点，如图 2-12 所示。

适用场合：适用于各种场合。

5. 双腿重叠式

双腿重叠式坐姿的做法是：双腿上下叠放在一起，两腿之间要夹紧、没有缝隙，叠放在上面的脚尖朝向地面，如图 2-13 和图 2-14 所示。

适用对象：适用于娱乐主持人或穿裙装的女性，也可在比较随意的场合或比较熟悉的朋友面前运用。

图 2-11

图 2-12

图 2-13

图 2-14

小知识 2—2

从坐姿看心理反应

一个人的坐姿，不仅反映他惯常的性格特征，而且反映他此时此刻的心理。

重重地坐下去的人，此时的心情一定是烦躁的。

轻轻地坐下去的人，此时的心情一定是平和的。

侧身坐的人，此时的心情除了舒畅外，还觉得没有必要给你留下什么更好的印象。

在你面前猛然坐下的人，其内心或隐藏着不安，或有心事不愿告诉你。

双腿不断相互碰撞或不断地拍打地板的人，此时一定有什么事使他紧张和焦躁。

喜欢与你对着坐的人，是因为他希望能够被你理解。

喜欢与你并排坐着的人，是因为他认为与你有共同感。

有意识从并排坐改为对着坐的人，或是对你抱有疑惑，或是对你有了新的兴趣。

有意识挪动身体的人，是想在心理上与你保持一定的距离。

斜成一个半躺姿势或深深坐入椅内，腰板挺直、头高昂的人，是因为他在心理上对你有优越感。

把身体尽力蜷缩一堆，双手夹在大腿中的人，是因为他在心理上对你有劣势感。

正襟危坐、目不斜视的人，其或是对你恭敬并力图给你留下个好印象，或是此刻内心有什么不安。

把椅子调个个儿，椅背朝前，双腿叉开，跨骑在椅子上的人，此刻的心情只想显示自己对你的讲话感到厌烦。

跷起二郎腿的女性，或是她对自己的容貌有信心，或是她想引起你的注意。

(资料来源：佚名. 从坐姿看心理反应[J]. 医药保健杂志，2006(3).)

三、易出现的不良坐姿

1. 动作幅度过大、过急

在入座过程中，节奏太快，动作不轻稳，易给人造成做事潦草、忙乱的不良印象；离座时出现急、快的情况，易挂倒座椅、发出响声等，也会影响个人形象。

2. 坐姿不端正

上身放松，半坐半躺在座椅上，或者完全瘫坐在椅子上；上身在坐立的过程中不停地晃动、左右歪斜、前仰后合等，以上几种坐姿均是素质低、没修养的表现。

3. 手臂位置不恰当

双臂应根据脚位摆放在适合的位置上，以表现优雅的姿态。以下是不恰当的手臂位置：手夹在两腿之间、双手抱在腿上、手插在衣袋中、手摆弄物件等。

4. 双腿姿态不规范

两腿叉开很大距离，两脚并拢，两膝距离较大，两腿向前伸度太大，两腿不停抖动，双腿交叉时没有收紧，两膝之间有距离，双腿重叠式，一条腿跷起(俗称"二郎腿")。在日常工作和生活中应尽量避免以上不规范的坐姿。

5. 脚位不雅观

双脚没有平放在地面上，脚尖翘起；以脚蹬踏别的物体。这种姿态会给人造成轻浮、粗俗的印象。

四、坐姿训练方法

坐姿的常用方式较多，在基本坐姿训练的基础上，可以利用具体情境进行训练，同时加强入座和离座的训练，使整体就座过程连续、流畅，更富感染力。

1. 重视基本坐姿训练

在明确坐姿的基本要求和进行站姿训练的基础上，进行坐姿训练。在训练过程中，可以采用对镜规范训练、工具辅助训练(如头顶书籍)等方式。初级练习，每次的训练时间应保持在 20～30 分钟；以后可随姿态的掌握水平，逐渐减少连续练习的时间。

2. 运用具体情境练习

为提高学习者的兴趣，调动其学习积极性，可模拟具体情境进行训练，如招聘会、见面会、校友会等，把坐姿与情境相结合，由学习者自行设计并保持姿态，以达到强化的目的。每次训练宜控制在 10～15 分钟，可分多次进行。

3. 加强入座和离座训练

在坐姿训练时，往往较重视姿态训练，忽略过程训练，因此学习者会表现出动作过程不完整或缺失的现象。入座和离座应分别进行单一动作训练，每次训练宜控制在 5～10 分钟，单一训练后再合成动作，保持动作的连贯性和准确性，达到体现优雅、庄重坐姿的目的。

第三节　走姿训练

走姿也称步态，是指一个人在行走时的姿势。它以人的站姿为基础，是站姿的延续，始终处于运动中。走姿体现的是一种动态美，能直接反映出一个人的精神面貌，表现一个人的风度、风采和韵味，对个人社会性的塑造起着重要的作用。有良好走姿的人会显得年轻有活力。所谓"行如风"，就是指行走动作连贯，从容稳健。步幅、步速要由出行的目的、环境和身份等因素而定。协调和韵律感是步态的最基本要求。

女士走姿要轻盈飘逸，似"淑女"般窈窕婀娜；男士走姿要潇洒阳刚，似"绅士"般庄重稳健。

一、走姿的基本要求

走姿的训练是在站姿训练基础上进行的，上身要求与站姿相近，重点要加强动态中下身和手臂的训练。

1. 上身

后背正直，挺胸，双肩平齐、舒展；收腹，提臀，立腰；两眼平视前方，嘴角上扬，面带微笑。

2. 两臂

两臂以肩为轴，大臂带动小臂，似柳叶般前后自然摆动，前后摆臂不超过 30°，手自然半握拳，两手手心相对，如图 2-15 所示。

3. 腿部

大腿带动小腿，脚跟迅速过渡到全脚落地，落地轻盈(提气落地)，两脚交替踏在一条直线上，重心略向前脚移送，如图 2-16 所示。

图 2-15　　　　　　　　　　　　　　　图 2-16

4. 步幅

步幅是指前后脚的距离。在行走时，男士步幅约为 25cm，女士步幅约为 20cm。一般来说，前脚的脚跟距离后脚的脚尖应为一脚长，如图 2-17 所示。步幅同时要根据服饰做适当调整，如女士穿裙装时，步幅可以适当缩小。

图 2-17

5. 步速

步速是指人体行进时的速度。在行走时，步速要均匀、稳定，一般每分钟 100~120 步较适宜，不宜太快或太慢，特殊情况除外。

6. 步态

走路的姿态应有韵律感，同时具有较好的柔韧性。上身正直挺拔，步伐有力而富有弹性，双臂摆动轻松自如。

二、常用走姿介绍

环境不同，走路的姿态也应有所不同。下面介绍最常见的几种走姿。

1. 前进式走姿

前进式走姿是方向向前的行走姿势，具体做法是：精神饱满，步态轻盈，步幅适中，速度适宜，如图 2-18 所示。在行进过程中若与人交谈或问候，上身和头部可有适当的转动。

适用场合：适用于所有环境。

2. 后退式走姿

后退式走姿是方向向后的行走姿势，具体做法是：在后退时，小腿抬起幅度不宜过高，以不拖擦地面为准，步幅应缩小，两腿之间距离要小，重心要平稳，如图 2-19 所示。

适用场合：特定环境中适用，如与人告别时，为了表现礼貌，应后退几步再转身离开等。

图 2-18

图 2-19

3. 侧行式走姿

侧行式走姿的具体做法是：与前进式走姿基本相同，不同之处在于上身要向左或右转体，面向交谈对象或任务对象，适当加以手势辅助，如图 2-20 所示。

图 2-20

适用场合：特定环境中适用，如引导他人或在较窄地方行进、礼仪服务等。

小知识 *2—3*

美国影星简·方达的走路健身法

(1) 活泼轻松地走。为了获得走路的有氧锻炼效果，简·方达摸索出理想的步速是6.9～8 千米/小时，即 120 米/分钟左右。

(2) 重心向前倾。走路时，脚掌的用力方向应是向后蹬，而不是向下扣。

(3) 步伐不要过小，稍微拉大一些走，可以加快速度，并使步子富有节奏感，使腿和臀部处于充分活动的状态。

(4) 提高重心。走路时，要挺胸收腹，背要直，头要抬。颈部和腰部都要有挺起感。身体要保持正直，但不要紧张、僵直，要放松。

(5) 手臂的摆动要自然有力。甩臂要像吊钟的钟摆一样，幅度要大而有力，但始终要保持轻松自如。

(资料来源：张铭. 现代实用社交礼仪[M]. 北京：人民邮电出版社，2017.)

三、易出现的不良走姿

1. 上身姿势不正

上身的不正确姿态主要有：在行走时上身左右摇晃，重心上下起伏；上身不挺拔，缩脖端肩，含胸驼背等。

2. 手臂摆动幅度过大

手臂在行进过程中起辅助作用，前后摆动幅度要适中，不能过大。大幅度的摆臂动作会使人感觉不稳重。

3. 走路方法不正确

(1) 踢着走：走路时身体前倾，只有脚尖踢到地面，然后膝盖弯曲，脚跟往上提，腰部很少出力，这样会让整条腿变胖。

(2) 压脚走：走的时候身体重量压在脚尖上，然后再抬起来。双脚着地的时间比踢脚走的人长，使小腿的肌肉越来越发达，出现"萝卜"腿现象。

(3) 内八字走法：双脚落地时，脚尖向里扣呈内八字走法，长久下来会形成 X 形腿。

(4) 外八字走法：双脚落地时，脚尖过分向外分呈外八字走法。外八字走法会使膝盖向外，使腿部动作变形，也会导致 O 形腿的产生。

4. 步态不规范

在行走时，还会出现以下问题：步速太快或太慢、步幅过大或过小、精神状态不饱满、动作僵硬、神情颓丧等。

四、走姿训练方法

行走姿态必须经过科学训练，进行一定量的练习，才能形成良好的走姿。

1. 分步骤基本练习

初级训练阶段应采用分解式练习，把走姿分成三个过程训练，即提、迈、落。"提"是指行进时大腿向上提 45°，形成膝盖上提，脚尖向下，如图 2-21 所示；"迈"是指行进时以膝盖为轴，大腿保持不动，小腿向前伸长，脚尖稍离地，如图 2-22 所示；"落"是指行进时前脚落地，后脚推前脚，重心前移，如图 2-23 所示。

练习时，先分解练习，再整合动作。节奏可以由三拍过渡至两拍，速度由慢到快。

2. 工具辅助练习

为保持走姿的平稳性，可使用书籍作为工具辅助练习。这种方法要求在行进中将一本厚度适中的书放在头顶中心，头部、躯干挺直，自然保持平衡。这种训练方法可以纠正身体出现的不良习惯，如身体左右摇摆、头部晃动等。每次训练宜控制在 20 分钟左右。

图 2-21

图 2-22

图 2-23

3. 音乐体验练习

当行走姿态基本正确后，可以配合音乐进行练习。音乐可采用慢速和中速节奏。这种训练方法不仅可以起到调节学习情绪的作用，同时可以培养动作的韵律感和表现力，陶冶学习者的艺术素养。

第四节　蹲　姿　训　练

俗话说"蹲要雅"，蹲姿是指人体在下蹲时呈现的基本姿势，是站姿的变换动作，也是日常生活中的辅助姿态。人在低处取物、拾物、整理物品、整理鞋袜等特定的场合或条件下会运用蹲姿，它是人体静态美与动态美的综合。蹲姿要动作美观，姿势轻稳优雅。

一、蹲姿的基本要求

上身要求与站姿相同，即后背正直，收腹，立腰，挺胸，两眼平视前方，嘴角上扬，面带微笑；腿部动作可根据需要进行不同的位置变化，要注意两腿内侧收紧。

下蹲时要注意身体方位，面对人下蹲或合影留念时，要侧身相向；捡拾物品时，要走到物品左侧蹲下；整理鞋袜或整理低处物品时，可正身下蹲。

下蹲时要注意蹲速，不能太快，速度要适中。

二、常用蹲姿介绍

根据不同场合和条件，蹲姿主要包括以下三种。

1. 高低式蹲姿

高低式蹲姿的做法是：两膝一高一低，左脚在前，右脚在后。下蹲时，上身保持正直，左脚全脚着地，右脚脚掌着地，脚跟抬起；右膝低于左膝，两腿内侧相夹，臀部靠在右脚脚跟处，重心在右腿上，两手交叉放在膝盖上，如图 2-24 和图 2-25 所示。也可以做相反方向的动作。男士两腿间可保持适当的距离。

图 2-24    图 2-25

2. 交叉式蹲姿

交叉式蹲姿的做法是：两腿交叉在一起下蹲。下蹲时，右脚在前，左脚在后；右脚全脚着地，小腿垂直于地面，左膝从右膝下方伸出，左脚脚掌着地，脚跟抬起；臀部靠在左脚脚跟处，两腿夹紧，重心在两腿上，如图 2-26～图 2-28 所示。也可以做相反方向的动作。

3. 单膝点地式蹲姿

单膝点地式蹲姿适用于男士，其特征是双腿一蹲一跪。这是一种非正式的蹲姿，多在下蹲时间较长或为了用力方便时采用。下蹲后，右膝点地，臀部坐在脚跟之上，以前脚掌着地。在腿全脚着地，小腿垂直于地面。双膝同时向前，双腿尽力靠拢。西方男士在向女子求婚时采用的就是这种蹲姿。

图 2-26　　　　　　　　　　图 2-27　　　　　　　　　　图 2-28

三、易出现的不良蹲姿

1. 方位不准确

应根据具体的场合和需要选择蹲姿，注意方位的准确运用，如对人下蹲时，采用正面下蹲就是很不礼貌的行为。

2. 蹲速不当

在下蹲时速度不能过快，要轻稳，同时速度适中。特别是女性穿旗袍等服饰时，更要注意。

3. 不注意动作的隐蔽性

蹲姿因重心过低，因此要十分注重腿部动作的控制。要收紧腿部动作，两腿之间不能有缝隙，特别是穿裙装时，更要注意下蹲动作的隐蔽性。

4. 随意滥用

不要在工作中随意采用蹲姿，也不可蹲在椅子上或蹲在地上休息。

四、蹲姿训练方法

要有意识地、经常地、主动地进行标准蹲姿训练，形成良好习惯。可以运用压腿、踢腿、活动关节等方式加强腿部膝关节、踝关节的力量和柔韧性训练，这是优美蹲姿的基础。

平时在进行蹲姿训练时可以配上优美的音乐，以放松心情，减轻单调、疲劳之感。

思考与训练

1. 站姿的基本要求有哪些？
2. 常用的站姿包括哪些？

29

3. 进行各种站姿训练(每种姿势保持 10 分钟左右，每次站姿训练合计 30 分钟)。

4. 坐姿的基本要求有哪些？

5. 常用的坐姿包括哪些？

6. 进行各种坐姿训练(每种姿势保持 5 分钟左右，每次坐姿训练合计 30 分钟)。

7. 走姿的基本要求有哪些？

8. 常用的走姿包括哪些？

9. 进行走姿训练(每种训练方法依次进行，共计 30 分钟)。

10. 蹲姿的基本要求有哪些？

11. 常用的蹲姿包括哪些？

12. 进行各种蹲姿训练(每种姿势保持 5 分钟左右，每次蹲姿训练合计 15 分钟)。

13. 将全班同学按每组五人进行分组，分组时男生和女生分开。要求同学根据站姿、坐姿、走姿、蹲姿的基本要领进行训练，纠正不正确的姿势，以养成良好的姿态习惯。

14. 案例分析。

最好的介绍信

一位经理录用了一个没带任何介绍信的年轻人，很多人感到奇怪。经理说：“其实，他带来了不止一封介绍信。他精神抖擞、神态清爽、服饰整洁，他在进门前蹭掉脚上带的泥土，进门后随手轻轻地关上了门，这说明他很懂礼貌，做事很仔细；当看到那位残疾老人时，他立即起身让座，这表明他心地善良，知道体贴别人；那本书是我故意放在地上的，所有的应试者都不屑一顾，只有他俯身捡起，放在桌子上；当我和他交谈时，他谈吐温文尔雅，思维十分敏捷。这些难道不是最好的介绍信吗？”

(资料来源：杨友苏，石达平. 品礼：中外礼仪故事选评[M]. 上海：学林出版社，2008.)

思考题

(1) 本案例对你有哪些启示？

(2) 你已经拥有哪些“介绍信”了？

(3) 反省自身一天的举止，看看有哪些被忽略的细节，并注意及时改进。

15. 案例分析。

面试的表现

一次，有位老师带着三位毕业生同时去应聘一家酒店的总台接待职位。面试前老师怕学生面试时紧张，同人事部经理商量让三位同学一起面试。三位同学进入人事部经理的办公室时，经理上前请三位同学入座。当经理回到办公桌前，抬头一看欲言又止，只见两位同学坐在沙发上，一个跷起二郎腿而且两腿不停地抖动，另一个身子松懈地斜靠在沙发一角，两手攥握手指咯咯作响，只有一位同学端坐在椅子上等候面试，人事部经理起身非常客气地对两位坐在沙发上的同学说：“对不起，你们的面试已经结束了，请退出。”两位同学茫然相对，不知何故，面试怎么还没问，就结束了呢？

(资料来源：http://wenwen.soso.com/z/q64796231.html.)

思考题

(1) 面试怎么还没问就结束了呢？请分析其中的原因。

(2) 本案例对你有哪些启示？

第三章　形体素质训练

每种首创事业的成功，最要紧的还是所有当事人的基本训练。

——[俄]马明·西比利亚克

宝剑锋从磨砺出，梅花香自苦寒来。

——《警世贤文》

课程思政要求：

- 进行社会主义核心价值观教育；
- 进行爱国主义教育；
- 开展诚信教育、法律意识教育和道德意识教育；
- 塑造职业形象、提高职业素养；
- 促进学生全面发展；
- 提高大学生的审美意识和审美情趣。

形体素质训练是形体训练的最重要内容之一。通过对人体的肩、胸、腰、腹、腿等部位进行动作训练，可以较大程度地提高人体的支撑能力和柔韧性，为塑造良好的人体形态、改善形体的控制力打下良好的基础。

形体素质训练的内容较多，在训练时，应本着从易到难、从简单到复杂的原则；同时也要注意自身的承受能力，不能幅度太大或者运动过量，以免发生伤害。

在形体素质训练中要注意以下几点。

(1) 教师示范要准确，讲解要清晰明确。教师对新授的动作要尽量做到师生一一对应指导，避免学生出现错误理解和不准确动作。

(2) 要根据学生个体素质条件循序渐进，动作幅度逐步加大。

(3) 在训练过程中要注意个别指导，及时纠正错误。

(4) 注意动作与音乐的协调配合。

第一节　人体各部位动作训练

人体各部位动作训练主要是以人体各部位为一个训练体系进行规范训练。通过基本动作训练，可以增强各部位肌肉的力量，扩大关节的活动范围，提高动作的灵活性、柔韧性，同时还能促进身体的发育，预防和克服各部位的畸形发展，以形成优美的体态。

一、头部动作

1. 头部单一动作

(1) 低头：头向前低，下颌用力向下，眼看地面，如图 3-1 所示。

(2) 仰头：在抬头的基础上，头向后仰起，下颌用力向上，颈部肌肉尽量向上拉长，如图 3-2 所示。

图 3-1　　　　　　　　　　　　　　图 3-2

(3) 歪头：头向左或向右歪，耳朵向肩靠近，眼看一点，如图 3-3 所示。

(4) 扭头：头向左或向右直转 45°，下颌扭向肩上，眼看 7 点或 3 点，如图 3-4 所示。

图 3-3　　　　　　　　　　　　　　图 3-4

(5) 转头：头正直，向左或向右转 90°，使鼻尖对正左肩或右肩，如图 3-5 所示。

图 3-5

(6) 涮头：头由正前经低头、左歪头、仰头、右歪头至低头向左转一圈抬起；也可向右转一圈。

(7) 摇头：身体正直，头向左、右两面摇晃。

(8) 点头：形同低头，节奏比低头快，按节奏往下点头。

(9) 移动头：身体不动，肩正直，头左右移动，眼睛始终看向一点。

2. 动作组合练习

准备姿态：正步，双手叉腰，眼平视前方。

动作做法(注：以下【1×8】～【8×8】表示节拍，乘号前面的数字表示第几节，一节一般为八拍)：

【1×8】第1、2拍，低头；第3、4拍，还原；第5、6拍，仰头；第7、8拍，还原。

【2×8】第1、2拍，左歪头；第3、4拍，还原；第5、6拍，右歪头；第7、8拍，还原。

【3×8】第1、2拍，左扭头；第3、4拍，还原；第5、6拍，右扭头；第7、8拍，还原。

【4×8】第1、2拍，左转头；第3、4拍，还原；第5、6拍，右转头；第7、8拍，还原。

【5×8】向左涮头一圈。

【6×8】向右涮头一圈。

【7×8】第1～4拍，点头四次；第5～8拍，摇头四次，先左后右。

【8×8】移动头四次，先左后右。

动作要领：上身要立直，颈部要放松，动作要准确，尽量做到最大幅度。

二、肩部动作

1. 肩部单一动作

(1) 耸肩：肩向上抬高至最大限度，然后轻松放下。一肩抬起称为单耸肩，如图 3-6 所示；两肩同时抬起称为双耸肩，如图 3-7 所示。

(2) 前、后推肩：一肩向前同时肘向后，一肩向后同时肘向前。两肩同时前后交替移动，练习时由慢到快，由柔到刚，如图 3-8 所示。

图 3-6   图 3-7   图 3-8

(3) 前、后圆肩：两肩同时由前向后(也可由后向前)环动或交替环动练习。

(4) 弹肩：肩部的小幅上下耸动称为弹肩。

2. 动作组合练习

准备姿态：正步，双手叉腰，双目平视前方。

动作做法：

【1×8】第 1、2 拍，左耸肩；第 3、4 拍，还原；第 5、6 拍，右耸肩；第 7、8 拍，还原。

【2×8】第 1、2 拍，双耸肩；第 3、4 拍，还原；第 5~8 拍，重复第 1~4 拍。

【3×8】第 1、2 拍，左推肩；第 3、4 拍，还原；第 5、6 拍，右推肩；第 7、8 拍，还原。

【4×8】第 1、2 拍，左肩前、右肩后同时推肩；第 3、4 拍，右肩前、左肩后同时推肩；第 5~8 拍，重复第 1~4 拍。

【5×8】向前圆肩两次。

【6×8】向后圆肩两次。

【7×8】弹肩八次，一拍一次。

【8×8】重复【7×8】。

动作要领：做肩部动作时，肩部要放松，身体其他部位保持不动。

三、胸部动作

1. 胸部单一动作

(1) 收胸：两肩向前扣，胸部正中心开始向里缩，头稍低，双臂稍向前摆，如图 3-9 所示。

(2) 挺胸：在收胸的基础上，胸部向前挺起，两肩向后展开，抬头，双臂稍向后摆，如图 3-10 所示。

图 3-9

图 3-10

2. 动作组合练习

准备姿态：大八字步，双手叉腰，眼睛平视前方。

动作做法:

【1×8】第1~4拍,收胸;第5~8拍,挺胸。

【2×8】第1、2拍,收胸;第3、4拍,挺胸;第5~8拍,重复第1~4拍。

【3×8】重复【1×8】。

【4×8】重复【2×8】。

【5×8】第1~4拍,双手从体侧撩至身体斜上方,如图3-11所示;第5~8拍,双手胸前交叉,收胸,眼看1点下方,如图3-12所示。

图3-11

图3-12

【6×8】第1~4拍,双手从胸前分掌至身体斜上方,如图3-13所示;第5、6拍,双手落至斜下方,收胸,如图3-14所示;第7、8拍,手位不变,挺胸,左脚向前迈步成弓箭步,眼看1点上方,如图3-15所示。

图3-13

图3-14

图3-15

【7×8】重复【5×8】。

【8×8】第1~4拍,双手从胸前分掌至身体斜上方,如图3-13所示;第5、6拍,双手落至斜下方,挺胸,左脚向前迈步成弓箭步,眼看1点上方,如图3-15所示;第7、8拍,还原成准备姿态。

动作要领:做收胸时,上身要放松;做挺胸时,要保持收腹、立腰状态。

四、腰部动作

1. 腰部单一动作

(1) 前弯腰。前弯腰有两种做法。

第一种做法：准备姿态正步站立，两腿伸直，两臂上举掌心向前，如图 3-16 所示；动作时上身前屈，尽量头触膝，胸贴腿，双手可抱腿，如图 3-17 所示。

图 3-16　　　　　　　　　　图 3-17

第二种做法：准备姿态为大八字步，上身正直、手臂两侧平伸，如图 3-18 所示；动作时上身向前弯腰，同时双臂向下摆至身前交叉，如图 3-19 所示。

图 3-18　　　　　　　　　　图 3-19

(2) 后弯腰。后弯腰有两种做法。

第一种做法：准备姿态跪立，两膝分开 25～30cm，双手体侧下垂，如图 3-20 所示。动作时，上身后屈(头部先后仰)，尽量以头触脚，如图 3-21 所示；然后双手按臀，按胸头顺序依次回到开始的部位。

第二种做法：大八字步站立，双臂上举，如图 3-22 所示。动作时，上身后屈，由头部开始，肩、胸、腰、骨盆依次后仰，力争手指触地，如图 3-23 所示；然后由骨盆开始相反的顺序还原到站立姿势。

图 3-20   图 3-21

（3）旁弯腰：小八字步或大八字步直腿站立，双臂体侧下垂。动作时，右手上举掌心向左，骨盆向右移动，上身向左侧屈，然后还原，如图 3-24 所示；再做相反方向的动作。

图 3-22   图 3-23   图 3-24

（4）涮腰：大八字步直腿站立，双臂体侧下垂。动作时，先做前弯腰，然后旁弯腰、后弯腰，另一方向旁弯腰环绕回原位。同时双臂随上身动作做双晃手。

（5）扭腰转体练习：大八字步直腿站立，双臂山膀位。动作时，上身左转 90°，右臂屈肘胸前按掌位，左臂屈肘于腰后，手心向外，重心移至左脚。然后向右转 180°，动作同上，方向相反，如图 3-25 所示。

2. 动作组合练习

准备姿态：大八字步，双手体侧下垂，眼平视前方。

动作做法：

【1×8】第 1、2 拍，向前弯腰，双臂向下摆至身前交叉收胸；第 3、4 拍，上身正直，手臂两侧平伸；第 5～8 拍，重复第 1～4 拍。

【2×8】重复【1×8】。

【3×8】第 1、2 拍，向左旁弯腰，左手胸前平伸，右手上举；第 3、4 拍，上身正直，手臂两侧平伸；第 5～8 拍，重复第 1～4 拍，方向相反，如图 3-26 所示。

【4×8】重复【3×8】。

【5×8】第1、2拍，双手上举，向后弯腰，如图3-27所示；第3、4拍，上身正直，双臂落至体前，如图3-28所示；第5～8拍，重复第1～4拍。

【6×8】重复【5×8】。

【7×8】向左涮腰一次。

【8×8】向右涮腰一次。

动作要领：涮腰要在一个水平面上进行，要求动作连贯、速度均匀，手臂带动腰部进行动作。

图 3-25　　　　　　　　　　　　图 3-26

图 3-27　　　　　　　　　　　　图 3-28

五、胯部动作

1. 胯部单一动作

(1) 摆胯：上身保持不动，重心放在左脚，左胯向左摆动，同时右脚抬起脚跟，向左屈膝,如图 3-29 所示;可做相反方向练习。

(2) 提胯:重心放在右脚上,左脚抬起脚跟同时把左胯提起;脚跟放下,胯回原位,如图 3-30 所示。然后与此相反,提右胯。

图 3-29   图 3-30

(3) 转胯:转右胯,重心放在左脚上,右脚跟提起,右胯可顺时针方向向外转,也可逆时针方向向里转;然后可做相反方向练习。

2. 动作组合练习

准备姿态:正步,双手叉腰,眼睛平视前方。

动作做法:

【1×8】第 1、2 拍,向左摆胯;第 3、4 拍,向右摆胯;第 5~8 拍,重复第 1~4 拍。

【2×8】重复【1×8】,动作速度加快一倍。

【3×8】第 1、2 拍,左脚向 8 点脚掌点地,向左提胯;第 3、4 拍,脚位还原,身体正直;第 5~8 拍,重复第 1~4 拍,方向相反。

【4×8】重复【3×8】。

【5×8】第 1~4 拍,左胯逆时针转一圈;第 5~8 拍,左胯顺时针转一圈。

【6×8】重复【5×8】,方向相反。

【7×8】重复【5×8】。

【8×8】重复【6×8】。

动作要领:做胯部动作时,腰部要放松。

六、肘部动作

1. 肘部单一动作

(1) 屈肘:站大八字步,双臂弯曲于胸前,双手五指交叉,手心对胸,如图 3-31 所示。

（2）前屈肘：双手掌向前推出，手心向外，肘部用力伸直，然后双臂再收回准备位，如图 3-32 所示。

图 3-31　　　　　　　　　　　　　　　图 3-32

（3）上屈肘：双手掌向头上推出，手心向上，然后双臂再收回准备位，如图 3-33 所示。

（4）下屈肘：双手掌向下推出，手心向下，眼睛看手，然后双臂再收回准备位，如图 3-34 所示。

（5）旁屈肘：身体不动，双手向左旁推出，手心向外，将右臂尽量推直，然后收回准备位，再向右旁推出，将左臂尽量推直，然后收回准备位，如图 3-35 所示。

图 3-33　　　　　　　　图 3-34　　　　　　　　图 3-35

2. 动作组合练习

准备姿态：大八字步，双手屈肘，眼平视前方。

动作做法：

【1×8】第 1、2 拍，向前屈肘；第 3、4 拍，双臂收回准备位；第 5～8 拍，重复第 1～4 拍。

【2×8】第 1、2 拍，向上屈肘；第 3、4 拍，双臂收回准备位；第 5、6 拍，向下屈肘；第 7、8 拍，双臂收回准备位。

【3×8】第 1、2 拍，向左旁屈肘；第 3、4 拍，双臂收回准备位；第 5、6 拍，向右旁屈肘；第 7、8 拍，双臂收回准备位。

【4×8】重复【3×8】。

动作要领：做肘部动作时，要有内在的柔韧性，要把肘部动作伸展到最大限度。

七、膝部动作

1. 膝部单一动作

(1) 屈膝：双膝并拢向下弯曲，如图 3-36 所示，然后直立。随音乐节拍由慢速、中速到快速进行练习。

(2) 转膝：双膝弯曲，以膝为动力，由左经前向右转动一圈回原位，还可由右经前向左转动一圈回原位。

2. 动作组合练习

准备姿态：正步，双手叉腰，眼平视前方。

动作做法：

【1×8】第 1、2 拍，向下屈膝；第 3、4 拍，直立；第 5～8 拍，重复第 1～4 拍。

【2×8】重复【1×8】，动作速度加快一倍。

【3×8】第 1、2 拍，向左转膝；第 3、4 拍，直立；第 5、6 拍，向右转膝；第 7、8 拍，直立。

图 3-36

【4×8】重复【3×8】，动作速度加快一倍。

动作要领：膝关节要放松，身体重心可上下起伏，但不要左右晃动；要有内在的控制力，不要僵硬。

八、脚部动作

1. 脚部单一动作

(1) 双脚压脚跟：双脚脚跟同时提起离地，如图 3-37 所示；双膝伸直，然后落脚跟，如图 3-38 所示。

(2) 交替压脚跟：右脚全脚着地为主力腿，左脚脚跟提起离地，屈膝，如图 3-39 所示。右、左脚交替进行。

图 3-37　　　　　　　　图 3-38　　　　　　　　图 3-39

2. 动作组合练习

准备姿态：正步，双手叉腰，眼睛平视前方。

动作做法：

【1×8】双脚压脚跟两次，四拍一次。

【2×8】双脚压脚跟四次，两拍一次。

【3×8】交替压脚跟四次，两拍一次。

【4×8】交替压脚跟八次，一拍一次。

动作要领：交替压脚跟时蹬地要有力。

第二节　地面素质训练

　　地面素质训练是指运用坐姿或卧姿进行的动作训练。因为地面动作采用的姿态重心较低，较容易掌握动作要领，更有利于学习者掌握动作技能。通过地面素质训练，可以逐渐增强四肢和躯干的力量，有效地培养学习者动作的软度和力度，培养动作协调性和表现力，为进一步学习舞姿等动作奠定基础。

一、基本动作

1. 脚部动作

　　准备姿态：坐在地上，两腿向前并拢，直膝绷脚，上身正直，收腹、挺胸、展肩，眼睛平视前方，双手在身体两侧轻轻扶地，如图 3-40 所示。

　　(1) 勾、绷脚：按准备姿态坐好。双脚由脚指开始向上勾起，如图 3-41 所示；经脚掌再继续勾到全脚，脚跟用力向前蹬为勾脚，如图 3-42 所示；然后从脚背开始向下绷起，至伸直脚指绷全脚背为绷脚，如图 3-43 所示。

　　(2) 脚腕环动：分为向外环动和向里环动。

　　① 向外环动：从绷脚准备姿态开始，双脚先勾脚，如图 3-44 所示；然后双脚保持勾脚，分别向两旁打开，脚跟并拢，小脚指尽量贴地面，如图 3-45 所示；再原位绷脚成脚背外开状态，如图 3-46 所示；脚背向上转回，还原成准备姿态，如图 3-47 所示。

图 3-40

图 3-41

图 3-42

图 3-43

② 向里环动：从绷脚准备姿态开始，两脚绷脚分别向外转成脚背向两侧，如图 3-44 所示；双脚在前一位置上勾脚，如图 3-45 所示；然后勾脚向里转并拢，如图 3-46 所示；最后绷脚还原成准备姿态，如图 3-47 所示。

| 图 3-44 | 图 3-45 | 图 3-46 | 图 3-47 |

要求：做动作时，脚趾与脚背都要做到最大限度的勾与绷。

2. 膝部动作

准备姿态：仰卧在地面上，两腿直膝，绷脚并拢，两手放在身体两侧的地面上，如图 3-48 所示。

图 3-48

(1) 前吸、直腿：一条腿绷脚用脚趾向里划地，贴紧地面和膝盖内侧，弯膝成前吸腿，如图 3-49 所示；再以膝盖为轴，用脚背带动小腿向上伸直成前抬腿，如图 3-50 所示；然后弯膝收回成前吸腿；再用脚趾向前划地直膝回准备姿态。另一条腿保持准备姿态不动。两条腿交替进行。

(2) 旁吸、直腿：一条腿贴地面旁吸上划，脚保持绷脚，脚指沿着另一条腿内侧向上划至该腿膝旁成旁吸腿，如图 3-51 所示；再以膝盖为轴，小腿向旁伸直成旁直腿，如图 3-52 所示；然后旁直腿收回成旁吸腿；再向下顺原路线伸直回准备姿态。另一条腿保持准备姿态不动，两条腿交替进行。

图 3-49

图 3-50

图 3-51

图 3-52

要求：主力腿要保持伸直状态，不能屈膝或晃动，胯部要贴紧地面，两腿要尽量屈伸。吸腿时，小腿要用力向大腿靠拢，直腿时膝盖一定要挺直。

3. 胯部动作

准备姿态：身体仰卧于地面，两腿直膝，绷脚并拢。两手放在身体两侧地面上。

(1) 单吸腿开胯：一条腿先做前吸腿，保持吸腿姿态向旁打开成旁吸腿；然后再返回前吸腿向下伸直，回到准备姿态。也可以先从旁吸腿开始，保持吸腿状态，抬起成前吸腿，再经旁吸腿，向下伸直，回到准备姿态。

(2) 双吸腿开胯：双腿同时成前吸腿，如图 3-53 所示，再同时向两旁打开成旁吸腿，如图 3-54 所示；然后双腿回前吸腿，双腿向下伸直，回到准备姿态。也可以双腿先从旁吸腿开始，保持吸腿姿态成前吸腿，再双腿打开成旁吸腿，双腿向下伸直，回到准备姿态。

(3) 单直腿开胯：一条腿直抬起 90°成前抬腿，如图 3-50 所示，向旁打开成旁抬腿，如图 3-52 所示，再抬起成前抬腿落下，回到准备姿态。

要求：单腿动作时，上身、臀部和另一条腿要贴紧地面。双腿动作时，臀部不能离开地面。

图 3-53

图 3-54

4. 腿部动作

1) 踢前腿

准备姿态：身体仰卧于地面，如图 3-48 所示。

动作：一条腿直膝，绷脚向上迅速踢起 90°以上，然后落下，如图 3-55 所示。

2) 踢旁腿

准备姿态：身体侧卧于地面。右手放在胸前扶地，左手伸直放在头上扶地，双腿直膝绷脚，面向 1 点。也可做反向动作。

动作：右(左)腿绷脚直膝向旁踢起 90°以上，再轻轻落下，如图 3-56 所示。

图 3-55

图 3-56

3) 踢后腿

准备姿态：身体俯卧于地面，两腿直膝并拢，两臂弯曲，小臂贴于地面支撑上身，挺胸，抬头。

动作：一条腿由大腿直膝绷脚用力向后上方踢起到最高点，如图 3-57 所示。

要求：踢腿时速度要快，落时要轻，另一条腿要紧贴地面。踢后腿时，胯尽量保持不动。

5. 腰部动作

准备姿态：人坐在地面上，两腿向前并拢，直膝绷脚，上身正直，眼睛平视前方，双手在身体两侧轻轻扶地，如图 3-58 所示。

图 3-57

图 3-58

(1) 前弯腰：双手由两侧向头上方抬起，两手手心、指尖相对，如图 3-59 所示。保持上述姿态向前弯上身，要将上身尽量贴在两腿上，如图 3-60 所示。然后抬起上身。

图 3-59

图 3-60

(2) 旁弯腰：右手向头上方抬起，左手不动。以右手带动上身向左弯腰，如图 3-61 所示。然后上身起直，右手落下扶地。再做反向动作，左、右交替进行。

(3) 后弯腰：呈俯卧姿势准备状态，双手推地，上身由头、颈、肩、胸，一节一节弯曲到最大限度，如图 3-62 所示。然后还原成准备姿态。

图 3-61

图 3-62

(4) 扭腰：上身从腰开始，保持直立姿态，向右扭身，面向 3 点，双手在身体两侧，如图 3-63 所示，然后再扭向左侧。左、右交替进行。

要求：前弯腰和扭腰都要保持上身直立。旁弯腰和后弯腰要有一节一节弯曲和直立的感觉。

图 3-63

二、动作组合练习

准备姿态：坐姿，双腿伸直并拢，双绷脚，上身正直，双手放在体侧，如图 3-58 所示。

第一遍音乐：

【1×8】第 1～4 拍，左脚勾绷一次；第 5～8 拍，右脚勾绷一次。

【2×8】双脚同时勾绷两次。

【3×8】双脚向外环动一次。

【4×8】双脚向里环动一次。

第二遍音乐：

【1×8】第 1～4 拍，深呼吸，同时双手从身体两侧向上撩臂，如图 3-64 所示，身体向下做前弯腰，如图 3-65 所示；第 5～8 拍，上身起直，双手从两侧收回。

图 3-64

图 3-65

【2×8】重复【1×8】。

【3×8】第 1、2 拍身体转向 4 点扭腰，右手 4 点扶地，右腿做前吸腿，左手抱右腿外侧，如图 3-66 所示；第 3、4 拍，还原成准备姿态；第 5～8 拍，重复第 1～4 拍，方向

相反。

【4×8】第 1、2 拍，向后下胸腰一次，如图 3-67 所示；第 3、4 拍，还原成准备姿态；第 5～8 拍，慢慢躺下，成仰卧式。

图 3-66

图 3-67

第三遍音乐：

【1×8】第 1、2 拍，左前吸腿；第 3、4 拍，向上前左直腿 90°；第 5、6 拍，还原成左前吸腿；第 7、8 拍，左腿伸直并拢。

【2×8】重复【1×8】，方向相反。

【3×8】第 1、2 拍，双腿同时前吸腿，如图 3-53 所示；第 3、4 拍，双腿向上前直腿 90°，如图 3-68 所示；第 5、6 拍，直腿双勾脚，如图 3-69 所示；第 7、8 拍，直腿双绷脚，如图 3-70 所示。

【4×8】第 1、2 拍，双腿伸直并拢，在空中交叉两次，如图 3-71 所示；第 3、4 拍不动；第 5～8 拍同第 1～4 拍。

结束动作：

【1×8】第 1～4 拍，双腿并直，绷脚落下，起上身；第 5～8 拍，收腿，双腿盘坐，如图 3-72 所示。

图 3-68

图 3-69

图 3-70

图 3-71

图 3-72

思考与训练

1. 身体各部位的动作训练包括哪些内容?

2. 各部位动作要领有哪些?

3. 进行各部位动作组合练习各 5 次。

4. 地面素质训练包括哪些内容?

5. 地面素质训练各部位动作要求有哪些?

6. 进行地面素质训练组合练习 5～10 次。

第四章　形体动作协调训练

舞蹈不过是和自然运动保持和谐一致的人体运动罢了。

——[美]邓肯(Lsadora Duncan)

凡人之动而有节者，莫若舞。疑舞所以动阳气而导万物也。

——[明]朱载堉

课程思政要求：

- 进行社会主义核心价值观教育；
- 进行爱国主义教育；
- 开展诚信教育、法律意识教育和道德意识教育；
- 塑造职业形象、提高职业素养；
- 促进学生全面发展；
- 提高大学生的审美意识和审美情趣。

在形体素质训练的基础上，进行形体动作协调训练，可以使学习者掌握基本身体韵律的要求，找到体态的不同变化规律，较好地控制身体各部位的动作，展示出良好的姿态美，提高自身动作的表现力。

(1) 单一动作训练要强调动作与呼吸的结合；组合动作训练要注意动作的连贯性。

(2) 在形体动作协调训练中可适当增加眼神的训练。

(3) 学习时，要注意单一动作的练习，强调准确性。

(4) 要注意舞姿表演规律的运用，即手臂要圆；眼随手走；动手先动腕；动作与呼吸相结合。

(5) 口头节奏训练与运用音乐训练相结合。

第一节　形体韵律训练

通过形体动作韵律训练，掌握身体运动时的韵律要求，初步感受和体验呼吸与动作、呼吸与身体的密切关系，增强动作时自然呼吸的能力，加强身体的灵活性，不断提高动作的韵律感和美感。

一、基本手型

1. 兰花指

四指伸直，中指稍向下按，其余三指靠拢，虎口收紧，拇指向中指靠拢，如图 4-1 所示。整体感觉细长柔美，像"兰花"一样，此手型适用于女性。

2. 虎口掌

四指伸直，虎口张开，拇指向手心靠拢，如图 4-2 所示。整体感觉刚劲有力，此手型适用于男性。

图 4-1   图 4-2

二、基本动作

1. 提沉

此组元素表现身体上下的韵律，其动作做法如下所述。

(1) 提：深吸气，气息由丹田提至胸腔，上升至头顶，再向上延伸。气息带动从腰椎一节节立起，分别是腰椎→胸椎→颈椎→头顶→延伸，如图 4-3 所示。

(2) 沉：呼气，气息下沉到丹田。气息带动腰椎一节一节下压成胸微含，身体呈弯曲状，如图 4-4 所示。

图 4-3    图 4-4

训练要求如下。

(1) 动作要保持连续性。呼吸要连绵不断，不能憋气。

(2) 动作要与呼吸密切配合。

2. 冲靠

此组元素表现身体斜移的韵律，其动作做法如下所述。

(1) 冲：腰部发力，肩的外侧和胸大肌向 2 点或 8 点方向(参见小知识 1-6)冲出，肩与地面要保持平行，腰部侧肌拉长，头与肩的方向相反，眼睛看向冲出的方向，如图 4-5 所示。

(2) 靠：腰部发力，后肩和后肋带动上身向 4 点或 6 点方向靠拢，肩与地面要保持平行，感觉前肋向里收，后背侧肋拉长，眼睛看向 8 点或 2 点方向，如图 4-6 所示。

训练要求：冲靠是在沉的基础上所做的动作，动作时身体不能前倾或后仰。

图 4-5 　　　　　　　　　　　　　图 4-6

3. 含腆

此组元素表现身体前后的韵律，其动作做法如下所述。

(1) 含：气息下沉，过程同"沉"。但是力量要向腰椎后拉，形成低头、双肩向里合挤、含胸，腰椎呈弓形的姿态，如图 4-7 所示。

(2) 腆：在"含"的基础上提气，在提的过程中，双肩后掰，胸向前探，抬头，如图 4-8 所示。

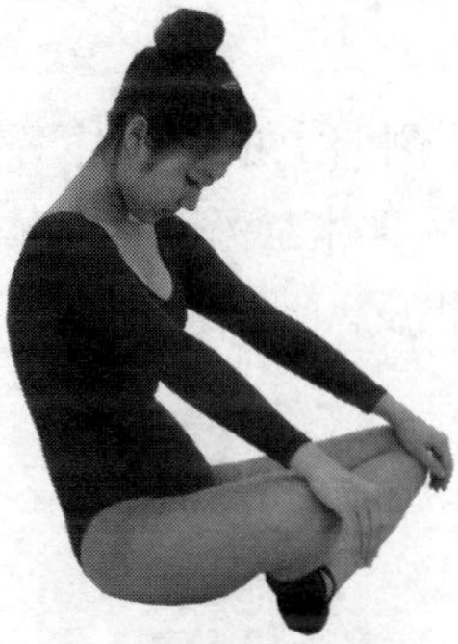

图 4-7 　　　　　　　　　　　　　图 4-8

训练要求：含腆是在提沉的基础上所做的动作，含腆是里合外开的动作。

4. 横移

此组元素表现身体水平运动的韵律。其动作做法为：腰部发力，肩颈向左或右移动，腰肋肌肉向旁拉长，头与运动方向相反，如图 4-9 所示。

图 4-9

训练要求：上身要垂直，不能前倾或后仰；动作要有延伸感。

三、动作组合练习

1. 提沉组合

准备姿态：双腿盘坐，膝盖下压。后背正直，肩胸放松，眼睛平视前方。双手搭在膝盖上，肘部放松，如图 4-10 所示。前奏最后两拍，身体沉下去。

动作做法：

【1×8】第 1～4 拍，慢吸气"提"；第 5～8 拍，慢呼气"沉"。

【2×8】第 1、2 拍，"提"；第 3、4 拍"沉"；第 5 拍，"提"；第 6～8 拍，保持不动。

【3×8】第 1～4 拍，慢呼气"沉"；第 5～8 拍，慢吸气"提"。

【4×8】第 1、2 拍，"沉"；第 3、4 拍"提"；第 5 拍，"提"；第 6 拍，保持不动；第 7、8 拍，"沉"。

图 4-10

【5×8】第 1、2 拍，"提"，同时左手从身体左侧向上撩臂至体旁，眼看向手臂方向，如图 4-11 所示；第 3、4 拍，"沉"，同时左手从身体左旁侧落至体旁，眼随手走，如图 4-12 所示；第 5～8 拍，动作同第 1～4 拍，方向相反。

图 4-11

图 4-12

【6×8】动作同【5×8】。

【7×8】第 1、2 拍，"提"，同时双手从体侧撩到斜上方提腕，如图 4-13 所示；第 3、4 拍，"沉"，双手落至胸前交叉位，如图 4-14 所示；第 5、6 拍，"提"，双手分开到斜上方延伸，如图 4-15 所示；第 7、8 拍，"沉"，双手从两侧落下。

【8×8】动作同【6×8】。

结束动作：

【1×8】第 1～4 拍，"提"，双手提至膝盖处扶膝(准备姿态)；第 5～8 拍，保持动作不变。

2. 冲靠与含腆移组合

准备姿态：双腿盘坐，后背正直，眼睛平视前方。双手搭在膝盖上，肘部放松，如图 4-10 所示。前奏最后两拍，身体沉下去。

图 4-13　　　　　　　　　图 4-14　　　　　　　　　图 4-15

动作做法如下。

【1×8】第 1、2 拍，上"提"；第 3、4 拍，向 2 点方向前"冲"，如图 4-16 所示，眼看 2 点方向；第 5、6 拍，上"提"；第 7、8 拍，下"沉"。

【2×8】第 1、2 拍，上"提"；第 3、4 拍，向 6 点方向后"靠"，如图 4-17 所示，眼看 8 点方向；第 5、6 拍，上"提"；第 7、8 拍，下"沉"。

图 4-16　　　　　　　　　　　　　　　图 4-17

【3×8】第 1、2 拍，上"提"；第 3、4 拍，向 8 点方向前"冲"，如图 4-18 所示，眼看 8 点方向；第 5、6 拍，上"提"；第 7、8 拍，下"沉"。

【4×8】第 1、2 拍，上"提"；第 3、4 拍，向 4 点方向后"靠"，如图 4-19 所示，眼看 2 点方向；第 5、6 拍，上"提"；第 7、8 拍，下"沉"。

【5×8】第 1、2 拍，上"提"；第 3、4 拍，向 3 点方向"横移"，如图 4-20 所示；第 5、6 拍，上"提"；第 7、8 拍，下"沉"。

【6×8】第 1、2 拍，上"提"；第 3、4 拍，向 7 点方向"横移"，如图 4-21 所示；第 5、6 拍，上"提"；第 7、8 拍，下"沉"。

【7×8】身体顺时针、水平方向移动一圈，分别经过腆、右横移、含、左横移。

【8×8】动作同【7×8】，方向相反。

图 4-18

图 4-19

图 4-20

图 4-21

结束动作：

【1×8】第1、2拍，"提"；第3、4拍，"沉"；第5～8拍，身体慢提，坐直。

第二节　形体协调训练

通过形体动作协调训练，可以使学习者掌握身体各部位动作配合的规律，掌握动作内部韵律的表现方法；通过组合练习，可以培养动作的控制能力，增强舞姿的美感，提高动作的表现力。

一、基本手位和脚位

1. 基本手位

(1) 山膀：手臂平抬于体侧，略低于肩，开度与胸平，手臂呈弧形，略扣腕，掌心对正斜下方，如图 4-22 所示。

(2) 按掌：手按于胸前，大臂与小臂弯成弧形，掌心对正斜前下方，按掌的位置在胸窝处，手与胸的距离约一掌，从肩到手形成一条斜坡式弧线，如图 4-23 所示。

(3) 端掌：动作位置同按掌，手心向上，如图 4-24 所示。

(4) 托掌：手臂保持弧形举在头前上方，掌心对正斜上方，指尖不能超过头顶中线，如图 4-25 所示。

图 4-22

图 4-23

图 4-24

图 4-25

(5) 提襟：手在体侧握虚拳，稍压腕，拳眼向前，指对胯部。手臂保持弧形，手距离胯部一拳远，如图 4-26 所示。

(6) 扬掌：手臂举至头部斜后方，伸直，掌心对正斜前上方，如图 4-27 所示。

2. 基本脚位

(1) 正步：两脚靠拢，脚尖向正前方(1 点方向)，重心放在两脚之间，如图 4-28 所示。

(2) 八字步：两脚跟靠拢，脚尖分开，分别朝向 2 点和 8 点方向，重心放在两脚之间，如图 4-29 所示。

(3) 大八字步：在八字步的基础上，两脚分开，两脚之间相距一脚的距离，重心放在两脚之间，如图 4-30 所示。

(4) 丁字步：分为左、右方向。以左丁字步为例：左脚在前，右脚在后；左脚脚尖朝 8 点方向，脚跟靠在右脚脚心处，右脚脚尖朝 2 点方向；重心放在两脚之间，如图 4-31 所示。

图 4-26

图 4-27

图 4-28

图 4-29

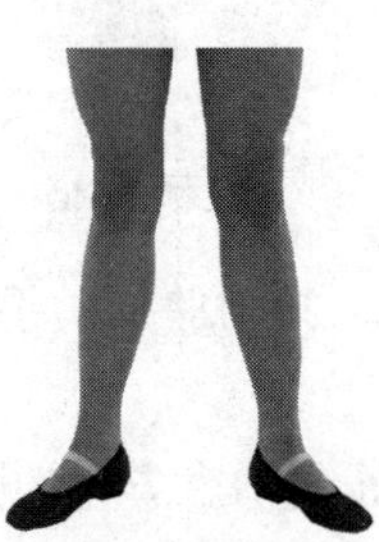

图 4-30

图 4-31

(5) 踏步：分为左、右方向。以左踏步为例：在八字步的基础上，右腿直立为主力腿，左腿向 6 点方向后撤，左脚掌踏地，膝盖稍弯，左腿膝盖靠在右腿膝盖后侧，重心放在前腿上，如图 4-32 所示。

(6) 大踏步：分为左、右方向。以右大踏步为例：在右踏步的基础上，左腿屈膝半蹲为主力腿，右腿向 6 点方向伸直，脚尖点地，两腿大腿根内侧收紧，重心放在前腿上，如图 4-33 所示。

(7) 弓箭步：分为左、右方向。以右弓箭步为例：在右丁字步的基础上，右脚向 3 点方向迈一大步，脚尖向 3 点方向，屈膝，小腿垂直于地面；左腿伸直，脚尖向 1 点方向；重心放在两腿之间，如图 4-34 所示。

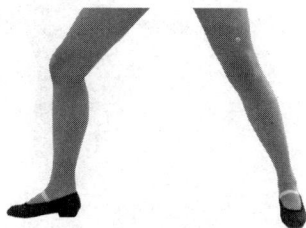

| 图 4-32 | 图 4-33 | 图 4-34 |

（8）点步：包括前点步、旁点步、后点步，每个动作分为左、右方向。以右前点步为例：在右丁字步的基础上，右腿向 1 点方向伸直，脚尖点地，重心放在后腿上，如图 4-35 所示。右旁点步，如图 4-36 所示；右后点步，如图 4-37 所示。

| 图 4-35 | 图 4-36 | 图 4-37 |

二、手臂基本动作

1. 双山膀

双山膀的做法：丁字步或踏步，动作时眼随右手拉成单山膀，然后眼随左手拉成双山膀，眼看 8 点方向上方，如图 4-38 所示。

2. 顺风旗

顺风旗的做法：踏步，双手左手撩到山膀位，同时右手直接向上撩至托掌位，眼随右手亮相于 8 点方向斜上方，如图 4-39 所示。

3. 双托掌

双托掌的做法：丁字步或踏步，双手经体侧撩掌至头上托掌位，眼随右手亮相于 8 点方向的下方，如图 4-40 所示。

4. 托按掌

托按掌的做法：丁字步或踏步，双手交替由外向里晃手至右托按掌位，眼随右手亮相于 8 点方向的上方，如图 4-41 所示。

图 4-38

图 4-39

图 4-40

图 4-41

5. 山膀按掌

山膀按掌的做法：动作同托按掌，只是最后姿态为右山膀左按掌，如图 4-42 所示。

6. 斜托掌

斜托掌的做法：丁字步或小踏步，双手经体前分撩掌至顺风旗位，掌心向上，伸长手臂，眼看 8 点方向上方，如图 4-43 所示。

7. 晃手

晃手的做法：双手保持同肩宽进行晃动，方向是立圆(左旁→上→右旁→下)，带动晃手的力量在手腕上，如图 4-44～图 4-47 所示。

8. 冲掌

冲掌的做法：丁字步，右手掌心向上与左手掌心相对，如图 4-48 所示，然后右肘后提左掌向 8 点方向下方推出，眼随左手亮相于 8 点方向下方，如图 4-49 所示。

图 4-42

图 4-43

图 4-44　　　　　图 4-45　　　　　图 4-46　　　　　图 4-47

图 4-48

图 4-49

9. 穿掌

穿掌的做法：双山膀准备。左手经体旁由头上方落下，手心向外，右手从旁落下经端掌手心向里，指尖向上；两手在胸前交叉，左手在外向下，右手在里迅速向上穿成右托掌，左手提襟。也可做相反方向动作。

10. 盘手

盘手的做法：在托掌位，以手腕为轴，手心向上，指尖带动，向外转一圈。要有身体的配合，头和身体都要随动，眼随手走。

三、动作组合练习

1. 基本手位组合

准备姿态：左丁字步，双手背在体后，眼睛看向 8 点方向，如图 4-50 所示。

图 4-50

动作做法如下。

(1) 第一遍音乐。

【1×8】右手经撩掌到山膀位，眼随手走，第 5 拍亮相，眼看 8 点方向的上方，如图 4-51 所示。

【2×8】右手经下弧线提腕至胸前按掌位，眼随手走，第 5 拍亮相，眼看 8 点方向的上方，如图 4-52 所示。

【3×8】右手经下弧线撩掌到托掌位，眼随手走，第 5 拍亮相，眼看 8 点方向的上方，如图 4-53 所示。

【4×8】右手从头顶经面前切到按掌位，稍提腕成端掌，眼随手走，第 5 拍亮相，眼看 8 点方向的上方，如图 4-54 所示。

【5×8】右手在胸前按掌，经撩掌到扬掌位，眼随手走，第 5 拍亮相，眼看 8 点方向的上方，如图 4-55 所示。

图 4-51

图 4-52

图 4-53

图 4-54

【6×8】双手配合，做右穿掌，眼随手走。

【7×8】第 1 拍在右托掌提襟位亮相，眼看 8 点方向的上方，保持舞姿，如图 4-56 所示。

【8×8】左手背在体后，右手经盘手收回体后，第 5 拍亮相，眼看 2 点方向，同时换位成右丁字步。

(2) 第二遍音乐：动作同第一遍音乐，方向相反。

2. 形体协调组合

准备姿态：左丁字步，双手背在体后，身体面向 1 点方向，眼看 1 点方向，如图 4-57 所示。

动作做法如下。

【1×8】左脚向 7 点方向横迈一步，右脚跟上成右踏步；左手不动，右手经体旁撩到托掌，再经面前切到按掌位，向右平拉开至山膀位，眼随手走，第 7 拍亮相，眼看 8 点方

向的上方，如图 4-58 所示。

图 4-55　　　　　　　　　　图 4-56　　　　　　　　　　图 4-57

【2×8】右脚向 3 点方向横迈一步，左脚跟上成左丁字步；右手保持不动，左手同前八拍动作，成双山膀位，眼随手走，第 7 拍亮相，眼看 2 点方向的上方，如图 4-59 所示。

图 4-58　　　　　　　　　图 4-59

【3×8】左脚向 7 点方向横迈一步，右脚跟上成大踏步；双手同时经体旁撩到托掌，再经面前切到按掌位，最后经体旁撩到顺风旗位，身体面向 2 点方向，略向前倾，眼随右手走，第 7 拍亮相，眼看 8 点方向的上方，如图 4-60 所示。

【4×8】右脚向 3 点方向横迈一步，左脚跟上成左丁字步；双手同时经体旁撩到托掌，再经面前切到按掌位，最后经体旁撩到双托掌位，身体面向 1 点方向，略向左旁倾，眼随右手走，第 7 拍亮相，眼看 8 点方向的下方，如图 4-61 所示。

【5×8】左脚向 7 点方向横迈一步，右脚跟上成踏步，慢慢下蹲成右踏步蹲；双手交替经体旁撩到托掌，再经面前切到按掌位，最后经体旁撩到托按掌位，身体略左旁倾，眼随右手走，第 5 拍亮相，眼看 8 点方向的下方，如图 4-62 所示。

图 4-60　　　　　　　　　　　　　　　　图 4-61

【6×8】右脚向 3 点方向横迈一步，成右弓箭步；双手交替经体旁撩到托掌，再经面前切到按掌位，最后经体旁撩到右山膀按掌位，身体面向 1 点方向，略向右移重心，眼随右手走，第 5 拍亮相，眼看 8 点方向的上方，如图 4-63 所示。

图 4-62　　　　　　　　　　　　　　　　图 4-63

【7×8】左脚向 8 点方向迈一步，右脚跟上成左丁字步；双手由左向右双晃手一周于右胯侧，如图 4-64 和图 4-65 所示，在右肋下右手掌心向上与左手掌心相对，向 8 点方向的下方冲掌，眼随右手走，第 5 拍亮相，眼看 8 点方向的上方，如图 4-66 和图 4-67所示。

【8×8】右脚向 4 点方向回撤一步，左脚成左前点步；双手在体侧经内绕成提襟位，身体面向2点方向，眼随右手走，第 5 拍亮相，眼看 8 点方向的下方，如图 4-68 所示。

图 4-64

图 4-65

图 4-66

图 4-67

图 4-68

思考与训练

1. 基本手型包括哪些?
2. 身体韵律包括哪些元素?
3. 提沉组合、冲靠与含腆移组合各练习 5 次。
4. 基本手位包括哪些?
5. 基本脚位包括哪些?
6. 手臂基本动作包括哪些?
7. 进行手位、脚位、手臂动作练习 30~60 分钟。
8. 基本手位组合和形体协调组合各练习 5 次。

第五章 芭　　蕾

不读诗书形体陋。

——[清]吴嘉纪

舞蹈的美首先在于它是运动冲动的自由和有节奏的表现。

——(苏联芭蕾编导)扎哈罗夫

课程思政要求：

- 进行社会主义核心价值观教育；
- 进行爱国主义教育；
- 开展诚信教育、法律意识教育和道德意识教育；
- 塑造职业形象、提高职业素养；
- 促进学生全面发展；
- 提高大学生的审美意识和审美情趣。

芭蕾起源于意大利，兴盛于法国和俄罗斯，有着"艺术皇冠上的明珠"之美誉。"芭蕾"一词本是法语"ballet"的音译，意为"跳"或"跳舞"。最初是欧洲的一种群众自娱或广场表演的舞蹈，在发展进程中形成了严格的规范和结构形式。现在芭蕾已经成为一门世界性的艺术，它不仅可以塑造人的外在形象，还可以升华人的内在气质。

芭蕾以其独特的舞蹈形式来展示人体优美的线条，动作流畅，舞姿多变，造型流动，技艺精湛。几百年来形成了一套规范、严谨、科学的芭蕾训练方法。芭蕾训练中常出现开、绷、直、立四个字，这四个字始终贯穿于芭蕾训练之中，所有的动作必须在开、绷、直、立的基础上完成，所以我们称之为芭蕾的基本元素。"开"是指髋关节向人体两侧外开，髋关节的打开，舒展了人体的线条，增加了人体下肢的表现能力。"绷"是指脚腕伸展，脚背上拱，脚心下窝，脚趾并拢，向远向下无限伸展。"直"是指人体重心的垂直。"立"是指人体每一个关节、肌肉都向上提，有无限提升感。芭蕾将身体美学表现得淋漓尽致，以至于对这种美的评判标准，一直延续至今。现在虽然人们已经不再穿足尖鞋、紧身衣，但运用的还是芭蕾的训练体系，并将其融入塑造美的形体训练中。芭蕾形体训练是一门基本能力的训练，是形体训练课程中最重要的部分之一，通过对本章内容的学习，可以训练学生身体各部位肌肉的能力，增强直立感、协调性和肢体表现力，使之掌握芭蕾开、绷、直、立的审美特点，提升其原有的自然体态，获得必要的技术、技能和规范的动作，从而提高身体的基本素质。

第一节　芭蕾的手位和脚位训练

手的位置从一位到七位，两手臂始终要保持椭圆形，注意不要让手腕和肘关节下塌，手的七个位置运动路线要规范。熟练手的七个位置之后，要头、手、身体各部位协调配合，要体会手位中的内在力量，尤其是后背肌群在动作中起到的平稳、稳定作用，要运用手的表现能力传情达意。

脚位的开度要保持从大腿根、膝盖、脚腕、脚尖的上下一致。如果胯部不开，脚位可以站大八字或小八字，切忌某个局部开、某个局部关，造成上下扭曲而损伤。五位和三位站立要保持胯部正，不要因为某只脚在前，而一边的胯歪向前。胯不正是因为在前五位或前三位的脚没有伸直而造成的，所以五位和三位站立不但要伸直两膝，而且要夹紧大腿。

一、手的位置

手形：手自然放松，中指、无名指和小指并拢，食指外开，拇指自然放松，如图 5-1 所示。

一位：从肩到手指尖在身体前呈椭圆形，手心朝上，两手相距一拳左右，小指边离大腿约二寸距离，如图 5-2 所示。

二位：保持一位的手状态，两手臂向上抬至手心与胃部平行，如图 5-3 所示。

三位：保持二位的手状态，两手臂向上抬至头顶斜上方，如图 5-4 所示。

图 5-1　　　　　　图 5-2　　　　　　图 5-3　　　　　　图 5-4

四位：一只手臂保留在三位，另一只手臂从三位回至二位，如图 5-5 所示。

五位：一只手臂仍保持在三位，四位中回到二位的手臂向旁打开，如图 5-6 所示。

图 5-5　　　　　　　　　　图 5-6

六位：五位中打开到旁的手不动，原在三位的手下到二位，如图 5-7 所示。

七位：五位中打开到旁的手仍不动，六位中下到二位的手打开到旁，如图 5-8 所示。

图 5-7   图 5-8

二、脚的位置

一位：两脚脚后跟相靠，两脚脚尖向外打开呈一字形，如图 5-9 所示。

二位：在一位的基础上，两脚脚后跟分开，相距约一只脚长的距离，如图 5-10 所示。

三位：在二位的基础上，一只脚的脚后跟向另一只脚的脚心靠拢，如图 5-11 所示。

 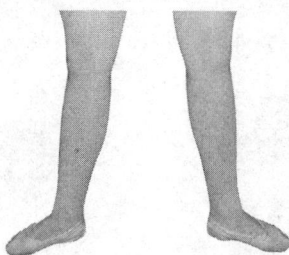 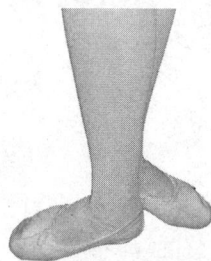

图 5-9   图 5-10   图 5-11

四位：保持两脚尖外开状，一只脚在另一只脚的正前方或正后方，形成两条平行线，如图 5-12 所示。

五位：在四位的基础上，两脚合拢并紧，如图 5-13 所示。

图 5-12   图 5-13

第二节　擦 地 训 练

一、五位擦地的做法

擦地绷脚可以在一位和五位脚的位置上向前、向旁、向后方向延伸。擦地主要通过擦地绷脚背，立脚趾，整条腿向远处、向下延伸，伸展整条腿的肌肉，然后收回。通过擦出收回的不断运动来锻炼腿部力量，尤其是踝关节和脚趾的力量。

1. 向前擦地的做法

五位站立准备向前擦地，一条腿支撑并固定好重心，另一条腿保持与支撑腿平行的状态，沿地面向前擦出，同时脚跟渐渐离地推起脚背，在动作腿不影响支撑腿重心的前提下，尽可能向远处伸展，脚掌点地，将脚背推至最高点。然后再将脚趾向远处伸展立起，用脚趾尖轻轻点地后，再一次收回原位。

2. 向旁擦地的做法

一条腿支撑并固定好重心，另一条腿向旁沿地面擦出，同时脚跟渐渐离地推起脚背，在不影响支撑腿重心的前提下，动作腿尽可能向远伸展，脚掌点地，将脚背推至最高点。然后再将脚趾向远伸展立起，用脚趾轻轻点地后再依次收回原位。

3. 向后擦地的做法

一条腿支撑并固定好重心，另一条腿保持与支撑腿平行状态沿地面向后擦出，同时脚跟渐渐离地推起脚背，在不影响支撑腿重心的前提下，动作腿尽可能向远伸展，脚掌点地，将脚背推至最高点。然后再将脚趾向远伸展立起，用脚的大趾外侧点地，然后依次再收回原位。

二、组合练习

组合练习共 4 个 8 拍，每次练习动作重复两遍，每次配合动作的播放音乐为 8 个 8 拍，左脚为主力脚，右脚为动力脚。

1. 预备拍

第 1～4 拍：五位站立，左手扶把，准备向前擦地，如图 5-14 所示。

第 5～6 拍：右手由一位抬至二位，如图 5-15 所示。

第 7～8 拍：右手从二位至七位，如图 5-16 所示。

2. 第【1×8】拍

第二拍出脚，如图 5-17 所示。

第 1～2 拍：右脚第 1 拍收回至五位脚，第 2 拍向前擦出，如图 5-18 和图 5-19 所示。

第 3～4 拍：右脚第 3 拍收回至五位脚，第 4 拍擦出，如图 5-18 和图 5-19 所示。

第5～7拍：重复第3～4拍的动作。

第8拍：左脚向后擦出，如图5-20所示。

图 5-14　　　　　　　图 5-15　　　　　　　图 5-16

图 5-17　　　　　　图 5-18　　　　　　图 5-19　　　　　图 5-20

3. 第【2×8】拍

第1～2拍：左脚第1拍收回第2拍擦出，如图5-21和图5-22所示。

第3～4拍：左脚第3拍收回第4拍擦出，如图5-21和图5-22所示。

第5～6拍：左脚第5拍收回第6拍擦出，如图5-21和图5-22所示。

第7～8拍：左脚第7拍收回，右脚第8拍向旁擦出，如图5-23所示。

图 5-21　　　　　　　图 5-22　　　　　　　图 5-23

4. 第【3×8】拍

第1～2拍：右脚第1拍收回第2拍擦出，如图5-24和图5-25所示。

第3～4拍：右脚第3拍收回第4拍擦出，如图5-24和图5-25所示。

第5～6拍：右脚第5拍收回第6拍擦出，如图5-24和图5-25所示。

第7～8拍：右脚第7拍收回第8拍收至后五位，如图5-26所示。

5. 第【4×8】拍

第1～2拍：右脚向旁擦出，如图5-27所示。

第3～4拍：动力腿压脚跟，如图5-28和图5-29所示。

第5～6拍：重复第3～4拍的动作，如图5-28和图5-29所示。

第7～8拍：动力腿收到主力腿前面，呈五位脚，左脚在后，右脚在前，如图5-30所示。

图 5-24　　　　　　　　图 5-25　　　　　　　　图 5-26

图 5-27　　　　　图 5-28　　　　　图 5-29　　　　　图 5-30

第三节　蹲　的　训　练

一、蹲的做法

蹲分为半蹲和全蹲，蹲在脚的五个位置上都可以做。蹲主要是通过膝关节在不同的脚位上做各种不同节奏的快和慢的半蹲和全蹲，以锻炼膝关节的柔韧性和腿部的肌肉。蹲是训练中重要的一部分，通过蹲的训练能使训练者轻松地腾空而起，轻盈落地，屈伸有力，富有弹性。

1. 半蹲的做法

一位站立，保持人体的基本形态，两膝逐渐下蹲，蹲到脚腕与脚背有挤压感，跟腱(即脚跟与小腿之间一条很粗壮结实的肌腱)略有一点紧张的位置为半蹲。

2. 全蹲的做法

在半蹲的基础上，继续往下蹲，脚跟可以略微抬起一点(只有二位大蹲不容许起脚后跟)，蹲到底，臀部不能坐在脚后跟上，保持开度和后背挺直。起来时先落下脚跟，再慢慢站起来。

二、组合练习

组合练习共 8 个 8 拍，左脚为主力脚，右脚为动力脚。

1. 预备拍

第 1～4 拍：一位站立，左手扶把，右手向旁边出手，呼吸，再收回一位手准备，如图 5-31 和图 5-32 所示。

第 5～6 拍：右手由一位抬至二位，眼随着动力手走，如图 5-33 所示。

第 7～8 拍：右手从二位至七位，眼随着动力手走，如图 5-34 所示。

图 5-31　　　　　图 5-32　　　　　图 5-33　　　　　图 5-34

2. 第【1×8】拍

第 1～4 拍：一位半蹲，同时右手由七位收回一位，如图 5-35 所示。

第 5～8 拍：慢慢由一位半蹲提起还原，同时右手由二位打开至七位，如图 5-36 和图 5-37 所示。

3. 第【2×8】拍

第 1～4 拍：重复图 5-36 和图 5-37 所示的动作。

第 5～6 拍：一位半蹲，同时右手由七位收回一位，如图 5-35 所示。

第 7～8 拍：由一位半蹲提起还原，同时右手由二位打开至七位，同时向旁擦出右脚，如图 5-38 所示。

4. 第【3×8】拍

第1～4拍：二位半蹲，右手由七位收回一位，如图5-39和图5-40所示。

第5～8拍：慢慢由一位半蹲提起还原，同时右手由二位打开至七位，如图5-41和图5-42所示。

图 5-35　　　　　图 5-36　　　　　图 5-37

图 5-38　　　　　　　　　　图 5-39

图 5-40　　　　　图 5-41　　　　　图 5-42

5. 弟【4×8】拍

第1～4拍：重复以上动作，如图5-41和图5-42所示。

第5～6拍：二位半蹲，同时右手由七位收回一位，如图5-39和图5-40所示。

第7～8拍：由二位半蹲提起还原，同时右手由二位打开至七位，如图5-41和图5-42所示。

6. 第【5×8】拍

第1~2拍：在二位的基础上，向旁摊手，如图 5-43 所示。

第3~4拍：动力腿绷脚，右手到三位手向左下旁弯腰，如图 5-44 所示。

第5~8拍：动力脚由二位划向前五位，右手由二位划向七位，如图 5-45 和图 5-46 所示。

图 5-43   图 5-44   图 5-45   图 5-46

7. 第【6×8】拍

第1~4拍：五位蹲，手由七位收回到一位，如图 5-47 所示。

第5~8拍：起身，手由二位回到七位，如图 5-48 所示。

图 5-47   图 5-48

8. 第【7×8】拍

第1~4拍：经五位半蹲起来，同时右手由二位收回七位，如图 5-48 所示。

第5~8拍：重复第1~4拍的动作。

9. 第【8×8】拍

第1~4拍：五位半脚尖立，手在三位手的位置，如图 5-49 所示。

第5~8拍：结束落在五位脚上，呼吸，右手收至一位，如图5-50所示。

图 5-49　　　　　　　　　　图 5-50

第四节　踢腿训练

一、五位小踢腿的做法

小踢腿是在擦地的基础上向空中有控制地踢起，特点是急速、有爆发力，比擦地动作速度快、力度大，可以锻炼腿部肌肉，提高动作的速度和控制力及后背力量。

五位向前擦地，脚尖离地25°。落地经脚尖点地收回至前五位。小踢腿向旁和小踢腿向后与擦地动作不同，在不同方向点地的基础上，再向远延伸踢出，离地25°停住。

二、组合练习

组合练习共4个8拍，每次练习动作重复两遍，每次音乐为8个8拍，左脚为主力脚，右脚为动力脚。

1. 预备拍

第1~4拍：五位站立，左手扶把，准备，如图5-51所示。

第5~7拍：右手由一位抬至二位再打到七位，如图5-52和图5-53所示。

第8拍：右脚向前踢腿至25°，右手从二位至七位，如图5-54所示。

2. 第【1×8】拍

第1~6拍：右腿向前小踢腿三次，手七位，如图5 55和图5-56所示。

第7拍：右脚收回前五位，手七位，如图5-57所示。

第8拍：左脚向后小踢腿25°，手七位不动，如图5-58所示。

3. 第【2×8】拍

第1~6拍：左腿向后小踢腿三次，手七位，如图5-59所示。

第7拍：左脚收回后五位，手七位，如图5-60所示。

第8拍：右脚向旁小踢腿25°，手七位不动，如图5-61所示。

图 5-51　　　　　　图 5-52　　　　　　　图 5-53　　　　　　图 5-54

图 5-55　　　　　　图 5-56　　　　　　图 5-57　　　　　　图 5-58

图 5-59　　　　　　　　图 5-60　　　　　　　图 5-61

4. 第【3×8】拍

第1～6拍：右腿向旁小踢腿三次，手七位，如图5-62所示。

第7拍：右脚收回前五位，手七位，如图5-63所示。

第8拍：右脚向旁悠踢腿25°，手七位不动，如图5-64所示。

图5-62　　　　　　　　图5-63　　　　　　　　图5-64

5. 第【4×8】拍

第1～2拍：右脚向旁悠踢腿25°，收回后五位，如图5-65所示。

第3～4拍：右脚向旁悠踢腿25°，收回前五位，如图5-66所示。

第5～6拍：右脚向旁悠踢腿25°，收回后五位，如图5-65所示。

第7～8拍：动力腿收到主力腿前面，呈五位脚，手收回一位，如图5-66所示。

图5-65　　　　　　　　图5-66

思考与训练

1. 简述芭蕾的发展历程。

2. 芭蕾的基础训练包括哪些内容？

3. 进行芭蕾的手位和脚位训练。

(1) 练习芭蕾手型的正确做法 5 遍。

(2) 练习芭蕾七个手位的做法 5 遍。

(3) 练习芭蕾五个脚位的做法 5 遍。

4. 进行芭蕾的擦地练习。

(1) 练习五位向前擦地 10 次，慢擦。

(2) 练习五位向旁擦地 10 次，慢擦。

(3) 练习五位向后擦地 10 次，慢擦。

(4) 练习五位擦地组合两遍。

5. 进行芭蕾蹲的练习。

(1) 练习芭蕾一位半蹲 5 遍。

(2) 练习芭蕾二位半蹲 5 遍。

(3) 练习芭蕾五位半蹲 5 遍。

6. 进行芭蕾踢腿练习。

(1) 练习向前小踢腿 15 次。

(2) 练习向旁小踢腿 15 次。

(3) 练习向后小踢腿 15 次。

(4) 练习小踢腿组合 5 遍。

第六章 交 际 舞

说之故言之；言之不足故长言之；长言之不足故嗟叹之；嗟叹之不足，不知手之舞之足之蹈之也。

——《礼记》

舞蹈是有节拍的步调，就像诗歌是有韵律的文体一样。

——[英]培根(Francis Bacon)

课程思政要求：

- 进行社会主义核心价值观教育；
- 进行爱国主义教育；
- 开展诚信教育、法律意识教育和道德意识教育；
- 塑造职业形象、提高职业素养；
- 促进学生全面发展；
- 提高大学生的审美意识和审美情趣。

交际舞是最具有艺术性的社会娱乐活动，同时也是最具有社会性的艺术消遣活动。在任何社会，交际舞都是生活中不可或缺的部分。交际舞不仅是生活的反映，同时也是人类表达生活态度的一种方式。人们跳舞的最初动机是追求社会娱乐，然而一旦冲破难关开始真正体验交际舞，融入音乐、舞蹈氛围及舞步中，许多人就会发现交际舞为他们提供了一个舞台，让他们得以扮演一个全新的角色。舞者可以在短短的瞬间，全心全意投入到任何他们所期待的场景中。音乐和舞蹈场所共同营造了一种氛围，而舞者以交际舞为媒介可以张扬自己的独特个性。

交际舞是一种全身性的运动。跳舞确实可以锻炼气质，在跳舞的时候身体的各个部位都会得到锻炼，久而久之，变化就出来了：经常跳舞的人的站姿就与平常人有所不同，其站姿比较好看，抬头挺胸，男士给人一种器宇轩昂的感觉，女士给人一种自信而且大方的感觉；练过交际舞的人腰部和胯部都比较灵活，腿上和脚上比较有力量，很稳当，她们走姿更好看、更优雅；练过交际舞的人的手势也是比较柔和的。当然练交际舞只是锻炼气质的一个方面，更重要的在于内心修养与品质的锤炼。

本章主要介绍探戈舞、伦巴舞、牛仔舞和华尔兹。教师在教学中要注意如下几方面。

(1) 教师在讲解动作过程中要准确地做好示范动作。

(2) 教师在教学中应该注意学生的自身能力，不要训练"过激"。

(3) 注意调节课堂气氛，调动学生学习的积极性。

(4) 注意选择合适的音乐配合教学。

第一节 探戈舞步训练

一、探戈简介

探戈(Tango)是一种双人舞蹈，源于非洲，流行于阿根廷。其伴奏音乐为 2/4 拍，但因是顿挫感非常强烈的断奏式演奏，所以在实际演奏时，将每个四分音符化为两个八分音符，使每一小节有四个八分音符。目前探戈是国际标准舞大赛的正式项目之一。

跳探戈舞时，男女双方的组合姿势和其他摩登舞略有区别，叫作"探戈定位"，双方靠得较紧，男士搂抱的右臂和女士的左臂都要更向里一些，身体要相互接触，重心偏移，男士主要在右脚，女士主要在左脚。男女双方不对视，定位时男女双方都向自己的左侧看。探戈音乐节奏明快，独特的切分音是它鲜明的特征，舞步华丽高雅、热烈狂放且变化无穷，交叉步、踢腿、跳跃、旋转令人眼花缭乱。跳舞时，男士打领结穿深色晚礼服，女士着一侧高开衩的长裙。

探戈舞步最显著的特点是"蟹行猫步"。当舞步需要前进时，舞者却做横向移动；当舞步需要后退时，舞者却做横向向前斜移。同时，探戈舞者的舞步常常随音乐节拍的变化而时快时慢，探戈也因此被称为"瞬间停顿的舞蹈"。这样，探戈舞步就形成了欲进还退、快慢错落、动静有致的特点。此外，探戈舞者讲究上身垂直，两脚脚跟提起，两膝微弯，所有的动作都是力量向下延伸的感觉，舞姿十分沉稳有力。优秀的探戈舞者舞蹈时我们几乎看不到动作，只能看到动作结束时的位置，只看到线条、速度以及不停变换的重心，给人以斩钉截铁、棱角分明的感觉。阿根廷探戈以小腿的动作为主，男女舞者以娴熟的配合动作跳出一系列令人眼花缭乱的舞步，互相缠绕的肢体充分展示出人体之美。探戈舞者面部表情严肃，互相深情凝视，但又时不时快速拧身转头、"左顾右盼"。

探戈据说是情人之间的秘密舞蹈，所以男士原来跳舞时都佩带短刀，现在虽然不佩带短刀，但舞蹈者必须表情严肃，表现出东张西望，提防被人发现的表情。其他舞蹈跳舞时都要面带微笑，唯有跳探戈时不得微笑，表情要严肃。探戈舞的肢体语言非常丰富，但目前应用于体育舞蹈比赛中经过适度规范了的探戈舞已经比阿根廷本地的探戈舞简单多了。

二、训练组合

1. 第【1×8】拍

第 1~4 拍：男士右脚后退一小步，女士左脚前进一小步，如图 6-1 所示。

第 5~8 拍：男士左脚往左侧迈一步，脚步略大；女士右脚往右侧迈一步，脚步略小，如图 6-2 所示。

2. 第【2×8】拍

第 1~2 拍：男士右脚前进一步，停在两人之间；身体不要转动；女士右脚后退一步，如图 6-3 所示。

图 6-1　　　　　　　　　　　　　　　　图 6-2

第 3～4 拍：男士左脚向前迈一步，同时身体稍向右转；女士右脚向后迈一步，动作稍慢一些，同时身体稍微右转，保持与男士肩并肩，如图 6-4 所示。

第 5～8 拍：男士右脚向左并拢，结束时身体重心放在左脚；女士左脚交叉在右脚前方，两脚之间的距离不必太近，结束时身体重心放在左脚，如图 6-5 所示。

图 6-3　　　　　　　　　　图 6-4　　　　　　　　　　图 6-5

3. 第【3×8】拍

第 1～2 拍：男士左脚前进一步，女士右脚后退一步，如图 6-6 所示。

第 3～4 拍：男士身体重心放在左脚，右脚交叉在左脚后方轻轻踏地；女士身体重心放在右脚，左脚交叉在右脚前方轻轻踏地，如图 6-7 所示。

第 5～6 拍：男士右脚后退一步，女士左脚前进一步，如图 6-8 所示。

第 7～8 拍：男士身体重心放在右脚，左脚交叉在右脚前方轻轻踏地；女士身体重心放在左脚，右脚交叉在左脚后方轻轻踏地，如图 6-9 所示。

4. 第【4×8】拍

第 1～2 拍：男士左脚前进一步，身体开始向左转；女士右脚后退一步，身体开始向左转，如图 6-10 所示。

图 6-6   图 6-7   图 6-8   图 6-9

第 3～4 拍：男士右脚往右侧迈一步，身体继续左转；女士左脚往左侧迈一步，身体继续左转，如图 6-11 所示。

第 5～8 拍：男士左脚向右脚并拢，女士右脚向左脚并拢，如图 6-12 所示。

图 6-10   图 6-11   图 6-12

第二节 伦巴舞步训练

一、伦巴简介

伦巴是英文 Rumba 的音译，用 R 表示，被称为爱情之舞，是拉丁舞项目之一。它是源自 16 世纪非洲黑人歌舞的民间舞蹈，流行于拉丁美洲，后在古巴得到发展，所以又称古巴伦巴，舞曲节奏为 4/4 拍。它的特点是动作浪漫、舞姿迷人、性感与热情；步伐曼妙、缠绵，讲究身体姿态、舞态柔媚，是表达男女爱慕情感的一种舞蹈。伦巴是拉丁音乐和舞蹈的精髓和灵魂，引人入胜的节奏和身体表现使伦巴成为舞厅中最为普遍的舞蹈之一。伦巴舞的风格和动律特点，可以归纳为稳中摆、柔中韧、快快慢。

1. 稳中摆

伦巴舞的动律产生于劳动，劳动的黑人头顶大筐搬运香蕉等水果时，要求上身平稳，走起来上压、下顶，形成臀部的摇摆。因此跳伦巴舞时，要求保持脊椎挺直和两肩平稳，臀部的摇摆则是由于重心的转移自然形成的，而不是故意摆动。当脚出步时，脚掌用力踩地，膝部稍屈，这时一条腿的膝部是直的，当重心移到出步的脚时，脚后跟放下，胯部随之向侧后方摆动，另一条腿则放松稍屈。整体感觉是平稳地控制住上身，而臀部则不停地摆动。

2. 柔中韧

出步后，膝部使劲顶直，臀部的摆动看起来轻快柔和，而实则内部用力，有一股内在的韧劲，因此跳伦巴舞时间长了臀部会有酸胀感。

3. 快快慢

伦巴舞用四拍走三步，节奏为快快慢，快步一拍一步，慢步两拍一步。臀部是走三步摆三下。它的出脚动作迅捷，无论快步或慢步都是半拍到位，而臀部的摆动则是快步占一拍，慢步占两拍。实际上是四拍三步中，每步都是半拍脚步到位，而臀部则是连绵不断地左、右摆动。这种上、下、慢、快矛盾统一的运动，形成了伦巴舞有特色的动律。

二、训练组合

1. 第【1×8】拍

第 1~2 拍：男士左脚前进一步，脚尖稍微向外移，右脚维持原位置不变；女士右脚后退一步，左脚维持原位置不变，如图 6-13 所示。

第 3~4 拍：男士身体重心后移到右脚，左脚维持原位置不变；女士身体重心前移到左脚，脚尖稍微向外移，右脚维持原位置不变，如图 6-14 所示。

第 5~8 拍：男士稍微左转，同时左脚掌内侧向外移，身体重心转移到左脚；女士稍微左转，同时右脚掌内侧向外移，身体重心转移到右脚，如图 6-15 所示。

图 6-13　　　　　　　　图 6-14　　　　　　　　图 6-15

2. 第【2×8】拍

第 1~2 拍：男士右脚后退一步，左脚维持原位置不变；女士左脚前进一步，脚尖稍微向外移，右脚维持原位置不变，如图 6-16 所示。

第 3~4 拍：男士身体重心前移到左脚，脚尖稍微向外移，右脚维持原位置不变；女士身体重心后移到右脚，左脚维持原位置不变，如图 6-17 所示。

第 5~8 拍：男士稍微左转，同时右脚掌内侧向外移，身体重心转移到右脚；女士稍微左转，同时左脚掌内侧向外移，身体重心转移到左脚，如图 6-18 所示。

图 6-16   图 6-17   图 6-18

3. 第【3×8】拍

第 1~2 拍：男士右脚后退一步，左脚维持原位置不变，引导女伴靠近自己；女士左脚前进一步，如图 6-19 所示。

第 3~4 拍：男士身体重心前移到左脚，脚尖稍微向外移，右脚维持原位置不变，松开右手，准备身向外侧；女士右脚前进一步开始左转，如图 6-20 所示。

第 5~8 拍：男士稍微左转，同时右脚掌内侧向外移，身体重心转移到右脚，在身体转身向外的时候，左手臂在腰部的高度向外侧伸；女士左脚后退一步，右脚维持原位置不变，与男伴成 90°角；两人松开左(右)手同时伸向外侧，如图 6-21 所示。

图 6-19   图 6-20   图 6-21

4. 第【4×8】拍

第 1～2 拍：男士身体重心前移到左脚，脚尖稍向外移，右脚维持原位置不变；女士右脚向左脚并拢，最终身体重心放在左脚，如图 6-22 所示。

第 3～4 拍：男士身体重心后移到右脚，左脚维持原位置不变，开始引导女伴靠近自己；女士左脚前进一步，如图 6-23 所示。

第 5～8 拍：男士左脚向右脚并拢，身体重心移到左脚，调整握持姿势结束曲棍步，女士右脚前进一步，如图 6-24 所示。

图 6-22　　　　　　　　图 6-23　　　　　　　　图 6-24

第三节　牛仔舞步训练

一、牛仔舞简介

牛仔舞又称捷舞，是拉丁舞项目之一，用 J 表示。牛仔舞原是美国西部牛仔跳的一种踢踏舞，盛行于 20 世纪二三十年代。50 年代爵士乐的流行，加速和完善了这种舞蹈，但风格上还保持着美国西部牛仔刚健、浪漫、豪爽的气派。

牛仔舞旋律欢快，强烈跳跃，节奏为 4/4 拍，每分钟 42～44 小节、六拍跳八步。牛仔舞由基本舞步踏步、并合步，结合跳跃、旋转等动作组合而成，要求脚掌踏地，腰和胯部作钟摆式摆动。其特点是舞步敏捷、跳跃，舞姿轻松、热情、欢快。

二、训练组合

1. 第【1×8】拍

第 1～2 拍：男士左脚往左侧跳摇滚步，步子较小，右脚维持原位置不变；女士右脚往右侧跳摇滚步，步子较小，左脚维持原位置不变，如图 6-25 所示。

第 3～4 拍：男士右脚往右侧跳摇滚步，步子较小，左脚维持原位置不变；女士左脚往左侧跳摇滚步，步子较小，右脚维持原位置不变，如图 6-26 所示。

第5～6拍：男士左脚摇滚步，停在身体下方，左脚尖位于右脚跟后方，右脚稍微抬离地面；女士右脚摇滚步，停在身体下方，右脚尖位于左脚跟后方，左脚稍微抬离地面，如图6-27所示。

第7～8拍：男士身体重心前移到右脚，女士身体重心前移到左脚，如图6-28所示。

图6-25　　　　　　图6-26　　　　　　图6-27　　　　　　图6-28

2. 第【2×8】拍

第1～2拍：男士左脚往左侧跳摇滚步，步子较小，身体开始向左转，左手放置臀部位置，引导女伴准备转身；女士右脚往前跳摇滚步，靠近男伴的左侧，如图6-29所示。

第3～4拍：男士右脚往右侧跳摇滚步，步子较小，身体完成左转90°，左手往前方移动，停在腰部的高度，引导女伴进入分开式位置；女士以右脚为支点转身面对男伴，左脚往后跳摇滚步，离开男伴进入分开式位置，如图6-30所示。

第5～8拍：男士跳牛仔基本步的步骤3和步骤4(即左脚后退然后复正位)，女士跳牛仔基本步的步骤3和步骤4(右脚后退然后复正位)，如图6-31所示。

图6-29　　　　　　　图6-30　　　　　　　图6-31

3. 第【3×8】拍

第1～4拍：男士左脚往左侧跳摇滚步，左手上抬引导女伴向下转身；女士在男伴的左手下方转身，右脚往前跳摇滚步，身体开始向右转，如图 6-32 所示。

第 5～8 拍：男士右脚往右侧跳摇滚步，身体向左转 90°，左手恢复到腰部的高度；女士左脚往后跳摇滚步，在男伴的手臂下方继续右转，如图 6-33 所示。男士跳牛仔基本步的步骤 3 和步骤 4(左脚后退然后复正位)；女士跳牛仔基本步的步骤 3 和步骤 4(右脚后退然后复正位)，继续转身，最终面向男伴，如图 6-34 所示。

图 6-32　　　　　　　　图 6-33　　　　　　　　图 6-34

4. 第【4×8】拍

准备：男士左脚往左侧跳摇滚步，靠近女伴，右手上抬就像是在梳理头发；女士右脚往右侧跳摇滚步，靠近男伴，右手跟随男伴的右手上抬。

第 1～2 拍：男士结束的时候右手放在肩膀上，女士身体稍微左转，位于与男伴肩并肩的位置，如图 6-35 所示。

第 3～4 拍：男士右脚往右侧跳摇滚步，离开女伴，松开右手，让女伴的右手沿着男士的左臂往下滑动，到达左手的时候恢复握手姿势；女士左脚往后跳摇滚步，右手沿着男士的左臂往下滑动，恢复握手姿势，如图 6-36 所示。

第 5～8 拍：男士照常跳后退以及复位步，恢复分开式面对面位置；女士照常跳后退以及复位步，恢复分开式面对面位置，结束时身体重心放在左脚，如图 6-37 所示。

图 6-35　　　　　　　　图 6-36　　　　　　　　图 6-37

第四节　华尔兹舞步训练

一、华尔兹简介

华尔兹根据速度分化为快慢两种。人们把快华尔兹称为维也纳华尔兹，而不冠以"维也纳"三字的即为慢华尔兹，它是由维也纳华尔兹演变而来的。

快慢两种华尔兹都以旋转为主，因而它有"圆舞"之称。慢华尔兹的风格典雅大方，热烈兴奋，动作流畅，步伐起伏连贯，旋转性强。它包含了交际舞中几种动作的基本技巧，掌握这些技巧对学其他舞也有很重要的作用。因此在当代国际标准交际舞的教学中，常以它为第一舞种，用它来打好基础。作为三步舞的华尔兹，舞曲是 3/4 拍，其基本步法为一拍跳一步，每小节三拍跳三步，每分钟 30～32 小节。但在变化中也有每小节跳两步甚至是跳四步的现象。

华尔兹舞步在速度缓慢的三拍子舞曲中流畅地运行，加上轻柔灵巧的倾斜、摆荡、反身和旋转动作以及各种优美的造型，使其展现出独特的风韵，既庄重典雅、舒展大方，又华丽多姿、飘逸欲仙。它因此而又享有"舞中之后"的美称。

维也纳华尔兹(Viennese Waltz)即快华尔兹，在交际舞中历史最悠久，19 世纪就成为交际舞中的"舞蹈之王"。这种舞蹈步伐简单，但技巧很高，要在快速的音乐中把反身、摆动、倾斜、升降等技巧动作完成。它的舞曲也是 3/4 拍，但每分钟要有 50～60 小节。由于它的难度很大，在学习中通常是放到其他几种舞学完之后再学。

二、训练组合

1. 第【1×8】拍

第 1～2 拍：男士右脚前进一步，身体稍向右转(顺时针)；女士右脚后退一步，身体稍向右转，如图 6-38 所示。

第 3～4 拍：男士左脚往左侧迈一步，右脚尖着地，从之字线转换成 Z 字线；女士右脚往右侧迈一小步，左脚尖着地，从之字线转换成 Z 字线，如图 6-39 所示。

第 5～8 拍：男士站在 Z 字线上，右脚向左脚靠拢，右脚全脚着地；女士站在 Z 字线上，左脚向右脚靠拢，左脚全脚着地，如图 6-40 所示。

图 6-38　　　　　　　　　图 6-39　　　　　　　　　图 6-40

2. 第【2×8】拍

第 1～2 拍：男士左脚沿着 Z 字线后退一步，不转身；女士右脚沿着 Z 字线前进一步，不转身，如图 6-41 所示。

第 3～4 拍：男士右脚往右侧迈一步，脚尖着地，不转身；女士左脚往左侧迈一步，脚尖着地，不转身，如图 6-42 所示。

第 5～8 拍：男士左脚向右脚并拢，左脚全脚着地；女士右脚向左脚并拢，右脚全脚着地，如图 6-43 所示。

图 6-41　　　　　　　图 6-42　　　　　　　图 6-43

3. 第【3×8】拍

第 1～2 拍：男士右脚后退一步，身体稍向左转(顺时针)；女士左脚前进一步，身体稍向左转，如图 6-44 所示。

第 3～4 拍：男士左脚往左侧迈一步，脚尖着地，从 Z 字线转换成之字线；女士右脚往右侧迈一步，脚尖着地，从 Z 字线转换成之字线，如图 6-45 所示。

第 5～8 拍：男士站在之字线上，右脚向左脚并拢，右脚全脚着地；女士站在之字线上，左脚向右脚并拢，左脚全脚着地，如图 6-46 所示。

图 6-44　　　　　　　图 6-45　　　　　　　图 6-46

4. 第【4×8】拍

第 1～2 拍：男士左脚沿着之字线前进一步，不转身；女士右脚沿着之字线后退一步，不转身，如图 6-47 所示。

第 3～4 拍：男士右脚往右侧迈一步，脚尖着地，不转身；女士左脚往左侧迈一步，脚尖着地，不转身，如图 6-48 所示。

第 5～8 拍：男士左脚向右侧并拢，左脚全脚着地；女士右脚向左脚并拢，右脚全脚着地，如图 6-49 所示。

图 6-47　　　　　　　　　图 6-48　　　　　　　　　图 6-49

第五节　舞会的礼仪

一、参加舞会的一般礼节

交际舞会会场是高雅文明的场所，是较能充分表现一个人的风采和修养的地方，所以在这种场合应该注意自己的行为举止。

1. 服装要整洁

参加舞会者，一定要注意着装。正式的较高级的舞会，若对方邀请时对着装有一定的要求，则一定要按要求着装。即使没有特殊要求，也应注意服装整洁，颜色搭配协调。男士一般穿西装或中山装、皮鞋，女士穿长裙、西服或晚礼服。在舞会中，不论是天气热还是因跳舞过多而出汗，都不可随便脱去外衣。若是冬天，进入舞池前，应先到衣帽间脱去大衣，摘去帽子、手套、口罩等，然后再进入舞池。

2. 言行举止彬彬有礼

参加舞会者应注意仪表美，讲究清洁卫生。舞会之前不要吃葱、蒜等带有刺激性气味的食物，也不应喝酒、抽烟等。若正患病最好辞谢邀请，以免将病菌传染给其他客人。进入舞场后，说话尽量轻声，不可高声大叫，更不可嬉戏打闹，满口脏话。走路脚步要轻，不可在舞池穿行。一首舞曲完毕后，应有礼貌地让女士先就座。在舞场上坐姿要端正，不可跷起"二郎腿"或"抖脚"。舞场上禁止吸烟。参加舞会一般是男女成对前往，如果没有异性舞伴，也可以单独前往。一般情况下，在舞池中是不可以男士与男士、女士与女士跳舞的。

3. 邀舞的礼仪

在比较正式的舞会上，第一支舞曲响起时，往往是主人夫妇、主宾夫妇共舞。第二支舞曲响起时，往往是由主人邀请主宾夫人，主宾邀请主人夫人共舞。第三支舞曲响起时，参加舞会者可纷纷入场跳舞。在一般的交谊舞会上没有以上要求。音乐声响起，男士主动走到女士面前，点头或鞠躬，右手前伸，以示邀请；男士也可轻声问候并征求女士"请您跳舞可以吗"或"您喜欢这支舞曲吗"，女士同意后起身离座，与男士一起步入舞池。女士一般不要邀请男士跳舞。女士若想和某位男士跳舞，可以用目光或语言暗示。男士邀请女士跳舞时，如果女士的丈夫和亲人在一旁，应向他们招手致意，以示礼貌和尊重。一般情况下，女士不应拒绝男士的邀请。如若因女士确实累了或其他原因决定拒绝，应站起身来，委婉地说明原因并致歉。无所表示，让对方难堪是失礼的行为。女士拒绝和男士跳舞之后，一般不可再与别人跳舞，即使再想跳，也必须等到下一支舞曲开始才能接受他人的邀请。舞场上切忌争风吃醋，在舞会上抢舞伴是极不礼貌的行为。

4. 舞姿力求优美

跳舞时应注意舞姿。交谊舞的步法以男方为主轴，因此，男士必须熟悉舞步，否则不可贸然邀请，以免踩到对方脚或碰撞他人。跳舞时的姿势是：女士的左手轻轻地搭在男士的右肩上，右手轻轻地放在男士的左手掌心上，男士的左手应与女士的右手轻轻相握，右手应轻放于女士的腰部。起舞时动作要轻松、柔和、自如，女士应尽量适应男士的舞步，女士不可过于主动，否则会使男士感到吃力，动作难以协调。如果一方由于不慎无意间踩了对方的脚，应立即道歉。男女双方之间应保持一定的距离，通常间距为 15～46cm 为宜。即使是夫妇、恋人也不可靠得太近，以免给人以轻浮之感。跳舞时，眼睛不应目不转睛地盯着对方，这样会使对方感到拘谨、不自在。在舞场上，不要一味地邀请同一个舞伴跳舞，以避免另有所图之嫌。

5. 礼貌地交谈、致谢

跳舞时，男女双方可以边跳边自由地交谈双方共同感兴趣的话题，但不可询问对方的年龄、收入、婚姻等隐私问题。当音乐结束时，舞步立即停止。男士应陪伴女士坐好后道谢，然后或交谈或离开。

舞会结束后，应邀者应主动向邀请者致谢，然后握手道别。

二、交际舞场地与设施要求

1. 场地

场地长度为 23m，宽度为 15m。木制地板场地最好，地面不能反光，要防滑、平整，四周有界线。一般的社交舞适用于舞厅、晚会等社交场合。比赛或表演时选手按逆时针方位运行。

2. 灯光

各类灯光齐备，大小、色彩、图案、追光等能及时变化，适用于比赛、表演等各种用途。

3. 音乐

采用专业音响、CD 舞曲伴奏，并配备音响师。

三、筹办舞会的注意事项

1. 确定舞会的时间、地点、规模、邀请对象的范围

组织舞会应尽早确定时间，尽早发出通知。舞会一般应安排在晚餐后 7~11 点为宜，时间一般不要超过 3 个小时，否则会使客人感到疲劳以至于影响休息和工作。舞会的场地要宽敞、雅洁。舞场的选择应视舞会的规模来确定。舞会邀请的男女客人应大致相等。被邀请的对象一经确定，就应及时发出请帖。正式舞会的请帖至少要提前一个星期发出，以便客人及早做出安排或回复。举办舞会，最好准备一些茶点、水果、饮料等，以备客人休息时取用。

2. 邀请乐队，布置舞场

舞会的音乐伴奏十分重要。节奏明快、旋律优美的音乐，会使人心旷神怡、悠然自得。因此，舞会最好请一个乐队伴奏，有条件的也可以请两个乐队轮流伴奏。若请一个乐队，也可以准备一些唱片及音响设备，以便于乐师们休息时使用。如受条件限制，也可采用放音乐的形式，但应注意音响效果，这对舞会的成功与否有着直接的影响。舞场除了应有一个足够客人跳舞的舞池外，还应有衣帽间、饮料室以及场外停车场。舞场应宽敞雅洁，在场边应安放桌椅，供客人交谈、休息。舞场的灯光应柔和、暗淡，不宜明亮。

3. 确定主持人和接待服务人员

大型的较正式的舞会或有特定内容的舞会需要确定一名主持人，一般舞会可不设主持人，但必须有接待服务人员，做好迎送、接待、引导、协调等方面的服务工作。

思考与训练

1. 利用互联网了解一下交际舞的起源与发展。
2. 参加舞会应注意哪些礼仪？
3. 交际舞场地和设施有怎样的要求？
4. 怎样成功地筹办一场舞会？
5. 进行探戈舞的练习。

(1) 男士左脚往左侧迈一步，脚步略大；女士右脚往右侧迈一步，脚步略小(练习5次)。

(2) 男士右脚向左并拢，结束时身体重心放在右脚；女士左脚交叉在右脚前方，两脚之间的距离不必太近，结束时身体重心放在左脚(练习5次)。

(3) 男士左脚向右脚并拢，女士右脚向左脚并拢(练习5次)。

6. 进行伦巴舞的练习。

(1) 男士左脚前进一步，脚尖稍微向外移，右脚维持原位置不变；女士右脚后退一步，左脚维持原位置不变(练习5次)。

(2) 男士右脚后退一步，左脚维持原位置不变；女士左脚前进一步，脚尖稍微向外移，右脚维持原位置不变(练习5次)。

7. 进行牛仔舞的练习。

(1) 男士左脚往左侧跳摇滚步，左手上抬引导女伴向下转身；女士在男伴的左手下方转身，右脚往前跳摇滚步，身体开始向右转(练习5次)。

(2) 男士照常跳后退以及复位步，恢复分开式面对面位置；女士照常跳后退以及复位步，恢复分开式面对面位置，结束时身体重心放在左脚(练习5次)。

8. 进行华尔兹的练习。

(1) 男士站在之字线上，右脚向左脚并拢，右脚全脚着地；女士站在之字线上，左脚向右脚并拢，左脚全脚着地(练习5次)。

(2) 男士左脚沿着之字线前进一步，不转身；女士右脚沿着之字线后退一步，不转身(练习5次)。

第七章 健 美 操

健全的身体；健全的头脑；健全的人格；健全的灵魂。

——赵竹光

生活多美好啊，体育锻炼乐趣无穷。

——[俄]普希金

课程思政要求：

● 进行社会主义核心价值观教育；

● 进行爱国主义教育；

● 开展诚信教育、法律意识教育和道德意识教育；

● 塑造职业形象、提高职业素养；

● 促进学生全面发展；

● 提高大学生的审美意识和审美情趣。

健美操是一项融体操、舞蹈、音乐于一体，以有氧练习为基础，以健、美、力为特征的体育运动项目。它以身体训练为内容，以人体自身为对象，以艺术创造为手段，经过长期科学和系统的练习，可以达到健身、健心和健美的目的。人经常进行健美操的练习可以加速人体各组织的血液循环，减低动脉压，提高心血管系统的活动能力，加大肺的活力，建立起正常的新陈代谢过程，提高中枢神经系统和神经——肌肉运动器官的活动能力。同时健美操对人的心理也起着良好的促进作用，经常做健美操可使人朝气蓬勃，增强自信心，保持心情舒畅。

在健美操训练中要注意如下几点。

(1) 在讲解动作过程中，教师要准确做好示范动作。

(2) 教师在教学中应该注意学生的自身能力，不要"过激"地训练。

(3) 注意调节课堂气氛，调动学生学习的积极性。

第一节 健美操简介

一、健美操的产生与发展

现代健美操真正兴起于 20 世纪 70 年代末，并以它强大的生命力和不可抑制的势头在世界各国蓬勃发展。1981 年，美国著名影星简·方达(Jane Fonda)根据自己的健身体会和经验，编写了《简·方达健美术》一书，该书主张以实用和新颖的运动形式来保持身体健美，再加上她卓越的名人效应，使健美操迅速在全世界流行起来，形成全球性的"健美热"。该书自出版以来，一直畅销不衰，并被翻译成 20 多种文字在世界许多国家出版。

人们逐渐认识到了健美操作为一项运动具有的强大生命力，同时，也看到了健美操运动在诸多体育项目的市场竞争中有良好的运动前景，具有潜在的商业价值。

1983 年国际健美操联合会成立，总部设在日本，共有 20 多个会员国，每年都要举办世界健美操比赛。20 世纪 80 年代中期，国际健美操与健身联合会成立，总部设在澳大利亚，有 40 多个会员国，每年除举办健美操专业比赛之外，还组织各种健美操培训班。1990 年，国际健美操冠军联合会成立，总部设在美国，每年都要举办世界健美操冠军赛。

我国健美操的发展步伐也很快，20 世纪 80 年代初健美操传入我国，反应迅速的是高等院校。1984 年北京体育大学成立了健美操研究组，1989 年上海体育学院成立了健美操研究室，并迅速推广至全国。社会健美操也得到了不同程度的发展，各种健美操俱乐部、健美操中心和健美操培训班如雨后春笋般涌现，这种现象在北京、广州、上海等大型城市尤为突出。1986 年，在广州举办了第一次"全国女子健美操表演赛"。1991 年，"全国大学生健美操、艺术操大奖赛"在北京举行。1992 年 9 月，中国健美操协会在北京成立，极大地促进了我国健美操运动的发展。

健美操按照不同的目的和任务可分为健身性健美操、表演性健美操和竞技性健美操；按照对象的不同可以分为中老年健美操、少儿健美操、青年健美操、女性健美操等。健美操形式多样，运动量可大可小，不受场地的限制，所以各个年龄层次的人均可以积极参加，具有广泛的群众基础，它可以促进人的心理、生理、素质和气质得到全面发展。

二、健美操训练的注意事项

1. 做好热身和适当的伸展运动

天冷时，热身时间要长。初学者以每周两三次，隔日为宜。然后可适当增加次数，直到自己感觉适量为止，千万不要勉强。

2. 注意着装和脚步护理

做健美操时，应穿合身透汗的服装，要及时更换汗湿的衣服，避免着凉。不要赤脚穿普通皮鞋。健身鞋应有较厚的护垫，以减缓足部与地面撞击而造成的震荡，鞋身不宜太软，可采用半高筒式，以保护脚踝。要留心自己的脚部，常修剪脚趾甲，保持脚部皮肤干燥。

3. 练习时符合动作要求

进行健美操动作练习时要求肩部放松，头部绕环时尽量幅度大一些，含胸展胸动作要充分，要有一定的幅度，速度稍微慢一些。腰的转动不宜太快，动作幅度要大而缓。

第二节　健美操基本动作训练

一、头颈动作训练

预备姿势：双脚大二位站好，双手叉腰，眼睛直视前方。

第【1×8】拍：第 1～4 拍头部向前屈伸两次，如图 7-1 所示。第 5～8 拍头部向后屈伸两次，如图 7-2 所示。

第【2×8】拍：第 1～4 拍头部向左侧屈伸两次，如图 7-3 所示。第 5～8 拍头部向右侧屈伸两次，如图 7-4 所示。

图 7-1　　　　　　图 7-2　　　　　　图 7-3　　　　　　图 7-4

第【3×8】拍：第 1～4 拍双手交叉提至胸前，头向下低，如图 7-5 所示。第 5～8 拍双手交叉，手掌朝外向前推，身体向前趴，成 90°角，如图 7-6 所示。

第【4×8】拍：第 1～4 拍双手继续交叉手掌朝外向上推，抬头向上看，如图 7-7 所示。第 5～8 拍身体向下，双臂向两边斜上方向舒展，如图 7-8 所示。

图 7-5　　　　　　图 7-6　　　　　　图 7-7　　　　　　图 7-8

第【5×8】拍：第 1～4 拍身体向下，双臂向两边斜下方向舒展，如图 7-9 所示。第 5～8 拍身体起来站直，双手环抱身体，低头，如图 7-10 所示。

第【6×8】拍：第 1～4 拍身体向下，头向上看，用右手去抓左脚，左手向上，如图 7-

11 所示。第 5～8 拍身体向下，扭头向上，用左手去抓右脚，右手向上，如图 7-12 所示。

| 图 7-9 | 图 7-10 | 图 7-11 | 图 7-12 |

第【7×8】拍：第 1～4 拍左脚向斜前迈出，双手握拳在胯两旁，双目直视前方，如图 7-13 所示。第 5～8 拍右脚向斜前迈出，双手握拳在胯两旁，双目直视前方，如图 7-14 所示。

第【8×8】拍：第 1～4 拍右腿弯，左脚向旁上步，右手向旁边伸平，左手向上，如图 7-15 所示。第 5～8 拍右腿弯向前迈步，后腿伸直，双手握拳在右胯前，如图 7-16 所示。

| 图 7-13 | 图 7-14 | 图 7-15 | 图 7-16 |

二、肩臂动作训练

第【1×8】拍：第 1～4 拍左腿弯向后迈步，右腿伸直，身体朝后双手举过头顶，如图 7-17 所示。第 5～8 拍左脚向旁迈步，双臂弯回在胸前，面向左边，如图 7-18 所示。

第【2×8】拍：第 1～4 拍向左转身朝后右脚上步，双臂弯回在胸前，面向右边，如图 7-19 所示。第 5～8 拍向右转身吸左腿，双手在胸前击掌，如图 7-20 所示。

第【3×8】拍：第 1～4 拍左脚向旁迈步蹲在二位上，双手握拳举过头顶，如图 7-21 所

示。第 5～8 拍双脚跳起同时向里收回正步,双手收回身体两侧,如图 7-22 所示。

第【4×8】拍:第 1～4 拍右脚向旁迈步,左手到右斜下右手在体后,如图 7-23 所示。第 5～8 拍右脚收回正步,双臂交叉在体前,低头,如图 7-24 所示。

| 图 7-17 | 图 7-18 | 图 7-19 | 图 7-20 |

| 图 7-21 | 图 7-22 | 图 7-23 | 图 7-24 |

第【5×8】拍:第 1～4 拍右脚向旁点地,双手举过头顶,如图 7-25 所示。第 5～8 拍右脚经跳收回正步,双臂弯回到胸前,如图 7-26 所示。

第【6×8】拍:第 1～4 拍右脚向后迈步,左腿弯,双手握拳,右手向前,左手向旁,如图 7-27 所示。第 5～8 拍右脚经跳收回正步,双臂弯回到胸前,如图 7-28 所示。

第【7×8】拍:第 1～4 拍左脚向后迈步,右腿弯,双手握拳,左手向前,右手向旁,如图 7-29 所示。第 5～8 拍左脚经跳收回正步,双手在身体两侧,如图 7-30 所示。

第【8×8】拍:第 1～4 拍右脚绷脚向旁踢,高度在 45° 左右,左手在右胯前,右手抱头,如图 7-31 所示。第 5～8 拍右脚伸直向后迈步,左腿弯,右手向斜下出手,左手在左胯旁，如图 7-32 所示。

| 图 7-25 | 图 7-26 | 图 7-27 | 图 7-28 |

| 图 7-29 | 图 7-30 | 图 7-31 | 图 7-32 |

三、膝腿动作训练

第【1×8】拍：第 1~4 拍脚二位身体朝前，左手背手，右手举过头顶，如图 7-33 所示。第 5~8 拍双腿蹲，双手握拳在头顶交叉，头向左侧倒，如图 7-34 所示。

第【2×8】拍：第 1~4 拍双脚正步站好，双手在身体两侧，如图 7-35 所示。第 5~8 拍左脚往前迈步，身体朝右侧站，双手握拳高度在 25°左右，目视前方，如图 7-36 所示。

第【3×8】拍：第 1~4 拍在正步的基础上左腿伸直右腿弯，右手在头上，如图 7-37 所示。第 5~8 拍左脚向前迈步，身体朝右侧站，双手向两边打开，目视前方，如图 7-38 所示。

第【4×8】拍：第 1~4 拍右脚收回到正步踮脚，左手向前右手向后，如图 7-39 所示。第 5~6 拍左脚向旁边迈步，后腿伸直，左手向旁边打开，右手在胯旁，目视前方，如图 7-40 所示。第 7~8 拍右脚收回正步，双手在体旁两侧，如图 7-41 所示。

图 7-33 图 7-34 图 7-35 图 7-36

图 7-37 图 7-38 图 7-39 图 7-40

第【5×8】拍：第 1～4 拍正步站好，身体朝前，如图 7-41 所示。第 5～8 拍右脚向后迈步，左腿弯，双臂弯曲在胸前，如图 7-42 所示。

第【6×8】拍：第 1～4 拍左腿向旁伸直绷脚右腿弯，双臂弯曲在两旁，如图 7-43 所示。第 5～8 拍左脚收回，正步，左手叉腰，右手到左胯前，如图 7-44 所示。

第【7×8】拍：第 1～4 拍正步站好，左手叉腰右手斜上举过头顶，如图 7-45 所示。第 5～8 拍右手经头顶划一圈，如图 7-46 所示。

第【8×8】拍：第 1～4 拍右手划一圈回来，双手到头顶击掌，如图 7-47 所示。第 5～8 拍右脚向后迈步，双臂打开举过头顶，如图 7-48 所示。

图 7-41　　　　　　图 7-42　　　　　　图 7-43　　　　　　图 7-44

图 7-45　　　　　　图 7-46　　　　　　图 7-47　　　　　　图 7-48

四、腰背动作训练

第【1×8】拍：第 1～4 拍收回正步，双臂弯曲到胸前，如图 7-49 所示。第 5～8 拍右脚向前迈步，左腿伸直，双手打开在两旁，如图 7-50 所示。

第【2×8】拍：第 1～4 拍正步站好，身体朝前，如图 7-51 所示。第 5～8 拍右臂弯曲，左臂不动，如图 7-52 所示。

第【3×8】拍：第 1～4 拍右臂保持弯曲不动，左臂弯曲，如图 7-53 所示。第 5～8 拍左臂保持不动，右臂向上举过头顶，如图 7-54 所示。

第【4×8】拍：第 1～4 拍右臂不动，左臂举过头顶，如图 7-55 所示。第 5～8 拍左腿向旁迈步二位蹲住，双手握拳，右手向前，左手向旁，如图 7-56 所示。

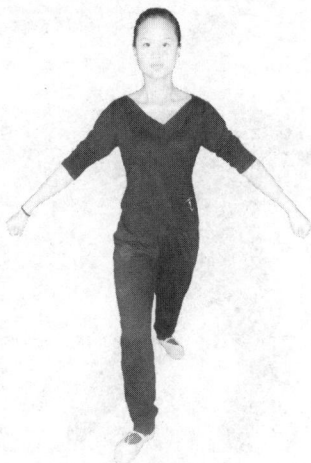

图 7-49 　　　　　　 图 7-50 　　　　　　 图 7-51 　　　　　　 图 7-52

图 7-53 　　　　　　 图 7-54 　　　　　　 图 7-55 　　　　　　 图 7-56

第【5×8】拍：第 1～4 拍正步站好，双手在身体两侧，如图 7-57 所示。第 5～8 拍右脚向旁迈步二位蹲住，左手向前右手向旁伸直，如图 7-58 所示。

第【6×8】拍：第 1～4 拍右脚收回到正步，如图 7-59 所示。第 5～8 拍双脚二位站好，双臂交叉双手握拳，如图 7-60 所示。

第【7×8】拍：第 1～4 拍正步站好，左脚脚掌点地，双手握拳双臂平举，如图 7-61 所示。第 5～8 拍向左转身右脚点地，双手在头顶击掌，目视前方，如图 7-62 所示。

第【8×8】拍：第 1～4 拍右脚向旁迈成二位脚，上身向前成 90°，右手叉腰，左手五指张开接触地面，如图 7-63 所示。第 5～8 拍右脚收回，正步面朝前，双手握拳在身体两侧，如图 7-64 所示。

   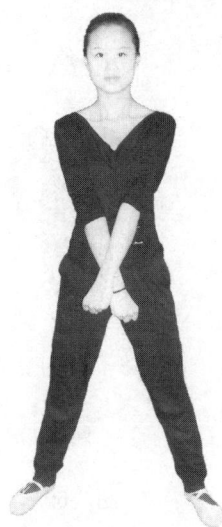

图 7-57 　　　　　　　图 7-58 　　　　　　　图 7-59 　　　　　　　图 7-60

图 7-61 　　　　　　　图 7-62 　　　　　　　图 7-63 　　　　　　　图 7-64

第三节　健美操组合训练

第 1 小节：原地踏步，先走左脚，双臂摆动，共做两个 8 拍，如图 7-65 所示。

第 2 小节：前后三步一点，双手叉腰，往前先走左脚，一拍上一次脚。在第 4 拍时右脚点地，往后先退右脚，第 4 拍时左脚点地，共做两个 8 拍，如图 7-66 所示。

第 3 小节：在第 2 小节步伐的基础上加手，前后走步时，双臂在身体两侧摆动，第 4 拍时双臂上举，在头上击掌，共做 4 个 8 拍，如图 7-67 所示。

第 4 小节：前后三步一吸，双手叉腰，往前先走左脚，在第 4 拍时，右脚吸腿，往后先退右脚，在第 4 拍时左脚吸腿，共做 4 个 8 拍，如图 7-68 所示。

图 7-65　　　　　图 7-66　　　　　图 7-67　　　　　图 7-68

　　第 5 小节：在第 4 小节步伐的基础上加手，前两拍双手握拳胸前转手，第 3 拍时打开双臂平举，第 4 拍吸腿的同时击掌，如图 7-69 和图 7-70 所示。

　　第 6 小节：侧点，双手背后，先上左脚右点，然后再上右脚左点，共 4 次，1 个 8 拍，如图 7-71 和图 7-72 所示。

　　第 7 小节：踏步后退，双臂摆动，共 1 个 8 拍，如图 7-73 所示。

图 7-69　　　　图 7-70　　　　　图 7-71　　　　　图 7-72　　　　　图 7-73

　　第 8 小节：反复第 6、7 小节 1 次，结束。

思考与训练

1. 进行健美操头颈动作训练 5 次。
2. 进行健美操肩臂动作训练 5 次。

3. 进行健美操腿膝动作训练 5 次。

4. 进行健美操腰背动作训练 5 次。

5. 进行健美操组合训练。

(1) 练习原地踏步 15 次。

(2) 练习双臂上举击掌 15 次。

(3) 练习左右吸腿 15 次。

6. 请谈一下健美操的起源和发展。

7. 根据已掌握的健美操知识，自编一套适合自身锻炼的简便易行的健美操。

第八章 瑜　　伽

有四种人达到他们此生的目的：第一种是勤劳的人，通过不懈地辛劳获得觉悟，即业道；第二种是感性的人，通过敬神寻找到神性，即虔道；第三种是聪慧的人，通过获取知识觉悟，即慧道；第四种是沉思的人，通过冥想控制自己的精神得到觉悟，即瑜伽道。

——[印度]艾扬格(K.B.Slyengar)

课程思政要求：

● 进行社会主义核心价值观教育；
● 进行爱国主义教育；
● 开展诚信教育、法律意识教育和道德意识教育；
● 塑造职业形象、提高职业素养；
● 促进学生全面发展；
● 提高大学生的审美意识和审美情趣。

健美的身体不仅是指锻炼出一个好身材，它还应该包括靓丽的肌肤、健康的体魄、充沛的精力等。瑜伽就是通过精神的修养与身体的训练，配合正确的饮食及生活习惯来获得养身美体的效果。

瑜伽起源于五千年前古老的印度。当时的印度，神秘思想的倾向很浓厚，瑜伽绝大多数是以口诀的方式，由师父传给徒弟。瑜伽唯一的教典，为公元前 2 世纪左右一名瑜伽行者遗留下来的《瑜伽行法》。

五千年前古印度的高僧们为求进入心神合一的最高境界，经常僻居原始森林，静坐冥想。在长时间单独生活之后，他们仔细观察动物，看它们如何适应自然的生活，如何有效地呼吸、摄取食物、排泄、休息、睡眠以及克服疾病。他们从观察生物的过程中体悟了不少大自然法则，再从生物的生存法则，验证到人的身上，逐步地去感应身体内部的微妙变化。于是人类懂得了和自己的身体对话，从而知道探索自己的身体，开始进行健康的维护和调理，以及对疾病创痛的医治本能。几千年的钻研归纳下来，逐步衍化出一套理论完整、贴切实用的养身健身体系，这就是瑜伽。

瑜伽的含义为"结合""平衡""统一"，这些含义不仅是知性的、感性的，而且要理性地去实践"它"，瑜伽是让我们去身体力行的运动。简单地说，瑜伽是一套完美的净化程序、自然健康的生活方式，让我们的身心彻底排毒，重回零污染的完美状态，升华到天人合一的境界。人的心神一旦处在宁定觉知的状态中，心会变得柔软而谦和，在一呼一吸的自然律动中，你会感知自己生命的小宇宙和外在的大宇宙其实是息息相关的生命共同体。我们每时每刻都依赖着整体宇宙生命的运作而得以存活。

第一节　瑜伽体位法训练概述

1．瑜伽体位法训练原理

瑜伽体位法训练的目的在于锻炼脑部、脊柱、肌肉、腺体与内脏器官，改进新陈代谢和提高体能。这里设计的体位综合考虑到时间的经济性和健身的有效性，这些体位姿势大多数既锻炼了肌肉组织，使我们肌肉组织的活性增强，达到矫形塑体的目的，又有利于脊柱、肾上腺、肝、胰脏、肾脏之间的平衡与健康。

瑜伽姿势做得缓慢而步骤分明，轻柔地按摩和伸展使身体每个部分都得到益处，帮助人保持身体健康，并经常处于有利内心平和、善于创造以及冥想深思的精神状态，瑜伽的每个姿势都经过连绵的动作缓慢地完成，是一种节能的有氧运动。

2．练习瑜伽的注意事项

(1) 练习瑜伽时应遵循安全性原则，即在安全的范围内缓慢地完成动作，做到自己的极限。

(2) 练习前排空体内便尿。

(3) 瑜伽应在空腹时练习，进餐后三小时方可练习。

(4) 赤脚在瑜伽垫上练习，保证练习时身体的稳定性。

(5) 做瑜伽之前要做好热身运动，舒展筋骨以防拉伤。

(6) 摘下手表、首饰、腰带、发饰等物品。

(7) 禁止大病初愈和手术后练习瑜伽。

(8) 孕妇、高血压患者、心脏病患者、眩晕症患者、经期时练习需谨慎，上体往下倒立的姿势、强度难度大的姿势不要做，以免头部充血发生危险。

(9) 练习后注意放松休息，半小时内不要沐浴和进食。

3．瑜伽体位法的排毒美颜纤体功能

瑜伽体位法透过身体四肢的伸展、扭动、折叠，能令闭塞的淋巴管道得以畅通，脂肪及水分在体内得以正常运作，同时有效按摩五脏六腑，刺激体内分泌腺，将原来失调的荷尔蒙分泌恢复正常，从而促进新陈代谢；锻炼肌肉，软化脂肪，分解脂肪，并加速体内脂肪的燃烧。此外，不少瑜伽动作要求练习者在某个姿势保持一段时间，并在此过程中需要肌肉进行静态的等长收缩，从而锻炼四肢的肌肉，提高肌肉的耐力，令松弛的肌肉纤维收紧，变得更富有弹性和更结实，因此练习瑜伽的过程，就是淋巴排毒、减肥、美颜、塑身纤体的过程。经过一个月的瑜伽休位姿势的练习，肢体经常练习的部位就会变得紧致而富有弹性，效果非常明显。

第二节 13种瑜伽体位法

一、拜日式

拜日式通常作为瑜伽体位练习时的热身动作,它能有效地调节人体各个系统的功能(消化、骨骼、呼吸、内分泌、神经、肌肉等),使人精力充沛,心情愉悦。具体步骤如下所述。

(1) 直立,双手胸前合十,正常呼吸,如图8-1所示。

(2) 吸气,上半身以腰部为轴向后仰,髋关节向前推,夹紧臀部肌肉,如图 8-2 所示。

(3) 呼气,上半身向前下弯,伸直双腿,双手抱双脚踝,如图8-3所示。

(4) 吸气,左腿向后伸展,右腿向前弓步,如图8-4所示。

图 8-1   图 8-2   图 8-3   图 8-4

(5) 头向后弯,胸部向前挺出,背部呈凹拱形,如图8-5所示。

(6) 呼气,同时右脚后移与左脚并拢,脚跟向上,臀部向后方和上方收起,双臂双腿伸直,如图8-6所示。

(7) 呼气,臀部向后上方抬起,背部下压,重心移至两臂和两腿,如图8-7所示。

图 8-5   图 8-6   图 8-7

(8) 呼气,臀部前移,弯曲两肘,胸部朝向地板放低,腹部、大腿接触地面,如图 8-8 所示。

(9) 吸气,伸直两臂,上身从腰部向上升起,头部后仰,如图8-9所示。

(10) 呼气，臀部回升高空，如图 8-10 所示。

图 8-8

图 8-9

图 8-10

(11) 吸气，左腿向前弓步，右腿向后伸展，如图 8-11 所示。

(12) 吸气，左腿向前弓步，头向后弯，胸部向前挺出，背部呈凹拱形，如图 8-12 所示。

(13) 呼气，收回右腿与左腿并拢，伸直双腿，双手抱双脚踝，如图 8-13 所示。

图 8-11

图 8-12

图 8-13

(14) 吸气，身体缓慢恢复正直，上半身以腰部为轴向后仰，髋关节向前推，夹紧臀部肌肉，如图 8-14 所示。

(15) 呼气，身体恢复正直，双手胸前合十，正常呼吸，如图 8-15 所示。

图 8-14

图 8-15

拜日式连续动作演示如图 8-16 所示。

图 8-16

二、眼镜蛇式

眼镜蛇式瑜伽体位法具有补养脊柱、消除便秘、有效调节女性月经失调的神奇功效。其具体动作如下所述。

俯卧，双手放于胸部两侧，掌心向下，吸气的同时依次抬起头、肩、上身躯干，眼睛向上看。正常呼吸，坚持 30 秒，呼气还原，如图 8-17 所示。

图 8-17

三、三角伸展式

三角伸展式瑜伽体位法能够有效地消减腰部多余脂肪，同时使脸部焕发出动人的健康色泽。其具体练习步骤如下所述。

(1) 双腿宽阔地分开，脚尖微微向外。吸气的同时双手向两侧平伸，如图 8-18 所示。

(2) 呼气，向右侧弯腰，右手抓住右脚踝，保持两臂成一条直线，保持此姿势 10 秒，正常呼吸，如图 8-19 所示。

(3) 吸气，慢慢回复基本三角式。然后做反向练习，如图 8-20 所示。

图 8-18   图 8-19   图 8-20

四、猫伸展式

猫伸展式瑜伽体位法具有消除腹部多余脂肪、增强消化功能、消除月经痉挛、治疗白带过多和月经失调等神奇功效。其具体步骤如下所述。

(1) 双手双膝着地，吸气抬头塌腰保持 10 秒，如图 8-21 所示。

(2) 呼气垂头拱背 10 秒，如图 8-22 所示。

图 8-21   图 8-22

五、单腿交换伸展式

单腿交换伸展式瑜伽体位法能够有效地消除腰部多余脂肪，促进消化，并能根除女性性功能失调的毛病。其具体步骤如下所述。

(1) 保持基本坐姿，如图 8-23 所示。

(2) 收左脚至腹股沟，双手抓右脚趾，吸气挺腰保持 10 秒，如图 8-24 所示。

(3) 呼气，向前伏身，胸部尽量贴近大腿，保持 10 秒，如图 8-25 所示。

(4) 换脚练习，如图 8-26 和图 8-27 所示。

图 8-23　　　　　　　　图 8-24　　　　　　　　图 8-25

图 8-26　　　　　　　　　　图 8-27

六、战士一式

战士一式瑜伽体位法能够有效地增强肺活量，减少髋部脂肪，同时增强平衡感与注意力。其具体步骤如下所述。

(1) 双手合掌高举过头，吸气，两腿分开，呼气，右脚和上半身向右转 90°，左脚右转 15°，右腿前屈左腿后绷，眼睛看手的方向，正常地呼吸，保持 20～30 秒，如图 8-28 所示。

(2) 换另一侧练习，如图 8-29 所示。

图 8-28　　　　　　　　　　　　图 8-29

七、战士二式

战士二式瑜伽体位法能够有效地锻炼双腿、背部、腹部，使腿部肌肉变柔韧，并消除腿部抽筋的毛病。其具体步骤如下所述。

(1) 采用基本站姿，吸气，两脚大大分开，双手侧平举，左脚左转 90°，右脚左转

15°，如图 8-30 所示。

    (2) 呼气，屈左膝，正常呼吸 30 秒，如图 8-31 所示。

    (3) 吸气回位，换边练习，如图 8-32 和图 8-33 所示。

图 8-30

图 8-31

图 8-32

图 8-33

八、莲花坐式

    莲花坐式瑜伽体位法具有增强上半身的血液循环，强壮脊柱、内脏，预防和治疗疾病的功效，可使心态更加平和。

    其基本坐姿为：左脚放在右腿上，贴近肚脐，右脚放在左腿上，贴近肚脐，脊柱伸直正常呼吸，如图 8-34 所示。交换腿练习。

九、山式

    山式瑜伽体位法除了具有莲花坐的功效以外，还有扩张、发展胸部肌肉，消除双肩僵硬强直和风湿痛等功效。

    其步骤为：莲化坐，十指相交，向上翻转，垂头、下巴靠锁骨。正常呼吸 60 秒，如图 8-35 所示。交换腿练习。

图 8-34

图 8-35

十、双角式

双角式瑜伽体位法具有伸展两腿腿肚子、腘旁腱和手臂的肌肉，补养和增强背部和肩部肌肉群的功效，能够有效地锻炼颈项和扩展胸部。其具体步骤如下所述。

(1) 采用基本站姿，两脚微微分开，吸气，手臂背后十指交握，如图 8-36 所示。

(2) 呼气，上身向前弯腰，头部贴近大腿，两臂向后上方伸展，保持 20 秒，如图 8-37 所示，吸气，回复基本站姿。

图 8-36

图 8-37

十一、增延脊柱伸展式

增延脊柱伸展式瑜伽体位法能够有效地补养和增强脊柱功能，调节女性月经失调，对于抑郁沮丧或过分激动的人，是一个极好的姿势。其具体步骤如下所述。

采用基本站姿，呼气，身体以腰部为轴向前弯曲，双手抱双脚踝，到达极限时保持 30 秒，正常呼吸，如图 8-38 所示。

十二、倾斜式

倾斜式瑜伽体位法具有补养和增强背部肌肉群、滋养内脏、促进

图 8-38

血液循环，同时塑造美丽臀部的功效。其具体步骤如下所述。

    (1) 仰卧，双手掌扶地，双脚收至臀部，如图 8-39 所示。

    (2) 吸气，挺起上身躯干，正常呼吸，保持此种姿势 10 秒，如图 8-40 所示。

图 8-39   图 8-40

十三、俯卧放松功

    俯卧放松功瑜伽体位法能够给人以全面的休息、松弛和心灵警醒的感觉。轻微地伸展背部、双肩和双臂，有助于消除颈项失枕，纠正弯腰驼背和脊椎盘错位。其具体步骤如下所述。

    俯卧地上，两臂伸直到头顶之前，闭上双眼，放松全身，如图 8-41。注意力放在呼吸上，感受自己在吸气、呼气。保持这种姿势 5～10 分钟。

图 8-41

思考与训练

1. 简述瑜伽的起源与内涵。
2. 瑜伽功法的基本原理是什么？
3. 瑜伽练习时应注意哪些事项？
4. 请练习 13 种瑜伽体位法。

第九章　妆容形象设计

面必净，发必理，衣必整，纽必结；头容正，肩容平，胸容宽，背容直。气象：勿暴，勿傲，勿怠；颜色：宜和，宜静，宜庄。

——张伯苓

世界上没有难看的人，只有不懂得如何让自己打扮得体的人。

——靳羽西

课程思政要求：

- 进行社会主义核心价值观教育；
- 进行爱国主义教育；
- 开展诚信教育、法律意识教育和道德意识教育；
- 塑造职业形象、提高职业素养；
- 促进学生全面发展；
- 提高大学生的审美意识和审美情趣。

妆容设计是个人形象设计的重要方面。在社交中，交往对象对自己发自内心的好恶亲疏，往往都是根据其在见面之初对于自己妆容的基本印象"有感而发"的，这种对他人妆容的观感除了先入为主之外，在一般情况下还往往一成不变，其作用可谓大矣。日本松下电器产业株式会社创始人松下幸之助一次到银座的一家理发厅去理发。理发师对他说："你毫不重视自己的容貌修饰，就好像把产品弄脏一样，你作为公司代表都如此，产品还会有销路吗？"一席话说得他无言以对，后来他接受了理发师的建议，十分注意自己的仪表并不惜破费到东京理发。由此可见，妆容仪表的作用是很大的，是不可忽视的。

小故事 9—1

尼克松因何败北

1960 年 9 月，尼克松和肯尼迪在全美的电视观众面前，举行他们竞选总统的第一次辩论。当时，这两个人的名望和才能大体上相当，棋逢对手。但大多数评论员预料，尼克松素以经验丰富的"电视演员"著称，可以击败比他缺乏电视演讲经验的肯尼迪。但事实并非如此，为什么呢？肯尼迪事先进行了练习和彩排，还专门跑到海滩晒太阳，养精蓄锐。结果，他出现在屏幕上时，精神焕发，满面红光，挥洒自如。而尼克松没听从电视导演的规劝，加之那一阵十分劳累，更失策的是面部化妆用了深色的粉，因而在屏幕上显得精神疲惫，表情痛苦，声嘶力竭。正如一位历史学家所形容的："他让全世界看来，好像是一个不爱刮胡子和出汗过多的人带着忧郁感等待着电视广告告诉他怎么不要失礼。"正是妆容仪表上的差异和对比，帮助肯尼迪取胜，使竞选的结果出人意料。

（资料来源：http://www.loveliyi.com/society/gerenliyi/yirong.html，2009-06-30）

一个人的妆容，大体上受到两大因素的左右：其一，是本人的先天条件。一个人相貌如何，通常主要取决于血缘遗传。不管一个人是"天生丽质难自弃"，还是长得丑陋不堪，实际上一降生到人世便已"命中注定如此"，其后的发展变化往往不会与之相去甚远；其二，是本人的修饰维护。每个人的先天条件固然头等重要，但这并不意味着一个在妆容方面先天条件优越的人，便可以过分地自恃其长，而不去进行任何后天的修饰或维护。事实上，修饰与维护，对于妆容的优劣而言往往起着一定的作用。在任何情况下，一个正常人倘若不注意对本人的妆容进行合乎常规的修饰与维护，往往在他人的心目中也难有良好的个人形象可言。所以，我们在平时必须时刻不忘对自己的妆容进行必要的修饰和整理，做到"内正其心，外正其容"。

第一节　化 妆 得 法

化妆适度是指在职业活动中，适当化妆不仅是职业工作的需要，同时也是对他人尊重的一种表现。做任何事情都贵在适度，化妆也不例外。过分醉心于美容，妆化得不甚适度，不仅有损于皮肤的健康，而且还有碍于别人的观瞻。

一、妆前自我认识

一个人要让别人觉得美，全身的整体比例很重要，因为只有符合比例的才是和谐的，只有和谐的才是美的。

1. "黄金分割"

美学上个人的形体比例关系，是著名的"黄金分割"。"黄金分割"指事物各部分间的一定数学比例关系，即：将一条线段一分为二，其较短一段与较长一段之比等于较长一段与全线段之比。按照此种比例关系组织的任何对象，都表现了变化的统一，内部关系的和谐。因此，许多哲学家与美学家认为，不论在艺术界还是自然界中，"黄金分割"都是形式美中较为理想的关系。对于人类而言，通常人的脸型是接近黄金矩形的，女性的椭圆形脸之所以被较多数人视为理想的脸型，就是因为脸型的长宽之比近似黄金矩形。然而现实生活中的人并不都是这样的脸型，于是我们可以从美的比例出发，利用发型和化妆弥补脸型的比例不足，使整个头部形象形成一种新的比例关系。

2. "三庭五眼"

除了脸型的长宽之比之外，"三庭五眼"也是对人的面部长宽比例进行测量的一种简单方法。五官端正就是指面部符合"三庭五眼"的比例要求。

"三庭"是指上庭、中庭和下庭。①上庭：指从额头发际线到两眉头连线之间的距离；②中庭：指从两眉头连线到鼻头底端之间的距离；③下庭：指从鼻头底端到下颏(下巴尖)的距离。理想的比例是上庭：中庭：下庭=1∶1∶1，即三者长度相等。

"五眼"是指：①左太阳穴处发际至左眼尾的长度；②左眼长度；③左眼内眼角至右眼内眼角的长度；④右眼长度；⑤右太阳穴处发际至右眼眼尾的长度。

"三庭五眼"的结构对比示意如图 9-1 所示(选自：http://www.cnzz.cc/edu//photo/photoshop/pssl/668.html.2006-05-24)。

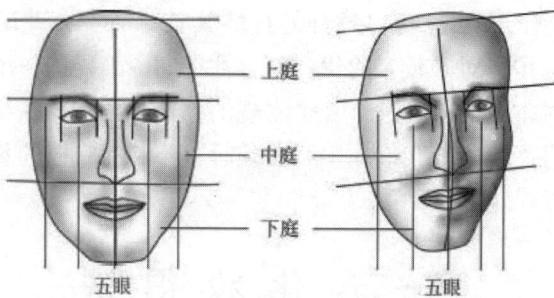

图 9-1　　"三庭五眼"结构对比示意

理想的比例是这五者长度相等，即从左太阳穴发际到右太阳穴发际之间的横向连线长度正好是五只眼睛的长度，并且均匀分布。

"三庭五眼"是人的脸长与脸宽以及颜面器官布局的标准比例，如不符合这个比例，就会与理想脸型产生距离，那么，在化妆时就要运用一定的技巧进行调整和弥补。

通过自我形象分析，我们便可以了解自己容貌上的优点与不足，虽然人的相貌在很大程度上依赖于遗传，但是后天的努力、科学的保养及恰到好处的修饰确有举足轻重的作用。

二、化妆的原则

美容化妆必须遵循美化、自然、协调的原则。

1. 美化原则

每一个化妆的人都希望化妆能使自己变得更美丽，这是无疑的。但事实上，这些人以为把各种色彩涂抹在脸的相应部位就自然美了，这是错误的。我们看到许多幼儿园的孩子被阿姨化妆化得脸上一团红、眼睛一团黑，变得又凶又老气，孩子的天真可爱荡然无存，这样的化妆不是美了，而是丑了。因此，美化的原则是从效果来说的。要使化妆获得美的效果，首先必须了解自己的脸的各部位特点，孰优孰劣要心中有数；还要清楚怎样化妆和矫正才能扬长避短，变丑陋为俏丽，使容貌更迷人。这些，要在把握脸部个性特征和正确的审美观的指导下进行。

小故事 9—2

李霞，你过得好吗

今天是李霞的大学同学毕业 20 周年聚会的日子。李霞在毕业后就没有见过任何一位同学。对于今天的同学聚会，李霞非常激动。平时不怎么化妆的她觉得应该把自己好好地打扮打扮。于是她涂上厚厚的白粉，抹上深紫色的口红和深蓝色的眼影，然后兴高采烈地来到聚会地点。当她出现在同学们面前时，同学们都大吃一惊，有的同学还走过来关切地问她是否过得不如意，说她看起来脸色不好，充满了沧桑感。她的心情一下就降到了冰点，她纳闷同学们莫名的惊讶与关心，她觉得自己过得很好。

(资料来源：佚名.形体训练与形象塑造[EB/OL].[2018-03-17].
http://www.doc88.com/p-0621772253639.html.)

2. 自然原则

自然是化妆的生命，它能使化妆后的脸看起来真实而生动，不是一张呆板生硬的面具。化妆失去了自然的效果，那就是假，假的东西就无生命力和美了。自然的化妆要依赖正确的化妆技巧、合适的化妆品；要一丝不苟，井井有条；要讲究过渡、体现层次；要点面到位、浓淡相宜。总之，要使化妆说其有，看似无，就像被化妆的人确确实实长了这样一张美丽的面容，像真的一样。化妆时不讲艺术技法手段，胡来一气，敷衍了事，片面追求速度，都有可能使妆面失真。

3. 协调原则

协调原则包括：①妆面协调，指化妆部位色彩搭配自然、浓淡协调，所化的妆针对脸部个性特点，整体设计协调。②全身协调，指脸部化妆还必须注意与发型、服装、饰物协调，如穿大红色的衣服或配了大红色的饰物时，口红可以采用大红色的，以求取得完美的整体效果。③身份协调，指礼仪人员化妆时要考虑到自己的职业特点和身份，采用不同的化妆手段和化妆品。作为职业人士，应注意化妆后体现端庄稳重的气质；作为专门从事各种关系建立和协调的从业人员出头露面的机会多，与有身份、有地位、有权力的人打交道频繁，要表现出一定的人际吸引魅力，化妆就不能太艳俗或太单调，而应浓淡相宜、青春妩媚，适合人类共同的爱美之心。④场合协调，是指化妆要与所去的场合气氛要求一致。日常办公，妆可以化得淡一些；出入宴会、舞会场合，妆可以化得浓一些，尤其是舞会，妆可以化得亮丽一些；参加追悼会，素衣淡妆，忌使用鲜艳的红色化妆。不同的场合不同的化妆，不仅会使化妆者内心保持平衡，也会使周围的人心理融洽。

三、化妆工具与化妆品

1. 化妆工具

化妆工具主要包括：①化妆纸。一般是购买专用的化妆纸(棉)，或用质地柔软的纸巾,用于吸汗、吸油、净手、卸妆等。②棉签。可购买或自制。用于细小化妆部位的清理,如涂唇膏、描眉、染睫毛等。③海绵。用于上底色、拍涂胭脂和定妆。④胭脂刷。用于化妆时涂抹胭脂和定妆,可准备两个以上便于涂抹不同色彩时使用。⑤眼影刷。涂抹眼影时使用。因为眼部分为主色和副色,为了在使用不同颜色的眼影时颜色之间不相互影响,所以要多备几个刷子。

此外还须备有睫毛夹、眉笔、眉刷、美容剪等。

2. 化妆品介绍

化妆时,必须准备化妆品。国际上,根据不同功能,化妆品一般可分为两大类:一类是调整肌肤、使之润滑的基础化妆品,如爽肤水、雪花膏、润肤露等;另一类是美容化妆品,如眉笔、唇膏、胭脂、粉饼(底)等。我国的美容化妆界又根据国民的皮肤构造和消费水平,将化妆品分为六大类,它们分别是:①护肤类化妆品,包括爽肤水、面霜、润肤乳、润唇膏等;②清洁类化妆品,包括洁肤皂、洗面奶、沐浴液等;③修饰类化妆品,包括粉底液、唇膏、唇彩、腮红等;④美发类化妆品,包括洗发水、护发素、发乳、发蜡、发胶等;⑤芳香类化妆品,包括香水、香精等;⑥营养类化妆品,包括人参霜、珍珠霜、粉刺(雀斑)霜等。

现代职业女性化妆要准备的必需品有香粉、粉饼、粉底、腮红、眼影、眉笔、眼线笔、唇膏、睫毛液、妆前霜、爽肤水、卸妆油等。

四、化妆的基本步骤

小故事 9—3

百 变 公 主

小李是一名刚刚走上工作岗位的大学毕业生,对新的职场生活充满了憧憬与期待。为了尽快地融入职场,她在家人的支持下添置了不少行头,有职业装、化妆品、配饰等,可以说应有尽有。可是每天早上上班前的化妆是她最痛苦的事情,一是花费时间多,二是她根本不知道自己适合化什么样的妆,每次都弄得很花,有时自己感觉很尴尬。有一次她还被一名男同事笑话是百变公主。还有一次她使用了咖啡色的眼影,吓坏了同事们。她自己也很苦恼,本来想用深色眼影让自己的脸看起来立体感强一些,为什么却适得其反了呢?

(资料来源: 佚名.职场礼仪[EB/OL].[2018-06-18]. https://max.book118.com/html/2018/0618/173245842.shtm.)

化妆前要认真掌握化妆的方法。化妆大体上应分为打粉底、画眼线、施眼影、描眉型、上腮红、涂唇彩、喷香水等步骤。每个步骤均有一定之法必须认真遵守,讲求化妆的方法。

1. 打粉底

打粉底又称敷底粉或打底。它是以调整面部皮肤颜色为目的的一种基础化妆方法。在打粉底时，有四点应予以特别注意。一是事先要清洗好面部，并且拍上适量的化妆水、乳液。二是选择粉底霜时要选择好它的色彩。通常，不同的肤色应选用不同的粉底霜。选用的粉底霜最好与自己的肤色相接近，而不宜使二者反差过大，看起来失真。三是打粉底时一定要借助于海绵，而且要做到取用适量、涂抹细致、薄厚均匀。四是切勿忘记脖颈部位。在那里打上一点儿粉底，才不会使自己面部与颈部"泾渭分明"。

小知识 9—1

化妆水介绍

化妆水是爽肤水、紧肤水、调理水、柔肤水和洁肤水的统称。

(1) 爽肤水。涂抹的感觉比较清爽，能补充肌肤的水分。

(2) 紧肤水，也称收敛水。其最大的功效在于细致毛孔，有效平衡油脂分泌。特别针对需要收敛毛孔的油性皮肤或缓和性肌肤的 T 字部位，其他肌肤并不适合使用，因为通常含有酒精成分。

(3) 调理水。其作用是调整肌肤的酸碱值，肌肤在正常状态下是呈弱酸性，洗完脸后，用调理爽肤水将肌肤恢复到弱酸性。

(4) 柔肤水。比较起来，它比较滋润，给予肌肤细致的呵护，可以软化角质层，增强肌肤吸收滋润护肤品的能力。

(5) 洁肤水。除了洗脸可以清洁肌肤之外，有一些"水"，还能再次清洁脸部的残余污垢，等于是洁肤的保障。

购买的时候可以这样区分：油性皮肤使用紧肤水，健康皮肤使用爽肤水，干性皮肤使用柔肤水。对于混合皮肤者来说，T 字部位使用紧肤水，其他部位使用柔肤水和爽肤水皆可。敏感皮肤者则可以选用敏感水或修复水，而要想美白的话就可以选用美白化妆水。

(资料来源：张铭. 现代实用社交礼仪[M]. 北京：人民邮电出版社，2017.)

2. 画眼线

画眼线这一步骤在化妆时最好不要省掉。它的最大好处是可以让化妆者的一双眼睛生动而精神，并且更富有光泽。在画眼线时，一般应当把它画得紧贴眼睫毛。具体而言，画上眼线时，应当从内眼角朝外眼角方向画；画下眼线时，则应当从外眼角朝内眼角画，并且在距内眼角约 1/3 处收笔。应予重点强调的是，在画眼线时，特别要重视笔法。最好是先粗后细，由浓而淡，要注意避免眼线画得呆板、锐利、曲里拐弯。画完之后的上下眼线，一般在外眼角处不应当交合。上眼线看上去要稍长一些，这样才会使双眼显得大而充满活力。

3. 施眼影

施眼影的主要目的是强化面部的立体感，以凹眼反衬隆鼻，并且使化妆者的双眼显得更为明亮传神。施眼影时，有两大问题应予注意。一是要选对眼影的具体颜色。过分鲜艳的眼影，一般仅适用于晚妆，而不适用于工作妆。对中国人来说，化工作妆时选用浅咖啡色的眼影，往往收效较好。二是要施出眼影的层次之感。施眼影时，最忌没有厚薄深浅之分。若注意使之由浅而深、层次分明，将有助于强化化妆者眼部的轮廓。

小知识 9—2

眼睛的矫正化妆

对眼睛的修饰主要是画眼影、眼线和对睫毛的美化。例如，利用不同颜色的眼影晕染，可以增加眼部神采，调整眼部结构；粗细不同、长短不一的眼线，可以改变眼睛的形状；不同假睫毛的配合，又可以加强眼睛的神韵。不同类型眼睛的特征及矫正方法说明如下。

(1) 大眼睛。

特征：大眼睛给人以可爱、美丽的印象，但过大的眼睛又令人觉得呆板。

修正：对于这种眼型在画眼影时可采用浅亮色的眼影平涂的手法，并在靠近睫毛根处选用眼影以增强眼部神韵。眼线不可画得太粗。

(2) 小眼睛。

特征：小眼睛的人在化妆时总想要获得双目生辉的效果，以弥补小眼睛在视觉上缺乏个性的一面。

修正：在眼影色的选择上有两种方法。一是画出上深下浅的假双眼皮，例如以深咖啡色与浅白色的配色，这种修饰多用于舞台妆，日常生活中不宜；二是用上浅下深的手法来晕染，不刻意强调上眼睑的褶皱。但小眼睛在化妆时尽量不要选用太刺目或另类的色彩，宜选择接近东方人肤色的暖色系色彩。

(3) 上斜眼。

特征：上斜眼型内眼角低垂，但外眼角向上飞起，此种眼型给人以十分凌厉精明的印象。

修正：在修饰时，可在内眼角的上眼睑处涂以耀目的色彩；外眼角处不强调，以柔和的色调轻轻带过即可；内眼角的下侧可选用浅亮色提亮；外眼角的下侧同样可以用点缀色来进行强调，并在画眼线时，加宽上眼线内眼角处及下眼线外眼角处，以此来达到视觉上的平衡。

(4) 下斜眼。

特征：下斜眼的形状与上斜眼型恰好相反，此种眼型给人以和蔼可亲的印象，但易让人有衰老和忧郁的感觉。

修正：下斜眼在化妆前可用美目贴或深色纱布贴于上眼睑的外眼角处，令眼部弧度向上提升。在选择眼影时，与上斜眼的画法恰好相反，外眼角的眼影位置可略向上提升，色彩可以鲜亮一些，也可加宽上眼线外眼角处的眼影宽度。

(5) 肿眼睛。

特征：上眼皮脂肪较厚，使得眼睑的厚度很突出，造成肿眼泡的视觉印象。

修正：肿眼睛在东方人群中十分常见，因此在选择眼影色时要十分谨慎。例如一些蓝、绿等冷色调的色彩，肿眼睛的人应尽量少尝试，因为它们会造成眼部更加凸出的印象。可选择一些与东方人肤色相近的暖色系色彩，如咖啡色系即是肿眼睛的安全色系之一。此外可选用亮色提亮眉骨，选择较长的假睫毛等也可以削弱眼皮的厚重感。

(6) 凹陷眼。

特征：凹陷眼的眼型与肿眼睛恰好相反，它具有欧洲的风格。眼眶凹陷，较具现代感，但又易给人留下成熟、憔悴的印象。

修正：在选择眼影色时，可使用一些浅白色系使上眼睑凸出，增加柔和的感觉；眉骨处的色彩不可太刺目，否则在强烈的对比之下，会使眼部的凹陷感加强。眼线的描绘也应采用自然的线条。

(7) 圆眼睛。

特征：圆眼睛给人留下机灵聪慧的印象，但同时又会有精明、厉害的感觉。

修正：圆眼睛的眼影画法可取几色横向并列的方法，尤其是外眼角处的色彩要鲜明、突出，整个眼影的位置不可过高。眼线的画法可细长一些，以增加眼部的视觉长度。

(8) 长眼睛。

特征：长眼睛常会给人以妩媚、女性化的感觉，但又会有缺乏神采的印象。

修正：画眼影时可采取上下几色并列的画法，眼影的位置可略高，但不可太长，可强调下眼睑处的眼影色。眼线的画法可采取中间粗、两头细的方法，以加强眼睛的视觉宽度。

(资料来源：郑彦离. 礼仪与形象设计[M]. 北京：清华大学出版社，2015.)

4. 描眉形

一个人眉毛的浓淡与形状，对其容貌发挥着重要的烘托作用。任何有经验的化妆者，都会将描眉视为其化妆时的重中之重。在描眉时，有四点需要注意。一是先要进行修眉，以专用的镊子拔除那些杂乱无序的眉毛。二是所描出的整个眉形，必须兼顾本人的性别、年龄与脸型。三是在具体描眉形时，要对逐根眉毛进行细描，而忌讳一画而过。四是描眉之后应使眉形具有立体感，所以在描眉时通常都要在具体手法上注意两头淡，中间浓；上边浅，下边深。

小知识 9—3

眉部的矫正化妆

画眉首先要了解标准眉型的比例结构及在脸部的标准位置。标准的眉型为：眉与眼的距离大约有一眼之隔；眉头在鼻翼与内眼角的垂直延长线上；眉峰在眉头至眉梢的 2/3 处；眉梢在鼻翼与外眼角连线的延长线上；眉与眉梢基本保持在同一水平线上。

几种常见眉型的矫正方法如下。

(1) 吊眉。

特征：眉头位置较低，眉梢上扬。吊眉使人显得有精神，但也会使人显得不够和蔼可亲。

修正：将眉头下方和眉梢上方多余的眉毛除去。描画时，要加宽眉头上方和眉梢下方的线条，这样才可以使眉头和眉尾基本在同一水平线上。

(2) 八字眉。

特征：眉尾和眉头不在同一水平线。这种眉型使人显得亲切，但过于下垂会使面容显得忧郁。

修正：去除眉头上面和眉梢下面的眉毛。在眉头下面和眉尾上面的部分要适当补画，尽量使眉头和眉尾能在同一水平线上，或使眉尾略高于眉头。

(3) 短粗眉。

特征：眉型短而粗。这样的眉型显得粗犷有余，细腻不足，有些男性化。

修正：根据标准眉型的要求将多余的眉毛修掉，然后用眉笔补画出缺少部分，可适当加长眉型。

(4) 眉型散乱。

特征：眉毛生长杂乱，缺乏轮廓感，使得面部五官不够清晰、干净。

修正：先按标准眉型的要求将多余眉毛去掉，在眉毛杂乱的部位涂少量的专用胶水，然后用眉梳梳顺，再用眉笔加重眉毛的色调，画出相应的眉型。

(资料来源：郑彦离. 礼仪与形象设计[M]. 北京：清华大学出版社，2015.)

5. 上腮红

上腮红是化妆时在面颊处涂上适量的胭脂。上腮红的好处是使化妆者的面颊更加红润，面部轮廓更加优美，并且显示出其健康与活力。在化工作妆时上腮红，需要注意四点：一是要选择优质的腮红，若其质地不佳，便难有良好的化妆效果。二是要使腮红与唇膏或眼影属于同一色系，以体现妆面的和谐之美。三是要使腮红与面部肤色过渡自然。正确的做法应是，以小刷蘸取腮红，先上在颧骨下方，即高不及眼睛、低不过嘴角、长不到眼长的 1/2 处，然后才略作延展晕染。四是要扑粉进行定妆。在上好腮红后，即应以定妆粉定妆，以便吸收汗粉、皮脂，并避免脱妆。扑粉时不要用量过多，并且不要忘记在颈部扑上一些。

6. 涂唇彩

化妆时，唇部的地位仅次于眼部。涂唇彩，既可改变不理想的唇型，又可使双唇更加娇媚迷人。涂唇膏时的主要注意事项有三：一是要先以唇线笔描好唇线，确定好理想的唇型。唇线笔的颜色要略深于唇膏的颜色。描唇型时，嘴应自然放松张开，先描上唇，后描下唇。在描唇形时，应从左右两侧分别沿着唇部的轮廓线向中间画。上唇嘴角要描细，下唇嘴角则要略粗；二是要涂好唇膏。用唇线笔描好唇型后，才能涂唇膏。选择唇膏时，既可以选彩色，也可以选无色。但要求其安全无害，并要避免选用鲜艳古怪之色。女性一般宜选棕色、橙色或紫色，男性则宜选无色唇膏。涂唇膏时，应从两侧涂向中间，并要使之均匀而又不超出早先以唇线笔画定的唇型；三是要仔细检查。涂完唇彩后，要用纸巾吸去多余的唇膏，并细心检查一下牙齿上有无唇膏的痕迹。

小知识 9—4

唇部的矫正化妆

唇型的修饰包括描画唇线和涂抹唇膏两个部分。唇型在矫正前，应选用与面部打底相同的遮盖力较强的粉底色，将原唇的轮廓进行遮盖，然后用蜜粉将其固定，再进行修饰，以便使矫正后的唇型效果自然。几种常见唇型的特征及矫正方法说明如下。

(1) 嘴唇过厚。

特征：嘴唇过厚分上唇较厚、下唇较厚及上下唇均厚三种。嘴唇过厚使面容显得不够精致。

修正：保持唇型原有的长度，再用唇线笔沿较厚的唇部轮廓内侧画唇线。唇膏色宜选用深色或冷色以达到收敛效果，避免使用鲜红色、粉色和亮色。

(2) 嘴唇过薄。

特征：嘴唇过薄有上唇较薄、下唇较薄及上下唇均薄三种。嘴唇过薄，唇型缺乏丰润的曲线，使面容显得不够开朗或给人以刻薄的感觉。

修正：在唇周围涂浅色粉底，再用唇线笔沿原轮廓向外扩展。唇膏可选暖色、浅色或亮色，以增加唇的饱满感。

(3) 嘴角下垂。

特征：嘴角下垂容易给人留下愁苦的印象，且使人显得苍老。

修正：用粉底遮盖唇线和嘴角，将上唇线向上方提起，嘴角提高，上唇唇峰及唇谷基本不变，下唇线略向内移。下唇色要深于上唇色，不宜使用较多亮色唇膏。

(4) 嘴唇凸起。

特征：上、下唇凸出会产生外翻的感觉，影响唇型的美感。

修正：沿原唇型的嘴角外侧画轮廓，上下唇线应平直一些，以缩减唇的凸出感。唇膏宜选择暗色。

(5) 唇型平直。

特征：唇峰、唇谷等曲线不明显，唇型的轮廓感不强。这样的唇型缺乏表现力，面部不生动。

修正：按标准唇型的要求勾画唇线，然后涂抹唇膏。

(资料来源：郑彦离. 礼仪与形象设计[M]. 北京：清华大学出版社，2015.)

7. 喷香水

喷香水主要是为了掩饰不雅的体味，而不是为了使自己香气袭人，这一点很重要。喷香水要注意的问题有：一是不应使之影响本职工作，或是有碍于他人。二是宜选气味淡雅清新的香水，并应使之与自己同时使用的其他化妆品在香型上大体一致，而不是彼此"串味"。三是切勿使用过量，产生适得其反的效果。四是应当将其喷在或涂抹于适当之处，如腕部、耳后、颌下、膝后等，而千万不要将它直接喷在衣物、头发或身上其他易于出汗之处。

完成上述化妆过程后要进行妆后检查：①检查左右是否对称。眼、眉、腮、唇、鼻侧等，两边形状、长短、大小、弧度是否对称，色彩浓淡是否一致。②检查过渡是否自然。脸与脖子、鼻梁与鼻侧、腮红与脸色、眼影、阴影层次等过渡是否自然。③检查整体与局部是否协调。各局部是否缺漏、有瑕疵，要符合整体要求，该浓该淡是否达到应有效果。整个妆面是否协调统一。④检查整体是否完美。化妆要忌"手镜效果"，即把镜子贴近脸部检查。虽然这样会看清细小的部分，但一般人是在一米之外的距离与你面谈或打招呼，所以要在镜前50厘米处审视自己，对脸部整体的平衡做出正确的判断。

小知识 9—5

如何卸妆

(1) 卸除睫毛膏。首先将假睫毛取下，如果你戴了假睫毛或隐形眼镜，一定要首先将其取下。将化妆棉用眼部专用卸妆液沾湿后对折。闭上双眼，两手各用两根手指将化妆棉上下压住眼睫毛，夹紧包住，注意，睫毛根处也不要忽略。等待约三至五秒后，让化妆棉上的眼部专用卸妆液将睫毛上的睫毛膏完全溶解。然后轻轻将化妆棉往前拉出，以便顺势将溶解的睫毛膏拭去。通常睫毛膏无法一次完全去除，你可以更新化妆棉将上面的步骤再重复一次，直至完全清除为止。

(2) 卸除眼影及眼线。取一片化妆棉，同样以眼部专用卸妆液将其沾湿。闭上眼，将化妆棉用食指、中指与无名指夹紧，覆盖于眼皮上约两三秒钟。然后将化妆棉轻轻地往眼尾拉，以顺势拭去眼皮上的眼影。如果因为使用了防水眼线而没有去除干净，可再重复一次。

(3) 卸除不沾杯唇膏。用面纸按压嘴唇，吸掉唇膏里的油分。将两片蘸满卸妆液的棉片叠落轻敷嘴唇，微笑使唇纹舒展。由外围向唇部中心垂直卸除，不要来回搓。打开嘴角，将棉片对折，清理容易遗落的残妆。

(4) 卸除面部妆容。将卸妆产品适量涂抹于脸上，用指腹轻轻按摩脸部，让卸妆产品将脸上的彩妆充分溶解。注意细小的地方，如鼻梁两侧、嘴角、发际等处也要彻底卸除。用面纸将脸上所有的东西拭去，如果一次不干净，同样的步骤可再来一次。

(资料来源：张铭. 现代实用社交礼仪[M]. 北京：人民邮电出版社，2017.)

五、不同脸型的化妆

靳羽西说："世界上没有难看的人，只有不懂如何把自己打扮得体的人。"脸部化妆一方面要突出面部五官最美的部分，使其更加美丽；另一方面要掩盖或矫正缺陷或不足的部分。经过化妆品修饰的美有两种，一种是趋于自然的美，另一种是艳丽的美。前者是通过恰当的淡妆来实现的，它能给人以大方、悦目、清新的感觉，最适合在家或平时上班时使用；后者是通过浓妆来实现的，它能给人以庄重高贵的印象，可出现在晚宴、演出等特殊的社交场合。不论是淡妆还是浓妆，都要利用各种技术，恰当使用化妆品，通过一定的艺术处理，才能达到美化形象的目的。

1. 椭圆脸的化妆

椭圆脸可谓公认的理想脸型，化妆时宜注意保持其自然形状，突出其可爱之处，不必通过化妆刻意改变脸型。

涂胭脂，应涂在颊部颧骨的最高处，再向上向外揉化开去。

使用唇膏时，除嘴唇唇型有缺陷外，应尽量按自然唇型涂抹。

眉毛，可顺着眼睛的轮廓修成弧形，眉头应与内眼角齐，眉尾可稍长于外眼角。

正因为椭圆形脸是无须太多掩饰的，所以化妆时一定要找出脸部最动人、最美丽的部位，而后突出之，以免给人平平淡淡、毫无特点的印象。

2. 长脸型的化妆

长脸型的人，在化妆时力求获得的效果应是增加面部的宽度。

涂胭脂时，应注意离鼻子稍远些，在视觉上拉宽面部。抹时，可沿颧骨的最高处与太阳穴下方所构成的曲线部位，向外、向上抹开去。

施粉底时，若双颊下陷或者额部窄小，应在双颊和额部涂以浅色调的粉底，造成光影，使之变得丰满一些。

修正眉毛时，应令其呈弧形，切不可有棱有角。眉毛的位置不宜太高，眉毛尾部切忌高翘。

3. 圆脸型的化妆

圆脸型予人以可爱、玲珑之感，若要修正为椭圆形并不十分困难。

涂胭脂：可从颧骨起始涂至下颌部，注意不能简单地将颧骨凸出部位涂成圆形。

涂唇膏：可在上嘴唇涂成浅浅的弓形，不能涂成圆形的小嘴状，以免给人以圆上加圆之感。

施粉底：可用来在两颊造阴影，使圆脸瘦削一点。选用暗色调粉底，由沿额头靠近发际处向下窄窄地涂抹，至颧骨下可加宽涂抹的面积，造成脸部亮度自颧骨以下逐步集中于鼻子、嘴唇、下巴附近部位。

修眉毛：可修成自然的弧形，可作少许弯曲，不可太平直或有棱角，也不可过于弯曲。

4. 方脸型的化妆

方脸型的人以双颊骨凸出为特点，因而在化妆时，要设法加以掩蔽，增加其柔和感。

涂胭脂：宜涂抹得与眼部平行，切忌涂在颧骨最凸出处。可抹在颧骨稍下处并往外揉开。

施粉底：叮用暗色调在颧骨最宽处造成阴影，令其方正感减弱。下颚部宜用大面积的暗色调粉底造阴影，以改变面部轮廓。

涂唇膏：可涂丰满一些，强调柔和感。

修眉毛：应修得稍宽一些，眉型可稍带弯曲，不宜有角。

5. 三角脸型的化妆

三角脸的特点是额部较窄而两腮较阔，整个脸部呈上小下宽状。化妆时应将下部宽角"削"去，把脸型变为椭圆状。

涂胭脂：可由外眼角处起始，向下抹涂，将脸部上半部分拉宽一些。

施粉底：可用较深色调的粉底在两腮部位涂抹、掩饰。

修眉毛：宜保持自然状态，不可太平直或太弯曲。

6. 倒三角脸型的化妆

倒三角脸型的特点是额部较宽大而两腮较窄小，呈上阔下窄状。人们常说的"瓜子脸""心形脸"，即指这种脸型。化妆时，掌握的诀窍恰恰与三角脸相似，需要修饰部分则正好相反。

涂胭脂：应涂在颧骨最凸出处，而后向上、向外揉开。

施粉底：可用较深色调的粉底涂在过宽的额头两侧，而用较浅的粉底涂抹在两腮及下巴处，造成掩饰上部、突出下部的效果。

涂唇膏：宜用稍亮些的唇膏以加强柔和感，唇型宜稍宽厚些。

修眉毛：应顺着眼部轮廓修成自然的眉型，眉尾不可上翘，描时从眉心到眉尾宜由深渐浅。

六、化妆的禁忌

化妆有很多禁忌，很多都是日常生活中我们不经意间养成的化妆习惯，千万别小看这些小习惯，如果不注意，就会有损形象。

1. 切忌在公共场合化妆

在众目睽睽之下化妆是非常失礼的举动，这样做有碍于别人，也不尊重自己。

2. 女士不能当着男士化妆

如何让自己更加妩媚，应是每个女性的私人问题，即便是丈夫或男朋友，这点距离也是要有的，从某种意义上来说"距离"就是美。

3. 不能非议他人的化妆

由于个人文化修养、皮肤及种族的差异，每个人对化妆的要求及审美观是不一样的。不要总认为只有自己的化妆才是最好的。在和他人交往的过程中，即便是好朋友，也不要主动去为别人化妆、改妆及修饰，这样做就是强人所难和热情过度。

4. 不要借用别人的化妆品

如确实忘了带化妆盒而又需要化妆，在这种情况下除非别人主动给你提供方便，否则千万不要用人家的化妆品，因为这是极不卫生的，也是很不礼貌的。

5. 男士使用化妆品不宜过多

目前，男士化妆品也越来越多，但男女有别。男士不能使用过多的化妆品，否则会给人带来不良的印象，不要让人感到你化妆后有"男扮女装"的感觉。

七、男性的妆容设计

以上几点主要针对女士而言，其实男士也应注意妆容设计。职业男性的妆容修饰应注意如下几个方面[①]。

1. 维护自己的面部皮肤

男性也应像女性一样精心维护自己的面部皮肤。要勤洗脸，以保持面部皮肤的清洁与卫生。可适量使用保湿液，以保持面部皮肤的湿润。

2. 注意选用合适的修面液和香水

适合办公场合用的修面液和香水一般应是淡雅，并有一种清爽的味道的。这样的味道能使周围的人感到愉悦。

3. 注意眉毛的修饰

改变眉毛存在的缺陷，修整多余的眉毛或不规则的形状。

4. 修剪鼻毛

外露的鼻毛让人讨厌，应买一把修剪鼻毛的专用剪刀经常修剪。

5. 勤于修面

勤于修面的男士在工作中更容易被他人接纳。德高望重的长者，如果有蓄须的习惯，应注意对胡子的修剪，尤其要注意将脖子上的胡须处理干净。

6. 注意牙齿清洁

保持牙齿和牙龈健康是每日必须优先考虑的事情。每天最好能刷三次牙，尤其要注意养成午餐后刷牙的习惯。一次专业性的牙齿清洗能为你带来惊人的变化。

7. 注意手部护理

手总是不可避免地要暴露在别人面前的，应注意保持手和指甲的清洁，并选用合适的护手霜护理双手。

8. 去除烟味

吸烟的男子应注意，吸烟后不要忘记嚼口香糖等，以去除烟味。

9. 去除脚臭

有"汗脚"的男士应注意保持鞋袜清洁，鞋最好两双以上，换着穿。

---

① 吴雨潼. 职业形象设计与训练[M]. 大连：大连理工大学出版社，2014.

男士的形象与其精神面貌有很大关系，如果外表各方面都处于最佳状态，但目中无人，精神不振，这个人的形象也就谈不上好，所以，男士在精神面貌上要保持对生活的乐观和追求，少些抑郁忧愁，多些爽朗欢笑。

小知识 9—6

求职面试的妆容技巧

不论是已经有工作经验者或是刚毕业的学生，任何想获得一份工作的人都需经过面试。所以，专门探讨一下有关面试时的妆容技巧是有必要的。

面试最初三分钟的印象非常重要，在这三分钟里主考官会对求职者形成初步的感性认识。印象好可能会给求职者更多的时间以便其深入了解，印象不好可能就会匆匆结束面试，或缩短面试过程。在相互不认识的人之间，以貌取人并没有错。因为在最初的印象中，形象是对方能够获取相关信息的最直观、最快捷、最有效的途径。因为，对方不可能在这么短的时间里准确得知一个人的全方位信息。比如，关于一个人的为人处世、人品才能等信息，均需要经过较长时间的了解接触才能获取。所以，应聘时的外在形象对一个应聘者越过最初的障碍会起到非常重要的作用。在准备面试前要做到以下几点。

(1) 面试前一晚必须睡眠充足，使皮肤保持光洁。

(2) 女性要用浅色调彩妆化自然一些的淡妆。脸上有斑点的女性要用遮瑕膏将其遮盖。不化妆的女性以及蓄须的男性，在求职过程中容易遭遇偏见，从而会减少许多本应属于自己的机会。女性若浓妆艳抹，比没有化妆的应聘者更糟糕。化一点淡妆，让面部显得清新自然，是最受人们欢迎的。

(3) 头发要保持干净，不要用油滑的定型液，否则会给人湿漉漉的感觉。留长发的女性，要把头发扎起来，束带应简单而自然，不要使人觉得稚气未脱。

(4) 要洗净、修整指甲，因为在与人握手或作记录时，指甲不清洁总是一件让人感到尴尬的事情。女性应用无色自然的指甲油，这样看上去会显得更健康。

(5) 不要用香水，否则会分散考官的注意力。

个人良好的妆容形象对获得一份理想的工作起着重要作用，尤其是当你还没有这方面的经验时，需要依靠自身良好的外在形象，把内在的潜质更好地表现出来，以便于他人能愉快地接受。

(资料来源：吴雨潼. 职业形象设计与训练[M]. 大连：大连理工大学出版社，2014.)

第二节 皮肤护理

皮肤护理是指要对皮肤，尤其是面部皮肤进行长期护理和保养，这是实现妆容美的前提。正常健康的人皮肤具有光泽，且柔软、细腻洁净、富有弹性；而当人处于病态或衰老的时候，其皮肤就会失去光泽、弹性，出现皱纹或色斑。对皮肤进行经常性的护理和保养，有助于保持皮肤的青春活力。

一、皮肤的构造

皮肤是由表皮、真皮和皮下组织三部分构成的。表皮就是我们眼睛能看得见的部位，它能防止体内水分过分蒸发，并能阻止外界有害物质的侵入，尤其是防止紫外线的侵入。真皮位于表皮的内侧，与表皮弯曲相连，真皮的机能如果衰退，皮肤就会呈现老化。真皮的弹力缩小，皮肤的皱纹就会增加。人们受伤后，皮肤的更生力也来源于真皮层。皮下组织是皮肤的最下层，含丰富的皮下脂肪。全身皮肤含脂肪量各不相同，其中，眼圈的含量最少，所以眼周肌肤最显脆弱，因为缺乏皮脂膜保护，加班、熬夜过多，作息不正常，眼周就容易出现黑眼圈、细纹等症状，看上去精神不济，就会给职场、社交带来困扰。眼圈最易松弛，也最易老化。职业女性为保持良好的精神风貌，应注意保护眼周肌肤。

为了让皮肤的新陈代谢正常运作，我们应在晚上十点至深夜两点这一段时间睡觉休息。因为这段时间是细胞分裂最旺盛的时候，此时人如果处于睡眠状态，心跳平缓，血管扩张，血液循环遍及全身，营养及能量较易供给细胞分裂时使用，有利于新陈代谢。反之，此时人如果熬夜，对皮肤的保养最为不利。

二、皮肤分类型保养

皮肤一般可分为干性皮肤、中性皮肤、油性皮肤、混合性皮肤、敏感性皮肤。对于不同类型的皮肤需用不同的方法加以护理和保养。

(1) 干性皮肤红白细嫩，油脂分泌较少，经不起风吹日晒，对外界的刺激十分敏感，极易出现色素沉着和皱纹。有些干性皮肤的人苦于自己的皮肤少了一分"亮光"，因此使劲往脸上涂抹"增亮"的油脂。殊不知，此举减少了皮肤的透气性。对于这种皮肤，每天在洗脸的时候，可以在水中加入少许蜂蜜，湿润整个面部，用手拍干。坚持一段时间，就能改善面部肌肤，使其光滑细腻。保养的要点是补充油脂和保湿。

(2) 中性皮肤比较润泽细嫩，对外界的刺激不太敏感。这种皮肤比较易于护理，可以在晚上洗脸后，再用热水焐脸片刻，然后轻轻抹干。保养要点是维持水油平衡。

(3) 油性皮肤肤色较深，毛孔粗大，油光满面，易生痤疮等皮脂性皮肤病，但适应性强，不易显皱。洗脸时可在热水中加入少许白醋，以便有效地去除皮肤上过多的皮脂、皮屑和尘埃，使皮肤富有光泽和弹性。保养要点是控制油脂分泌和保湿。

(4) 混合性皮肤看起来很健康且质地光滑，但 T 形区(额头、鼻子、下巴的区域)有些油腻，而两颊及脸部的外缘有一些干燥的迹象。混合性皮肤在护肤时可考虑分区护肤的法则，对于干燥的部位除了更多地补水保养外，可以适当地选择一些营养成分较丰富的护肤品，而偏油部分可以使用清爽护肤品。保养要点是控制 T 形区的油脂分泌，消除两颊的干燥现象并保湿。

(5) 敏感性皮肤表皮较薄，毛细血管明显，使用保养品时很容易过敏，出现发炎、泛红、起斑疹、瘙痒等症状。保养要点是适度清洁、不过度去角质、不频繁更换保养品、不使用含有致敏成分的化妆品。

确定皮肤类型的简单方法是：在早晨起床前，准备三张干纸片，分别贴在额头、鼻子、面颊上，两分钟后揭下，放在亮处观察，就可判断自己的皮肤类型，如果满纸油迹即为油性皮肤，极少油迹即为干性皮肤；如果额头、鼻子有油迹，脸颊上几乎没有即为中性皮肤；额头、鼻子有较多油迹，脸颊上没有为混合性皮肤。

三、护肤的基本方法

1. 合理的饮食

合理的饮食是美容保健的根本。人体需要多种养分，有了养分，皮肤才有自然健康的美。因此，我们在日常生活中应注意饮食上的多种多样，多吃富含维生素的食物，少吃刺激性食物，保持吸收、消化系统的畅通。一项研究表明：美好容颜的养成，内在营养占80%，外在营养占20%。

2. 保持乐观情绪

乐观的情绪是最好的"润肤剂"。俗话说"笑一笑，十年少"，笑是一种化学刺激的反应，它能激发人体各器官，尤其是激发头脑、内分泌系统的活动。笑的时候，脸部肌肉舒展，使面部皮肤新陈代谢加快，促进血液循环，增强皮肤弹性，起到美容作用。经常笑能使面色红润，容光焕发，给人年轻健康的美感。放松是保持乐观情绪的一剂良药，每天平躺在床上，使脚比头高，什么也不想，可以听轻音乐，10分钟后，即可增加面部的供血量，收到护肤的功效。

3. 保证良好的睡眠

保持卧室的良好环境，卧室的温度、床垫和枕头的软硬，都要适合自己入睡的要求。如有可能，特别是北方的冬季，可在室内装置加湿器，防止皮肤干裂。良好的睡眠使皮肤可以获得更多的氧气，满足代谢的需要。

4. 保持皮肤适度的水分

皮肤的弹性和光泽是由含水量决定的。要使皮肤滋润，每天要保证喝水2000毫升。每天晚上睡前饮一杯凉开水，睡眠时，水分会融入细胞，为细胞所吸收。早晨起床后，也要饮一杯凉开水，使胃肠畅通，让水随血液循环分布全身，滋润皮肤。皮肤角质层水分也可以从体外吸收，保持环境湿度，在化妆品中配合上保湿剂，是保持皮肤水分的好方法。坚持每天用冷水浸脸一次，约2分钟，必有成效。

5. 正确地洗脸

正确洗脸，保持皮肤清洁卫生是不可或缺的。正确的洗脸方法是：洗脸水温不要太高，一般应低于35℃；洗脸应从下往上洗，从里向外的方向洗，这样有助于皮肤血液循环；要使用温和的洗面奶，少用或不用香皂；洗脸的动作要轻柔。

6. 避免不良刺激

紫外线对皮肤有破坏作用，暴晒会使皮肤变黑、粗糙并出现皱纹，因此阳光太强的天气，要注意防晒。应化淡妆，不要浓妆艳抹，以减轻对皮肤的刺激。不要使用伪劣化妆品。

7. 按摩皮肤

具体方法是：两手掌相互摩擦发热，然后两手掌由前额顺着脸的两旁轻轻向下擦，擦至下巴时，再上擦至前额，如此一上一下将脸的各处擦周到，上下共 36 次，每天早晚洗脸后进行。在按摩时手法要轻柔，不可过分用力。

总之，只有自觉地、习惯地在日常生活和工作中保养皮肤，坚持皮肤"锻炼"，才能使皮肤细腻、光泽、柔嫩、红润，富有弹性，青春永驻。

第三节 发 型 美 观

头发位于人体的"制高点"，俗话说"美丽从头开始"，发型构成了妆容美的重要内容。现代社会，发型的功能不仅是区分性别、美化容颜，更能反映一个人的道德修养、审美水平、知识层次。有时，人们可以通过一个人的发型准确地判断出他的职业、身份、受教育程度、生活状况和卫生习惯，更可感受出其是否身心健康以及对生活和事业的态度。美观的发型能给人一种整洁、庄重、洒脱、文雅、活泼的感觉。

美的发型可使人在社交中增强自信心，陶冶情操，领略对生活的热爱。不同的发型，能带给人整洁、庄重、洒脱、文雅、活泼的不同感觉，因而不同的气质、爱好、脸型、发质、年龄的人要针对自身情况，扬长避短，选择和修饰适合自己的发型。如图 9-2 所示是深受世界人民喜爱的美国著名影星奥黛丽·赫本的经典发型。美发主要应注意以下几方面。

图 9-2 影星奥黛丽·赫本的经典发型

一、护发

要想拥有健康秀丽的头发，就要靠平时的保养和护理，如果不保养和护理，头发就会受到损伤，影响头发的健康，有一头健康的头发，才能实现美发的目标。健康是美的前提。

1. 发质

头发因不同种族、不同肤色、不同年龄、不同健康状况而有着不同的发质。头发因其皮脂腺分泌量的不同而大体上可分为以下四种发质：油性发质、中性发质、干性发质和劣质发质。

油性发质：头发常有油腻的感觉，虽常常洗头，洗后仍易排出油脂，头屑较多。

中性发质：头发感觉柔软平顺，看上去光亮润泽，是较理想的发质。

干性发质：头发表面干燥，洗后无光泽和润滑的感觉，发型不易保持。

劣质发质：头发感觉粗糙，摸起来质感不好，梳理时头发会断裂、分叉或打结。

判断自己头发的软硬，可以从烫发后头发是否容易保持卷性来断定，较硬的头发保持卷性较好，较软的头发保持卷性较差。

小故事 9—4

气质魅力从头开始

华盛集团公司的卫董事长有一次要接受电视台的采访。为了郑重起见，事前卫董事长特意向公司为自己特聘的个人形象顾问咨询，有无特别需要注意的事项。对方专程赶来之后，仅仅向卫董事长提了一项建议：换一个较为儒雅而精神的发型，并且一定要剃去鬓角。对方的理由是：发型对一个人的上镜效果至关重要。果然，改换了发型之后的卫董事长在电视上亮相时，形象焕然一新。他的发型使他显得精明强干，他的谈吐使他显得深刻稳健，两者相辅相成，令电视观众纷纷为之倾倒。

(资料来源：佚名.个人美发礼仪[EB/OL].[2017-01-04].

https://max.book118.com/html/2017/0102/79313935.shtm.)

2. 护发用品[①]

在商场，我们看到用于保护头发的美发用品琳琅满目，可将其分成三大类。①发乳：适用于一般头发，对发质较软者尤为适用。它能保护头发，使之不易断裂和脱落，保持自然光亮与润泽，还可随意梳理成自己需要的发型。发乳中的药性发乳则可以去屑、止痒、防脱发。②发蜡：又称头蜡，是由凡士林为原料制成的，所以黏度较高，适于头发较多或硬性头发的人使用。由于这类头发难以梳理成型，使用发蜡后再用电吹风吹发则易于梳理成型，保持头发整齐，同时还能减少水分对头发的软化作用，增加头发的光泽。③喷雾发胶：是一种使头发定型的用品。其方法是：在使用电吹风吹发后，将发胶均匀地喷在头发上，从而使发型固定，不怕风吹或震动，可较长时间地保持发型不变。

3. 头发护理的方法[②]

(1) 洗发：头发要定期清洗。洗发可清除头屑和污垢，防止头皮因皮脂分泌物堵塞毛孔而发痒。洗发时应选择适合自己发质的洗发水和护发素，水温在 37℃ 左右最适合，不可

---

① 薛晶，杨玉霞. 现代礼仪[M]. 北京：中国商业出版社，1993.

② 贾孟喜，陈开梅. 职业女性形象设计教程[M]. 武汉：华中师范大学出版社，2009.

用力摩擦和抓揉头发，只可用手指轻轻按摩，然后用清水清洗干净，不要让洗发精、护发素残留在头发上。最后将头发用毛巾擦干或者用电吹风吹干。使用电吹风时，应距头发20～25cm。洗发的间隔时间要根据具体情况而定：中性发质的人冬天四到五天洗一次发，夏天三到四天洗一次发；油性发质和干性发质的人则要分别缩短和延长一至两天。

（2）护发：焗油是最好的护发方法。有关专家研究发现，头发表层是由无数鳞片组成的，这种鳞状表层排斥头油、蛋白质、维生素、人参、当归等物质，只吸收与纤维质相关的特殊物质，而焗油膏中则含有这种头发易于吸收的营养素物质。它们对于头发可以起到营养和修复作用，增加头发的弹性、柔软性和保湿性，使头发看起来光亮照人、如丝绸一般，并易于梳理。焗油一个月一次即可，可以自己焗也可以到发廊焗。

（3）养发：现代职业女性若想拥有一头秀发，还要注意养发，即在人体自身内部吸收营养及适当调节上要做到四个注意。

第一，注意保持饮食中营养均衡，提高自身的健康素质。多吃含蛋白质、铁、钙、锌、镁的食物和鱼类、贝类、橄榄油、坚果类(核桃)等干果。

第二，注意多参加运动，坚持锻炼。有规律的运动可消除工作、学习、生活紧张带来的压力。

第三，注意掌握并运用正确的梳头和洗头方法，勿损伤头发；还要注意按摩和擦发，早晚用梳子梳发 3 分钟，约 100 次左右，这样既可以刺激头发的神经末梢，调节头部神经功能，促进内分泌和头发的新陈代谢，有利于头发的新生，还可以刺激头皮活力，防止头屑和脱发。

第四，注意防止和降低自然环境中损伤头发的因素，如注意防干燥、防曝晒、防潮湿、防寒冷。夏天游泳后要及时用清水清洗干净，再让头发自然风干。夏天外出用遮阳伞，冬天外出戴防寒帽。

二、美发

当我们对自身头发的发质、护发、保养有了一定的了解后，还要选择一个有魅力的，与自己性别、发质、服装、身材、脸型等和谐一致的发型，从而表现出与众不同的良好仪容——发型美。

1. 发型与性别

对于男士来讲，头发的具体长度，有着规定的上限和下限。所谓上限，是指头发最长的极限。按照常规，一般不允许男子在工作时长发披肩，或者梳起辫子，在修饰头发时要做到：前发不覆额，侧发不掩耳。男士头发长度的下限是不允许剃光头。对于女士来讲，在工作岗位上头发长度的上限是：不宜长于肩部，不宜挡住眼睛。长发过肩的女子在上岗之前，可以采取一定的措施，如将超长的头发盘起来、束起来、编起来，不可以披头散发。女士头发长度的下限也是不允许剃光头。

2. 发型与发质、服装

一般来说，直而硬的头发容易修剪整齐，故设计发型时应尽量避免花样复杂，应以修剪技巧为主，做成简单而又高雅大方的发型。比如梳理成披肩长发，会给人一种飘逸秀美的悬垂美感；用大号发卷梳理成略带波浪的发型或梳成发髻等，会给人一种雍容、典雅的高贵印象。

细而柔软的头发，比较服帖、容易整理成型，可塑性强，适合做小卷曲的波浪式发型，显得蓬松自然；也可以梳成俏丽的短发，能充分体现个性美。

在现代美容中，一个人的发式与服装有着十分密切的关系。什么样的服装应当有什么样的发式相配，这样才显得协调大方。假如一个高贵典雅的发髻配上一套牛仔服系列就显得不伦不类。因此，只有和谐统一才能真正体现美。

3. 发型与身材

身材高大威壮者，应选择显示大方、健康洒脱的发式，以避免给人大而粗、呆板生硬的印象。高大身材的女士，一般留简单的短发为好，切忌花样复杂。烫发时，不应卷小卷，以免造成与高大身材的不协调。

身材高瘦者，适合留长发型，并且适当增加些发型的装饰性。如若梳卷曲的波浪式发型，对于高瘦身材会有更多协调作用。但高瘦身材者不宜盘高发髻，或将头发削剪得太短，以免给人一种更加瘦长的感觉。

身材矮小者，适宜留短发或盘发，因露出脖子可以使身材显得高些，并可以根据自己的喜爱，将发式做得精巧、别致些，追求优美、秀丽。但矮小身材者不宜留长发或粗犷、蓬松的发型，那样会使身材显得更矮。

身材较胖者，适宜梳淡雅舒展、轻盈俏丽的发式，尤其是应注意将整体发式向上，将两侧束紧，使脖子亮出，这样会使人产生视错觉，感觉你瘦些。但若留长波浪，两侧蓬松，则会显得更胖。

另外，如果你的上身比下身长，或上下身等长，则可选择长发以遮盖其上身；如肩宽臀窄，就应选择披肩发或下部头发蓬松的发式，以发盖肩，分散肩部宽大的视角；若颈部细长，可选择长发的发式，不适宜采用短发式，以免使脖颈显得更长；若颈部短粗，则适宜选择中长发式或短发式，以分散颈粗的感觉。

总之，进行发式选择时，必须根据自己的体型，选择一个与之相称的发型。

4. 发型与脸型

椭圆形：任何发式与它配合，都能获得美容效果。但若采用中分头型，左右均衡、顶部略蓬松的发式，会更贴切，以显示脸型之美。

圆脸型：接近于孩童脸，双颊较宽，因此应选择头前部或顶部略半隆的发式，两侧则要略向后梳，将两颊及两耳稍微露出。这样，既可以在视觉上冲淡脸圆的感觉，又可显得端庄大方。圆脸型的人尤其适合梳纵向线条的垂直向下的发型或是盘发，使人显得挺拔而秀气。

长脸型：端庄凝重，但给人一种老成感。因此，应选择优雅可爱的发式来冲淡这种感觉，顶发不宜太丰隆、前额部的头发可适当下倾，两颊部位的头发适当蓬松些，可以留长发，也可以齐耳，发尾要松散流畅，以发型的宽度来缩短脸的视觉长度。若将头发做成自然成型的柔曲状，会更理想。

方脸型：前额较宽，两腮凸出，显得脸型短阔。适宜选择自然的大波纹状发式，使整个头发柔和地将脸孔包起来，两颊头发略显蓬松遮住脸的宽部，用圆润的线条冲淡脸部方正直线条。

"由"字形：应选择宜表现额角宽度的发型，而中长发型较好。可使顶部的头发梳得松软蓬松些，两颊侧的头发宜向外蓬出以遮住腮，在人的视觉上减弱腮部的宽阔感。

"甲"字形：宜选择能遮盖宽前额的发型，一般说两颊及后发应蓬松而饱满，额部稍垂"刘海儿"，顶部头发不宜丰隆，以遮住过宽的额头。此脸型的人适宜将发烫成波浪形的长发。

5. 美发的方法[①]

小故事 9—5

毁了生意的"鸡窝头"

一个周五的晚上，几个好朋友为了给曹蒙庆祝生日，特意拉着他到理发店烫了个时髦的"鸡窝头"，然后又拉着他去一家知名的摇滚酒吧吃喝玩乐，直到凌晨四点，这帮朋友才各自回家睡觉。

早上八点的时候，电话响了，一接，是单位经理的电话，因为经理临时有事，让曹蒙代他去和一个重要客户签合同，时间安排在上午九点。从曹蒙家到客户那里至少要 40 分钟的路程，要是堵车的话就可能迟到。曹蒙不敢怠慢，赶紧起床，拿起一套西装穿上就出了门。

果然，曹蒙在去的路上遇上了堵车，还好他在最后几分钟顺利赶到了客户那里。一见到曹蒙，客户的眼里闪过耐人寻味的神色，先让曹蒙坐下，客户就去了隔壁房间。过了一会儿，客户对曹蒙说："我看今天这个合同就暂时别签了，咱们以后再约时间，好吧？这样，麻烦你跑了一趟，还请你先回去吧！"

曹蒙觉得莫名其妙，却又不便深问，只得快快地回去了。随后，曹蒙接到了经理的电话，问他，搞什么鬼，顶着一个鸡窝头就去了，客户还以为他是个小混混了，把客户吓了一跳，合同的事情也就暂缓了。

(资料来源：廖春红. 中国式商务应酬细节全攻略[M]. 广州：广东人民出版社，2010.)

爱美之心人皆有之。现代职业女性可采用以下四种方法来美发，以使自己的发式亦庄亦雅、亦美亦潮而不落俗套。

(1) 烫发。现代人运用物理的方法或化学的方法，将头发做成各式各样的符合个人要求的形状的方法叫作烫发。现在各种五花八门的烫发术语确实使人眼花缭乱，所以我们在烫发前，首先要对本人的年龄、职业、脸型、发质等因素作综合的分析判断后，再作出是

---

① 金正昆. 社交礼仪常识[M]. 北京：中国人民大学出版社，1998.

否烫发和烫何种式样的发型的选择，切勿盲从。

(2) 做发。人们用发油、发乳、发胶、摩丝等美发用品，将头发塑造成各种形状，以达到显示个性化的目的的方法叫做发。现代职业女性发型不宜做得太夸张，应注重塑造端庄、稳重的良好职业形象。

(3) 染发。现代人比较崇尚潮流，往往通过染发将自己的头发染成各种色彩，以突出个人的兴趣爱好和个性特点。现代职业女性染黑发无可厚非，除此之外，一般不适宜将头发染得太夸张。如年轻的职业女性一定要染其他色彩的头发，可选择栗色、酒红色、咖啡色等颜色，这样，既可显示活泼和有个性，又不失大方高雅的气质。

(4) 假发。如果头发有先天的或者后天缺陷的人，可选择戴假发来弥补缺陷。选择假发也要考虑个人的年龄、职业、身材、肤色等因素，既不能过分夸张，也不要过分俗气。使用假发要注意选择仿真度较高的、质量较好的，切不可为了贪图便宜而使用那些太假、太俗气的假发。

总之，人的脑袋是一个人的制高点，是人们产生第一印象的第一道风景线，我们只有"从头做起"，才能真正地通过发型向他人传递性格爱好、文化修养等信息，也才能使自己的职业形象从头开始达到自然、和谐。

小知识 9—7

发型的种类

1. 女士发型

(1) "马尾巴"。马尾巴是一种将头发一把扎在脑后而不编结成辫的发型。由于简单易行，所以用途极广。这种发型会使女孩显得活泼可爱，但是，它会使背部不直的人看上去负荷过重。

(2) 独辫子。独辫子是一种将长发在脑后编成一根辫子的发型，它给人以怀旧的情结。

(3) 娃娃头。娃娃头又称童花头，它以齐眉的刘海儿和齐耳的短发塑造女孩乖巧可人的形象，可使女孩看上去更年轻。

(4) 直发。直发是一种将齐肩或披肩的长发拉直的发型，可使女孩变得青春靓丽。

(5) 大波浪。"大波浪"是一种流行卷发发式，由于其发型纹理就像大海的波浪一样，故而得名。大波浪发型柔软又不失淑女，既有轻盈飘逸的发型轮廓，又有妩媚迷人的视觉冲击力，是深得时尚女孩追捧的发型。

此外，还有高发髻、男士头等。

2. 男士发型

(1) 西式发型。西式发型亦称西装头，泛指现代人三七分或四六分的一种露出后颈部的短发型，是正式场合最常采用的一种发型，给人以端庄和严谨的感觉。

(2) 对分发型。对分发型是一种五五对开、额前头发比较长的发型。这种发型只适合前额宽大、脸型呈"国"字形的人，反之是橄榄头型人的大忌。

(3) 卷曲发型。给人以异国情调或自由浪漫的感觉。

（4）板寸头。板寸头俗称平头。脑袋四周基本无发，只是头顶留有 1～2 厘米的短发，而且顶部成水平面。这种发型给人以刚毅和果敢的形象。

此外，还有刺猬发型、爆炸发型和光头等。但是对于男职员来说，此类发型不适宜。

（资料来源：张铭. 现代实用社交礼仪[M]. 北京：人民邮电出版社，2017.)

第四节　手 部 修 饰

有人说手是人的第二张脸。的确，手是标志人的高雅尺度的重要器官。现代社交活动中要经常与人握手，要做各种手势，所以健康美观的双手和手上的指甲都是不可忽视的一部分。

一、护理指甲

和保持身体其他部位的健康一样，指甲也必须从护理和营养着手，才可保持其健康。指甲是身体最先表露紧张、疾病或不良饮食习惯症状的部分。如果它们的健康被忽视，便会出现干燥、起薄片和脆裂的现象，因此必须注意日常的营养和定期护理。定期修剪指甲，将其修剪成椭圆形不仅可使之变得美观，而且可保持它们的健康，手指简单的按摩运动，可促进指尖血液循环，有利于营养和氧气输至指甲。另外，女性可根据不同情况的需要，涂上不同颜色的指甲油，以美化指甲。涂指甲油的步骤如下所述。

（1）先用沾满洗甲水的棉花，彻底抹去原来所有的指甲油。

（2）将指尖浸在肥皂水中几分钟，会有舒缓作用。

（3）抹开双手，涂点表层去除剂在每只指甲根部，两分钟后，用指甲签轻轻将指甲根部的表皮向后推，直至显现指甲根部的半弯月位。

（4）涂上底层护甲油，以使指甲油更加持久，而且防止深色指甲油渗到指甲的缝隙中。

（5）涂指甲油时，每只指甲只需涂三下便足够，先是指甲中央，接着是两旁；待第一层指甲油干透后，再涂第二层。

（6）涂上表层护甲油，可在甲尖底部也涂护甲油，有助于防止折断崩裂。

二、滋润双手

拥有一双美丽的纤纤玉手对女性来说是非常重要的。在招待客人端茶给对方时，在签字仪式上众目注视时，如果自己的手非常漂亮，不但可表现出自己的魅力，同时也会让他人觉得非常舒服。因此，平时就要多多注意手部的保养。

手部肌肤的油脂腺较少，较身体其他部位更易变得干燥，但又经常需要暴露于空气中。因此，细心呵护双手要注意如下几点。

（1）要勤洗手，以保证手的清洁和卫生；除天天洗手外，一个星期坚持两到三次用嫩手霜和柠檬片擦拭手背，还可以用煮过面的汤清洗手，这些方法均可以使手更加光滑细嫩。

(2) 每晚用润手霜按摩双手。

(3) 常除去手上的死皮。

(4) 做家务或粗活时戴上手套。

(5) 经常做手部运动，使之保持柔软。具体方法是将拇指放在四指手掌内，紧握成拳突然放开，尽量将手指向外伸。这个动作可以帮助血液循环，舒筋活血和活动手部关节。

(6) 偶尔可敷上一些现成或自制的护手膜。

(7) 注意手部防晒。手与脸一样，外出时要抹防晒霜。

小知识 9—8

怎样才算是一双美丽的手

一双美丽的手，往往细嫩、白皙、柔软、修长，略带骨感。手指纤细、尖削，指甲大而薄圆，干净整齐，静脉血管不明显，皮肤嫩滑、细腻、无斑点。这样的一双手看起来鲜嫩、亮泽、丰满，十指灵动多姿。握起来则感觉绵软、柔和、温润。修长是手美最直观的体现。手长度是宽度的两倍半左右，中指的长度是手的长度的一半以上，这样的手显得比较匀称。女性的双手和男性相比应更为精致、灵巧、纤细、雅致。

(资料来源：佚名.女性身体各部位最美的标准[EB/OL].[2016-08-18]. http://www.360doc.com/content/16/0818/11/13783508_584054014.shtml.)

第五节　脚部健美

双脚支撑了我们全身的重量，能使我们到达我们想去的地方。脚的美化是我们外观美化的一个方面，尤其是在炎热的夏天，要穿凉鞋，脚的健美就尤为重要。具体要注意以下方面。

一、保护双脚要做到每天洗脚

每天洗澡时应注意清洁脚趾之间的空隙，否则会引起脚臭或引发脚气。经常用刷子轻轻刷脚，将脚后跟、脚趾、脚底的死皮或硬茧洗刷干净，减少厚度。洗完脚后，将水擦干，再用润肤露或橄榄油涂抹整个脚部。

二、定期修剪

定期修剪脚趾甲，将脚趾甲剪平，不能剪得太短，太短了不仅不利于保护脚趾，还可能导致甲沟炎。

三、定期为脚部缓解疲劳

缓解脚部疲劳的方法有两种：一是在温水中加入一小杯苹果醋或米醋，将双脚浸泡15 至 20 分钟后，平躺下来将脚垫高，要高于头部。这样躺半小时后，基本上能消除疲劳；二是准备两小桶水，一桶热水一桶冷水。双脚先在热水中泡两分钟，再在冷水中泡两分钟，如此循环两三回就可消除疲劳。

这些方法可以消除疲劳、振奋精神，让人轻松自如。

思考与训练

1. 作为女士，请用 5 分钟时间给自己化一个漂亮的工作妆。请实际操作，如果结果不能令自己满意，要继续实践，反复练习，直到取得满意效果为止。

2. 作为男士应如何保持仪容整洁？请每天早晨上班前对着镜子检查一下，在个人卫生方面还有哪些地方需要改进？要坚持一丝不苟。

3. 你的皮肤属于哪种类型？有什么特点？在保养方面要注意哪些要点？

4. 请每日按照科学的化妆和护肤方法进行仪容修饰与保养。

5. 你的脸型、发质和职业最适合哪种发型？

6. 案例分析。

化妆风景线

阿美和阿娟是一所美容学校的学生，初学化妆非常感兴趣，走在大街上，总爱观察别人的妆容，因此发现了一道道奇特的风景线。

一位中年妇女没有做其他化妆，只涂了一个唇膏，而且是那种很红很艳的唇膏，只突出了一张嘴。一位女士的妆容看起来真的很漂亮，只可惜脸上精彩纷呈，脖子却粗糙得马虎，在脸庞轮廓上有明显的分界线，像戴了面具一样。再看，还有的女士用粗的黑色眼线将眼睛轮廓包围起来，像个"大括号"，看上去那么生硬、不自然。一位很漂亮的女士，身穿蓝色调的时装，却涂着橘红色的唇膏……

(资料来源：国英. 公共关系与现代礼仪案例[M]. 北京：机械工业出版社，2004.)

思考题

(1) 请帮助阿美和阿娟分析一下，针对以上几种情形，化妆时应注意哪些问题？

(2) 化妆有哪些禁忌？

换　妆

吴菲，某高校文秘专业高才生，毕业后就职于一家公司做文员。为适应工作需要，上班时，她毅然放弃了"清纯少女妆"，化起了整洁、漂亮、端庄的"白领丽人妆"：不脱色粉底液，修饰自然、稍带棱角的眉毛，与服装色系搭配的灰度高偏浅色的眼影，紧贴上睫毛根部描画的灰棕色眼线，黑色自然型睫毛，再加上自然的唇型和唇色，虽化了妆，却好似没有化妆，整个妆容清爽自然，尽显自信、成熟、干练的气质。但在公休日，她又给自己来了一个大变脸，化起了久违的"清纯少女妆"：粉蓝或粉绿、粉红、粉黄、粉白等颜色的眼影，彩色系列的睫毛膏和眼线，粉红或粉橘的腮红，自然系的唇彩或唇油，看上去娇嫩欲滴，鲜亮淡雅，整个身心都倍感轻松。

心情好，工作效率自然就高。一年来，吴菲以自己得体的外在形象、勤奋的工作态度和骄人的业绩，赢得了公司同人的好评。

(资料来源：国英. 公共关系与现代礼仪案例[M]. 北京：机械工业出版社，2004.)

思考题

(1) 注重仪容的意义何在？

(2) 你如何评价吴菲的两种妆容？

(3) 对"化妆不只是技术，还是一门艺术、一种生活"这句话你是如何理解的？

第十章　服饰形象设计

一个人的穿着打扮，就是他的教养、品位、地位的真实写照。

——[英]莎士比亚(W.William Shakespeare)

良好的仪表犹如一支美丽的乐曲，它不仅能够给自身提供自信，也能给别人带来审美的愉悦；既符合自己的心意，又能左右别人的感觉，使你办起事来信心十足，一路绿灯。

——[美]戴尔·卡耐基(Dale Carnegie)

课程思政要求：

● 进行社会主义核心价值观教育；

● 进行爱国主义教育；

● 开展诚信教育、法律意识教育和道德意识教育；

● 塑造职业形象、提高职业素养；

● 促进学生全面发展；

● 提高大学生的审美意识和审美情趣。

心理学家曾做过一个有趣的实验，把 10 张小姑娘的照片给受试者看，其中 8 人容貌服饰姣好，另两位姑娘长相较差，衣服也破旧。心理学家告诉受试者，其中一人是小偷。结果，有 80%的受试者认为后者是小偷。这说明人们总是喜欢那些看上去令人感觉舒适、有美感的人。美好的长相、匀称挺拔的身材、美观大方的服饰均能增添人的仪表魅力，给人以舒服、美好的感觉。如果说，人天生的长相、身材难以变更，而服饰确实是可以变化的。

整洁美观的服饰是人们能用于改变自己或烘托自己的最好、使用最频繁的形象"武器"。早在 1972 年，世界著名心理学家及讲演大师肯利教授就发现，在高中女孩的交往中，穿衣最重要，占留给别人印象的 67%之多。在多年之后，我们即便回忆不起当年的容貌，却对"当时穿什么"印象特深，其次才是个性，最后是共同的兴趣。因而他发现了着装是一个强烈、显著的信号，并告诉人们一个原则：服装只要穿着得当，就是最有利的沟通工具之一，也是最便捷的交际"名片"。同时，通过实验进一步证实，着装能让我们得到不同的待遇。假如穿戴像一个成功的人，就能让您在各种场合得到应有的尊重和善待。肯利教授最后指出：在任何事业上，成功的穿着都能够帮助您获得更大的成功。因此，我们要学会运用服饰这一武器米"武装"自己，塑造完美的个人形象。

小故事 *10—1*

服饰助希尔创业成功

美国商人希尔(Napoleon Hill)就清楚地认识到，在商业社会中，一般人是根据一个人的衣着来判断对方的实力的，因此，他首先去拜访裁缝。靠着往日的信用，希尔定做了三套昂贵的西服，共花了 275 美元，而当时他的口袋里仅有不到 1 美元的零钱。然后他又买了一整套最好的衬衫、领带及内衣裤，而这时他的债务已经达到 675 美元。每天早上他都会身穿一套全新的衣服，在同一时间里与同一位出版商"邂逅"，希尔每天都和他打招呼，并偶尔聊上一两分钟。

这种例行性会面大约进行了一星期之后，出版商开始主动与希尔搭话，并说："你看来混得相当不错。"接着出版商便想知道希尔从事的是哪一行业。因为希尔身上的衣着表现出来的这种极有成就的气质，再加上每天一套不同的新衣服，已引起了出版商极大的好奇心，这正是希尔所盼望发生的事情。于是希尔很轻松地告诉出版商："我正在筹备一份新杂志，打算在近期内争取出版，杂志的名称为《希尔的黄金定律》。"出版商说："我是从事杂志印刷和发行的。也许我可以帮你的忙。"这正是希尔等候的那一刻，而当他购买这些新衣服时，心中已料到了这一刻。这位出版商邀请希尔到他的俱乐部，和他共进午餐，在咖啡和香烟尚未送上桌前，已说服希尔答应和他签合约，由他负责印刷和发行希尔的杂志。发行《希尔的黄金定律》这本杂志所需要的资金至少在 3 万美元以上，而其中的每一分都是从漂亮衣服所创造的"幌子"上筹集来的。

(资料来源：http://www.15.net/fulltext/2116.html，2010-07-28)

第一节　着装的原则

一、时间原则

时间原则是指在不同的时代、不同的季节、不同的时间应穿不同的服装。服装是有时代性的，例如，在清代，女子一律穿旗袍，男子一律穿长袍马褂、对襟开衫，若有人穿西装就会被讥笑为"假洋鬼子"；新中国成立初期，男女老少多是蓝制服或绿军装，谁若穿着讲究一点，必然被视为资产阶级情调；而现在，服装已成为显示风度气质、文化修养和身份地位的重要工具。服装是有季节性的，如在深秋时节穿一件无袖轻薄的连衣裙，很难给人留下美感。服装还有时间性，一般有日装、晚装之分。日装要求轻便、舒适，便于活动，但款式不宜使身体裸露；而晚装则要求艳丽、华贵、珠光宝气，可适当裸露。因此，日装、晚装不能颠倒。

二、环境原则

环境原则是指不同的工作环境、不同的社交场合，着装要有所不同。比如，一个在外贸公司工作的公关小姐，总是喜欢穿款式陈旧、色泽暗淡的服装，尽管她努力工作，能力也不错，但好几次富有吸引力的工作机会都被那些衣着更时髦、打扮更精神的同事争取到了。因为她的衣着似乎在说："我是一个安分守己的人，我对目前的状况很满意。"因此，着装还要根据环境场合的变化而变化。上班时不必穿高档服装，不能过于艳丽、裸露，而是穿端庄大方的西装、衬衫、套裙比较适合；上街不可穿居家服、睡衣睡裤；探亲访友时着装应沉稳；去医院看望病人，应随意大方；郊游运动，应轻松随便；晚会、舞会则可鲜艳华丽。

三、个性原则

个性原则要把握两层含义，即穿着对象和交际对象。也就是说，你的穿着既要适合自己，能表现自己的个性风格；同时，又要对应别人，与你的交际对象保持协调一致。在生活中，我们常常会看到高高胖胖的女士，上穿一件淡红色紧身衣，下穿一条一步裙，露出肥厚的前胸和粗壮的大腿，令人担心那身衣服随时会绷裂；而身材矮小的小姐，却上穿一件深色蝙蝠衫，下穿一条长长的黑色呢裙，宽松肥大的衣裙把她整个人都装了进去，越发显得瘦弱憔悴。相同，男士也是如此。如五短三粗的男子却穿着包臀的萝卜裤，让人看上去十分别扭。要穿得自然得体，就得根据自己的高矮胖瘦，选择不同质地、颜色、款式的服装加以调整。

着装，还受容貌、肤色、年龄、职业、性格等多种因素的影响。例如，你的相貌很老成，却总爱穿大花短上衣就显得很滑稽；你的肤色偏黄，却爱穿土黄色或黑色服装，越发像"出土文物"；你的年龄明明只有十八九岁，却总穿灰色服装，必然像三四十岁的大嫂。此外，着装还要综合考虑自己各方面的条件和社会环境，使之穿出自我、穿出个性。又如，外形和气质都比较活泼的公关小姐，其穿着可以比较艺术、夸张，一件洋红色的旗袍既可显示出身材美，又可将其容貌映衬得鲜亮高雅。而一位女市长的服饰设计则必须在精明干练、独立果敢中透出一股温和娴雅的天性，例如一套银灰色套裙外加一件外套，较适合她的身份。

另外，在一些重大的社交场合，你的穿着在表现自我的同时，还必须与他人保持一致。曾有一位企业家去会见前来考察的德国同行，由于天气很热，他便像往常一样，穿着汗衫、短裤和凉鞋去了。岂料对方见到他后立刻露出不高兴的神色，没谈几句就起身告辞了。因为，外国人在这种重要场合，彼此都要西装革履，否则就意味着瞧不起对方。因此，在与人约见之前，一定要仔细考虑对方可能的穿着，并加以对应。这样，才能迅速缩短双方的心理距离，博得好感和信任。

小故事 10—2

你代表不了公司

一个炎热的下午，一位销售钢材的专业推销员走进了一家制造公司的总经理办公室。这个推销员身上穿着一件有泥点的衬衫和一条皱巴巴的裤子。他嘴角叼着雪茄，含糊不清地说："下午好，先生，我代表森筑钢铁公司。"

"你也下午好！你代表什么？"这位总经理问，"你代表森筑公司？听着，年轻人，我认识森筑公司的高层领导，你不能代表他们——你的形象和外貌代表不了他们。"

（资料来源：凡禹. 每天学点销售学大全集[M]. 上海：立信会计出版社，2011.）

第二节　着装的"三注意"

一、注意和谐

所谓穿着的和谐，是指一个人的穿着要与他的年龄、体形、职业和所处的场合等吻合，表现出一种和谐，这种和谐能给人以美感。

1. 穿着要和年龄相和谐

在穿着上，要注意与年龄相和谐。不管青年人还是老年人，都有权利打扮自己。但是，在打扮时要注意，不同年龄的人有不同的穿着要求。年轻人应穿着鲜艳、活泼、随意一些，这样可以充分体现出青年人的朝气和蓬勃向上的青春之美。而中、老年人的着装则要注意庄重、雅致、整洁，体现出成熟和稳重，透出那种年轻人所没有的成熟美。因此，不论你是青年、中年，还是老年，只要你的穿着与年龄相和谐，那么都会使你显出独特的美来。

2. 穿着要与体型相和谐

关于人体美的标准，古今中外众说纷纭。有关专家综合我国人口的健美标准，提出两性不同的体型标准。女性的标准体型是骨骼匀称、适度。具体表现为站立时头颈、躯干和脚的纵轴在同一垂直线上。肩宽、四肢比例以及头、颈、胸的比例：以肚脐为界，上下身的比例符合"黄金分割"的 1.618∶1，也可用近乎 8∶5 来表示。若身高为 160cm，则其较为理想的体重是 50～55kg，肩宽是 36～38cm，胸围是 84～86cm，腰围是 60～62cm，臀围是 86～88cm。男性的标准体型，应基本遵循两臂侧平举等于身高的原则。若身高为167～170cm，则其较为理想的体重是 68～70kg，胸围是 95～98cm，腰围是 75～78cm，颈围是 30～40cm，上臂围是 32～33cm，大腿围是 55～56cm，小腿围是 37～38cm。

然而，在现实生活中，并非每个人的体型都十分理想，人们或多或少地存在着形体上的不完美或欠缺，或高或矮，或胖或瘦。若能根据自己的体型挑选合适的服装，扬长避短，则能实现服装美和人体美的和谐、统一。

一般来说，身材较高的人，上衣应适当加长，配以低圆领或宽大而蓬松的袖子，宽大的裙子、衬衣，这样能给人以"矮"的感觉，衣服颜色最好选择深色、单色或柔和的颜色；身材较矮的人，不宜穿大花图案或宽格条纹的服装，最好选择浅色的套装，上衣应稍短一些，使腿比上身突出，服装款式以简单直线为宜，上下颜色应保持一致；体型较胖的人应选择小花纹、直条纹的衣料，最好是冷色调，以获得显"瘦"的效果，在款式上，胖人要力求简洁，中腰略收，后背扎一中缝为好，不宜采用关门领，以"V"形领为最佳；体型较瘦的人应选择色彩鲜明、大花图案以及方格、横格的衣料，以便给人以宽阔、健壮的视觉效果，在款式上，瘦人应当选择尺寸宽大、上下分割花纹、有变化的、较复杂的、质地不太软的衣服，切忌穿紧身衣裤，也不要穿深色的衣服。另外，肤色较深的人穿浅色服装，会获得健美的色彩效果，肤色较白的人穿深色服装，更能显出皮肤的细洁柔嫩。

3. 穿着要和职业相和谐

穿着除了要和身材、体型和谐之外，还要与你的职业相和谐。这一点非常重要，不同的职业有不同的穿着要求。例如，教师、干部一般要穿得庄重一些，不要打扮得过于妖艳，衣着款式也不要过于怪异，这样可以给人留下一个良好的印象；医生穿着要力求稳重和富有经验，一般不宜穿着过于时髦给人以轻浮的感觉，这样不利于对病人进行治疗；青少年学生穿着要朴实、大方、整洁，不要过于成人化；而演员、艺术家则可以根据他们的职业特点，穿得时尚一些。

4. 穿着要和环境相和谐

穿着还要与你所处的环境相和谐。办公室是一个很严肃的地方，因此在穿着上就应整齐、庄重一些。外出旅游，穿着应以轻装为宜，力求宽松、舒适，方便运动。平日居家，可以穿着随便一些，但如有客人来访，应请客人稍坐，自己立即穿着整齐，如果只穿睡衣睡裤来接待客人，那就显得失礼了。除此之外，在一些较为特殊的场合，还有一些专门的穿着要求。例如，在喜庆场合不宜穿得太素雅、古板；庄重的场合不能穿得太宽松、随便；悲伤场合不能穿得太鲜艳等。对于这些穿着要求，在下面还要作具体的介绍。

二、注意色彩

色彩，是服装留给人们记忆最深的印象之一，而且在很大程度上也是服装穿着成败的关键所在。色彩对他人的刺激最快速、最强烈、最深刻，所以被称为"服装之第一可视物"。

一般来讲，不同色彩的服饰在不同的场合所产生的效果是不同的。为此，我们需要对色彩的象征性有一定的了解。

小知识 10—1

颜色的象征意义

黑色：象征神秘、悲哀、静寂、死亡，或者刚强、坚定、冷峻。

白色：象征纯洁、明亮、朴素、神圣、高雅、恬淡，或者空虚、无望。

黄色：象征炽热、光明、庄严、明丽、希望、高贵、权威。

大红：象征活力、热烈、激情、奔放、喜庆、福禄、爱情、革命。

粉红：象征柔和、温馨、温情。

紫色：象征谦和、平静、沉稳、亲切。

绿色：象征生命、新鲜、青春、新生、自然、朝气。

浅蓝：象征纯洁、清爽、文静、梦幻。

深蓝：象征自信、沉静、平静、深邃。

灰色：是中间色，象征中立、和气、文雅。

(资料来源：高琳. 人际沟通与礼仪[M]. 北京：人民邮电出版社，2017.)

人在着装时，在色彩的选择上既要考虑个性、爱好、季节，又要兼顾他人的观感和所处的场合。所以，明代卫泳在《缘饰》中说："春服宜清，夏服宜爽，秋服宜雅，冬服宜艳；见客宜重装；远行宜淡服；花下宜素服；对雪宜丽服。"古人对服饰的讲究的确值得我们借鉴。

对一般人而言，在服装的色彩上要想获得成功，最重要的是掌握色彩的特性、色彩的搭配、正装色彩的选择，以及肤色与着装之间的色彩关系等方面。

1. 色彩的特性

色彩具有冷暖、轻重、缩扩等特性。

色彩的冷暖。使人产生温暖、热烈、兴奋之感的色彩为暖色，如红色、黄色；使人有寒冷、抑制、平静之感的色彩为冷色，如蓝色、黑色、绿色。

色彩的轻重。色彩的明暗变化程度，被称为明度。不同明度的色彩往往给人以轻重不同的感觉。色彩越浅，明度越强，它使人有上升之感、轻感。色彩越深，明度越弱，它使人有下垂之感、重感。人们平日的着装，通常讲究上浅下深。

色彩的缩扩。色彩的波长不同给人收缩或扩张的感觉也不同。一般来讲，冷色、深色属收缩色，暖色、浅色则为扩张色。运用到服装上，前者使人苗条，后者使人丰满，二者皆可使人在形体方面避短扬长，但运用不当则会在形体上出丑露怯。

2. 色彩的搭配

色彩的搭配主要有统一法、对比法和呼应法。

统一法。统一法即配色时尽量采用同一色系之中各种明度不同的色彩，按照深浅不同的程度搭配，以便创造出和谐感。例如，穿西服按照统一法可以选择这样搭配：如果采用灰色色系，可以由外向内逐渐变浅，即深灰色西服——浅灰底花纹的领带——白色衬衫。这种着装配色适用于工作场合或庄重的社交场合。

对比法。对比法即在配色时运用冷色、深色，明暗两种特性相反的色彩进行组合的方法。它可以使着装在色彩上反差强烈，静中求动，突出个性。但有一点要注意，运用对比法时忌讳上下 1/2 的对比，这样会给人以拦腰一刀的感觉，因此要找到黄金分割点即身高的 1/3 点上(即穿衬衣从上往下第四、第五个扣子之间)，这样才有美感。

呼应法。呼应法即在配色时，在某些相关部位刻意采用同一色彩，以便使其遥相呼应，产生美感。例如，在社交场合穿西服的男士讲究"三一律"。所谓"三一律"就是男士在正式场合，应使公文包、腰带、皮鞋的色彩相同。

3. 正装的色彩

非正式场合所穿的便装，色彩上要求不高，往往可以听任自便，而正式场合穿的服装，其色彩却要多加注意。总体上要求正装色彩应当以少为宜，最好将其控制在三种色彩之内。这样有助于保持正装保守的总体风格，显得简洁、和谐。正装若超过三种色彩则会给人以繁杂、低俗之感。正装色彩，一般应为单色、深色并且无图案。最标准的正装色彩是蓝色、灰色、棕色、黑色。衬衣的色彩最佳为白色，皮鞋、袜子、公文包的色彩宜为深色(黑色最为常见)。

4. 肤色与着装的色彩

浅黄色皮肤者，也就是我们所说的皮肤白净的人，对颜色的选择性不那么强，穿什么颜色的衣服都合适，尤其是穿不加配色的黑色衣裤，则会显得更加动人。暗黄或浅褐色皮肤者，也就是皮肤较黑的人，要尽量避免穿深色服装，特别是深褐色、黑紫色的服装。一般来说，这类肤色的人选择红色、黄色的服装比较合适。肤色呈病黄或苍白的人，最好不要穿紫红色的服装，以免使其脸色呈现出黄绿色，加重病态感。皮肤黑中透红的人，则应避免穿红、浅绿等颜色的服装，而应穿浅黄色、白色等颜色的服装。

小知识 10—2

肤色与服色的忌配

(1) 肤色略黄。肤色略黄的人不宜着紫色服装。因为紫色与黄色是对比强烈的互补色，在大面积紫色衬托下，皮肤的黄色会更明显。

(2) 肤色黄里透白。肤色黄里透白的人不宜着雪白服装，否则会给人一种面色苍白的印象。宜多选择暖色系列作为主色调。

(3) 肤色黄中偏红。肤色黄中偏红的人不宜选择带鲜艳绿色的服装及蓝色、紫色的冷色服装。因为红色与蓝色、紫色是互补色，在这种强烈对比下，红色倾向会更趋明显突出。宜选择灰棕、藏青等作为主色调。

(4) 肤色黄中带绿。肤色黄中带绿的人不宜穿晦暗色调的服装，如暗绿色、冷紫色、烟蓝色等，否则会给人以憔悴的病态印象。宜选择玫瑰红色、粉红色、灰棕色、象牙色、黑色、炭色等作为主色调。

(5) 肤色偏黑。肤色偏黑的人忌穿纯白色、粉红色和奶黄色等色彩鲜艳的服装。因为鲜艳的色彩会使脸色偏黑的人显得更加黑和暗。

(资料来源：佚名.形体训练与形象塑造[EB/OL].[2018-03-17].
https://www.doc88.com/p-7166446693423.html.)

三、注意场合

所谓穿着要注意场合，就是说要根据不同场合来进行着装。这些场合包括如下方面。

1. 正式场合

正式场合指的是商务谈判、重要的商务会议、求职面试等正规、严肃的场合。男士在正式场合通常应穿严肃的西服套装(上下装面料相同、颜色相同)。纯黑色西服在西方通常用于婚礼、葬礼及其他极为隆重的场合,而正式的商务场合最常使用的西服套装颜色为深蓝色和深灰色,深蓝色或深灰色西装搭配白衬衫,是商务场合男士的必备服装。女士在正式的商务场合中,与男士西装相对应的是女士西服套裙或套裤(上衣领子与男士西装领子相似),而西服套裙又比西服套裤更正式。

2. 半正式场合

商务人士的半正式场合是指无重大活动、无重要严肃事务的商务场合(需要注意的是,有些着装要求非常严格的公司只有周末才允许穿半职业装)。男士在半正式场合,不用系领带,可以选择不太正式的西服上衣,例如亲切感更强的咖啡色西服,以及其他权威感较弱的明快的颜色。面料可以选择更随意舒适的粗花呢等。上装和长裤采用不一样的面料和不一样的颜色,看上去更加轻松。搭配的时候要注意颜色与面料上下的平衡感。男士半职业装可以搭配高品质的针织衫以及时尚感、休闲感较强的衬衫,衬衫的领型可有较多变化。长裤的面料和颜色可以更加自然随意。需要注意的是,长裤的款式还是以西裤款式为主,不可出现宽松裤、萝卜裤、牛仔裤等休闲时尚裤型。女士的半职业装款式变化与组合非常丰富,可以将正装的西服套裙与套裤分开来穿,搭配经典款式的连衣裙、针织衫、短裙、衬衫。各个款式的细节处理可以更加富有创意,颜色可以更加明亮丰富,但仍然要保持躯干线条的清晰干练。

3. 休闲场合

所谓"休闲",指的是"停止工作或学习,处于闲暇轻松状态"。在这种休闲状态下,服装应当舒适、轻松、愉快,因此在款式上,男士和女士都应采用宽松的款式,例如夹克衫、T恤衫、棉质休闲裤、牛仔装等。服装颜色可以选择鲜艳新奇的色彩。女士连衣裙、短裙或衬衫的款式细节、图案和色彩都可以更大胆、更丰富。

小故事 10—3

小李的尴尬

小李和几个外国朋友相约周末一起聚会娱乐。为了表示对朋友的尊重,星期天一大早,小李就西装革履地打扮好前去赴约。北京的8月天气酷热,他们来到一家酒店就餐,边吃边聊,大家好不开心快乐!可是不一会儿,小李已是汗流浃背,不住地用手帕擦汗。饭后,大家到娱乐厅打保龄球。在球场上,小李不断为朋友鼓掌叫好。在朋友的强烈要求下,小李勉强站起来整理好服装,拿起球做好投球准备。当他摆好姿势用力把球投出去时,只听到"嚓"的一声,上衣的袖子扯开了一个大口子,弄得小李十分尴尬。

(资料来源: 佚名.商务礼仪案例[EB/OL].[2016-02-27].
https://wenku.baidu.com/view/0809a30b3186bceb18e8bbac.html.)

4. 商务酒会场合

西方男士在特殊场合常穿的礼服可分为晨礼服、晚礼服等，但近年来有逐渐简化的趋势。国内一般公司的小型商务酒会、聚会，男士穿深色西装即可，但是领带的图案和颜色都需要更加华丽一些。女士的服装应尽量以小礼服风格的款式为主，但不宜过于裸露肌肤，领、袖、肩既不可过于裸露又不可过于严实，千万不要过于隆重、夸张，裙长在膝盖上下比较妥当。布料可以选用带丝缎短裙、纱裙等，也可用无领无袖单色连衣裙搭配亮丽的首饰、富有质感的毛皮围巾、丝巾等增强闪光点和华丽感。酒会穿的鞋可以选有丝缎面料、露趾的晚装鞋。提包应换成小巧一些的晚装包。

5. 晚宴场合

国际商务场合隆重晚宴需要晚礼服。晚礼服是晚上八点以后穿用的正式礼服，是礼服中档次最高、最具特色、最能充分展示个性的礼服样式。女士的晚礼服常与披肩、外套、斗篷等相搭配，与华美的装饰手套等共同成为整体装束。西方传统晚礼服款式强调女性窈窕的腰肢，夸张臀部以下裙子的重量感，肩、胸、臂的充分展露为华丽的首饰留下表现空间。面料通常选用闪光缎、丝光面料，充分展现华丽、高贵感。多配高跟细带的凉鞋或修饰性强、与礼服相宜的高跟鞋。中国女性的身材和西方女性有所不同，因此可以选用面料华丽、制作精美的旗袍式晚礼服，同样能够产生惊艳的效果。男士参加晚宴的时候可以根据自身的喜好选择正式晚礼服或黑色西装，但一定注意细节处理要恰到好处。

6. 运动场合

商务人士会经常参加公司组织的体育比赛或观看体育比赛，参加此类活动应当穿运动装。运动装与休闲装都具有宽松、舒适的特点，但是运动装比休闲装更加适宜人体运动。不同的体育比赛有不同的运动装款式，参加活动之前应当准备好相应的服装。

7. 家居场合

下班回家之后通常应当换上家居服。家居服也有晨衣、睡衣等诸多款式，但其一致的特点是非常舒适、宽松、随意。在此，需要提醒商务人士注意的是，假如有客人来访，只要不是非常熟悉的人，就一定要换上休闲服或半职业装会见客人。即使是在家里，穿着睡衣之类的家居服见同事或客户也是非常不礼貌的行为。有些家居服的款式是会客时穿的，但也只适用于见很熟的私人朋友或邻居等。最后要提醒大家的是，家居服绝不可以穿到自家大门以外，哪怕你只是去楼下小卖店买瓶酱油，穿着睡衣也是非常失礼的。

第三节　男士西装的穿着

西装是男士最常见的办公服，也是现代社交中男子最得体的着装。国外很多机构，包括一些大企业，规定工作人员不能穿休闲短裤、运动服上班，要求男士必须穿西服打领带。一些剧院也规定了观看者必须西装革履。为了塑造良好的个人形象，男士必须学会穿西装。

一、男士西装的选择

1. 选择合适的款式

西装的款式可分为英国、美国、欧洲三大流派。尽管西装在款式上有流派之分，但是各流派之间差异并不很大，只是在后开衩的部位、扣是单排还是双排、领子的宽窄等方面有所不同。不过，在胸围、腰围的胖瘦，肩的宽窄上还是有所变化的。因此，我们在选择西装时，要充分考虑自己的身高、体形，如身材较胖的人最好不要选择瘦型短西装；身材较矮者也最好不要穿上衣较长、双肩较宽的双排扣西装。

2. 选择合适的面料和颜色

西装的面料要挺括一些。正式礼服的西装可采用深(如黑色、深蓝、深灰等)颜色的全毛面料制作。日常穿的西装颜色可以有所变化，面料也可以不必讲究，但必须熨烫挺括。如果穿着皱巴巴的西装，是会损坏自己的交际形象的。

3. 要选择合适的衬衣

穿着西装时，一定要穿带领的衬衣。花衬衣配单色的西装效果比较好，单色的衬衣配条纹或带格西装比较合适；方格衬衣不应配条纹西装，条纹衬衣也不要配方格西装。

4. 选择合适的领带

在交际场合穿西装必须打领带，领带的颜色、花纹和款式要与所穿的西装协调一致。领带的面料以真丝为最优。在领带颜色的选择上，杂色西装应配单色领带，而单色西装则应配花纹领带；驼色西装应配金茶色领带，褐色西装则需配黑色领带等。

小知识 10—3

领带的来历

领带起源于英国男子衣领下的专供男子擦嘴的布。工业革命前，英国也是个落后国家，人们吃肉时用手抓，然后大块大块地捧到嘴边去啃，成年男子又流行络腮胡子，大块肉一啃就把胡子弄油腻了，男人们就用袖子去擦。为子对付男人这种不爱干净的行为，妇女们在男人的衣领下挂了一块布专供他们擦嘴用，久而久之，衣领下面的这块布就成了英国男式上衣传统的附属物。工业革命后，英国发展成为一个发达的资本主义国家，人们对衣食住行都很讲究，挂在衣领下的布就演变成了领带。

(资料来源：佚名.领带的起源[EB/OL].[2012-06-20]. https://www.guokr.com/question/237971/.)

二、男士西装的穿着

1. 合体的上衣与衬衣

合体西装上衣应长过臀部，四周下垂平衡，手臂伸直时上衣的袖子恰好过腕部，领子应紧贴后颈部。

穿西装必须穿长袖衬衣，衬衣最好不要过旧，领子一定要硬扎、挺括，外露的部分一定要平整干净。衬衣下摆要掖在裤子里，领子不要翻在西装外，衬衣袖子长于西装袖子。衬衫领子稍露出外衣领。衬衫的袖口应长出外衣袖口 1～2cm。

2. 注意内衣不可过多

穿西装切忌穿过多内衣。衬衣内除了背心之外，最好不要再穿其他内衣，如果确实需要穿内衣的话，内衣的领圈和袖口也一定不要露出来。如果天气较冷，衬衣外面还可以穿上一件毛衣或毛背心，但毛衣一定要紧身，不要过于宽松，以免穿上显得臃肿，影响穿西装的效果。

3. 打好领带

正式场合的领带以深色为宜，非正式场合的领带以浅色、艳丽为好。领带的颜色一般不宜与服装颜色完全一样(参加凭吊活动穿黑西装系黑领带除外)，以免给人以呆板的感觉。具体做法：一是领带底色可与西装同色系或邻近色，但二者色彩的深浅明暗不同，如米色西装配咖啡色领带；二是领带与西装同是暗色，但色彩形成对比，如黑西装配暗红色领带；三是一色的西装配花领带，花领带上的一种颜色尽可能与西装的颜色相呼应。

领带主要有五种打法，见图 10-1～图 10-5。[①]

(1) 平结。平结为男士最多选用的领结打法之一，几乎适用于各种材质的领带。要诀：领结下方所形成的凹洞，让两边均匀且对称。

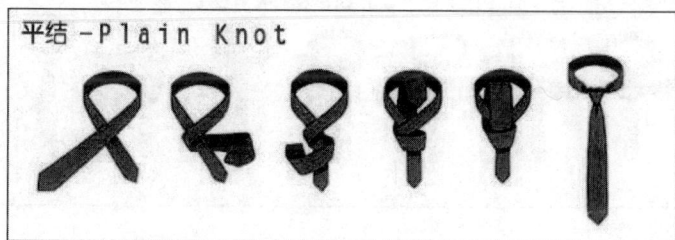

图 10-1 平结

(2) 交叉结。这是适合单色素雅、质料较薄的领带选用的领结。喜欢展现流行感的男士不妨多加使用。

(3) 双环结。双环结能营造时尚感，适合年轻的上班族选用。完成后的特色就是第一圈稍露出第二圈之外，不用刻意给盖住。

---

① 选自 http://q.chinasspp.com/n53473.html 2010-02-01。

图 10-2　交叉结

图 10-3　双环结

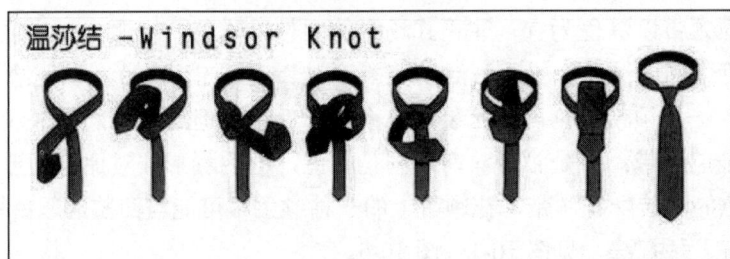

图 10-4　温莎结

图 10-5　双交叉结

(4) 温莎。温莎结适用于宽领的衬衫。该领结应多往横向发展，应避免材质过厚的领带，领结也勿打得过大。

(5) 双交叉结。这样的领结很容易让人有种高雅且隆重的感觉，适合正式活动场合选用。应多运用在素色且丝质领带上，若搭配大翻领的衬衫，不但适合，而且有种尊贵感。

领带结靠在衣领上，但不能勒住脖子，也不能太往下，显得松松垮垮，不精神。领带系好后，垂下的长度应触及腰带，超过腰带或不及腰带都不符合要求。领带用领带夹固定。西装上衣左胸部的装饰袋，可用来插放绢饰，不可用来放钢笔之类的其他东西，钢笔应放在衣服内袋中。

4. 裤子合体

西装的裤子要合体，要有裤线，裤长要超过脚面 1～2cm。西装裤兜内不宜放重物。

5. 鞋袜整齐

穿西装一定要穿皮鞋，而不能穿布鞋或旅游鞋。皮鞋的颜色要与西装相配套。皮鞋还应擦亮，不要蒙满灰尘。穿皮鞋还要配上合适的袜子，袜子的颜色要比西装的稍深一些，使它在皮鞋与西装之间显示一种过渡。

6. 扣好扣子

西装上衣可以敞开穿，但双排扣西装上衣一般不要敞开穿。在扣西装扣子时，如果穿的是两个扣子的西装，不要把两个扣子都扣上，一般只扣上面一个。如果是三个扣子，只扣中间一个。

在日常工作及非正式场合的社交活动中，男士可穿西服便装。西服便装上下装不要求严格配套一致。颜色可上浅下深，面料也可以上柔下挺。可以衬衫、领带配西裤，也可以不扎领带、不穿衬衫，而穿套头衫或毛衣。

此外，男士参加社交活动也可穿中山装、民族服装或夹克。尤其是在国内参加活动时，如出席庆典仪式(包括吊唁活动)、正式宴会、领导人会见国宾等隆重活动，可穿中山装与民族服装。穿中山装应选择上下同色同质的深色毛料中山装，一般配以黑色皮鞋。中山装衣服要平整、挺括，裤子要有裤线。穿着时要扣好领扣、领钩、裤扣。

在非正式社交场合中，男士也可穿夹克衫等便装，但同样应注意服装的清洁与整齐。

男士外出还可准备一件大衣或风衣，但在正式场合一般不宜穿风衣或大衣。如在需要室外活动的场合，大衣或风衣既可保暖挡风，又可增添不少潇洒的风采。

第四节　女士服装的穿着

小故事 10—4

女王的着装

英国女王伊丽莎白二世访问中国期间，走出机舱门第一个亮相，穿的是正黄色西服套裙，戴正黄色帽子。这位女王本人喜欢红色和天蓝色，很少穿黄衣服。但在中国，几千年的历史上黄色是皇帝的专用色。女王来中国访问穿正黄色，既表示尊重中国的传统习俗，又显示了她作为一国君主的高贵身份。

(资料来源：郭文臣，等. 公共关系原理与实务[M]. 大连：大连理工大学出版社，1997.)

女士服装应讲究配套，款式应较简洁，色彩应较单纯，以充分表现出女士的精明强干、落落大方。

一、女士西装套裙

(1) 选择合适的套裙。面料：最好是纯天然质地，又是质量上乘的面料。上衣、裙子及背心等应选用同一种面料。在外观上，套裙所用的面料，讲究的是匀称、平整、滑润、光洁，不仅有弹性、手感好，而且应当不起皱、不起毛、不起球。

色彩：应当以冷色调为主，借以体现出着装者的典雅、端庄与稳重。一套套裙的全部色彩不要超过两种，不然就会显得杂乱无章。

图案：按照常规，商界女士在正式场合穿着的套裙，可以不带任何图案。

点缀：不宜添加过多的点缀。一般而言，以贴布、绣花、花边、金线、彩条、亮片、珍珠、皮革等加以点缀或装饰的套裙都不适宜商界女士穿着。

尺寸：上衣不宜过长，下裙不宜过短。裙子下摆恰好达小腿最丰满处，乃是最为标准、最为理想的裙长。紧身式上衣显得较为正统，松身式上衣则看起来更加时髦一些。

造型："H"形上衣较为宽松，裙子多为简式；"X"形上衣多为紧身式，裙子大多数为喇叭式；"A"形上衣为紧身式，裙子则为宽松式；"Y"形上衣为松身式，裙子多为紧身式，并以筒式为主。

款式：套裙款式的变化主要体现在上衣和裙子方面。上衣的变化主要体现在衣领方面，除常见的平驳领、驳领、一字领、圆状领之外，青果领、披肩领、燕翼领等并不罕见。裙子的式样常见的有西装裙、一步裙、筒式裙等，款式端庄、线条优美；百褶裙、旗袍裙、"A"字裙等，飘逸洒脱、高雅漂亮。

(2) 选择和套裙配套的衬衫。与套裙配套穿着的衬衫，有不少的讲究。从面料上讲，主要要求轻薄而柔软，比如真丝、麻纱、府绸、罗布、涤棉等，都可以用作其面料。从色彩上讲，则要求雅致而端庄，不失女性的妩媚。除了作为"基本型"的白色外，其他各式各样的色彩，包括流行色在内，只要不是过于鲜艳，并且与所穿的套裙的色彩不相互排斥，均可用作衬衫的色彩。不过，还是以单色为最佳之选。同时，还要注意，应使衬衫的色彩与所穿的套裙的色彩互相般配，要么外深内浅，要么外浅内深，两者形成深浅对比。

(3) 选择和套裙配套的内衣。一套内衣往往由胸罩、内裤以及腹带、吊袜带、连体衣等构成。它应当柔软贴身，并且起着支撑和烘托女性线条的作用。有鉴于此，选择内衣时，最关键的是要使之大小适当。

内衣所用的面料，以纯棉、真丝等面料为佳。它的色彩可以是常规的白色、肉色，也可以是粉色、红色、紫色、棕色、蓝色、黑色。不过，一套内衣最好同为一色，而且其各个组成部分亦为单色。就图案而论，着装者完全可以根据个人爱好加以选择。

内衣的具体款式甚多。在进行选择时，特别应当关注的是，穿上内衣之后，不应当使它的轮廓一目了然地在套裙之外展现出来。

(4) 选择合适的鞋袜。选择鞋袜时，首先要注意其面料。女士所穿的与套裙配套的鞋子，宜为皮鞋，并且以牛皮鞋为上品。同时所穿的袜子，则可以是尼龙丝袜或羊毛袜。

鞋袜的色彩有许多特殊的要求。与套裙配套的皮鞋，以黑色最为正统。此外，与套裙色彩一致的皮鞋亦可选择。但是鲜红、明黄、艳绿、浅紫的鞋子，则最好莫试。穿着套裙时所穿的袜子，可有肉色、黑色、浅灰、浅棕等几种常规选择，只是它们宜为单色。多色袜、彩色袜，以及白色、红色、蓝色、绿色、紫色等色彩的袜子，都是不适宜的。

鞋袜在与套裙搭配穿着时，要注意其款式。与套裙配套的鞋子，宜为高跟、半高跟的船式皮鞋或盖式皮鞋。系带式皮鞋、丁字式皮鞋、皮靴、皮凉鞋等，都不宜采用。高筒袜与连裤袜，则是与套裙的标准搭配。中筒袜、低筒袜，绝对不宜与套裙同时穿着。

女士西装式样较多，它的领型有西装"V"字领、青果领、披肩领等；款式有单排扣、双排扣；衣长也有变化，或短至齐腰处，或长至大腿；造型上有宽松的、束腰的，还可有各种图案的镶拼组合。女士西装有衣裤相配的套装，也有衣裙相配的套裙。在社交场合，无论西服套装或西服套裙款式都宜简洁大方，避免过分的花哨和夸张。

女士西服套装给人以精明干练，富有权威的感觉，显得比较严肃，更适合成熟的女士或职位较高的女领导工作时穿用。如今，西服套装已成为社交中女士普遍使用的服装。

西服套裙的上装是西装，下装是腰裙(如西装裙、喇叭裙、百褶裙等)。交际中西服套裙的面料应是高档面料，如夏季用丝绸，华贵柔美；春秋用各类毛料，考究挺括；冬季用羊绒或毛呢织物，高贵典雅。西服套裙的色彩应呈中性，也可偏暗，一色的面料适宜，各种条子、格子、点子面料也常用。西服套裙上下一色显得端庄，有成熟感；色彩上浅下深或上深下浅，式样上简下繁或上繁下简，花色或上轻下杂或上杂下轻，可以搭配出动感和活力，适合女士在不同场合穿出不同的风貌。

二、女士旗袍

旗袍被公认是最能体现女性曲线美的一种服装。我国是有着300年旗袍历史的国度，近年来，旗袍带着一股从未有过的震撼力在影响着世界各地女性的穿着，它像一种特殊的世界语，迅速为各种族的人们所接受，打破了只有东方女性才适合穿着的传统论断。因而，旗袍也可作为社交中的礼服。旗袍作为礼服，一般宜采用紧扣的高领、贴身、身长过膝、两旁开衩、斜式开襟、袖口至手腕上方或肘关节上端的款式，面料应以高级呢绒绸缎为主，配以高跟鞋或半高跟鞋。

小故事 10—5

总统夫人与旗袍

1984年春，里根总统和夫人访华时，挑选面料做旗袍。她先看中一种金色的织锦缎，但考虑到没有带金色的皮鞋与之配套，便改选一种以深红色为底色的中国织锦缎旗袍。在里根总统的告别招待会上，她穿上这件深红底色的中国织锦缎旗袍，配上一双深色的高跟鞋，显得特别雍容华贵，无懈可击。

(资料来源：佚名.形体训练与形象塑造[EB/OL].[2018-03-17].
http://www.doc88.com/p-0943884415988.html.)

三、女士连衣裙

连衣裙是上衣和裙子的结合体，它不但能尽显女士特有的恬静和妩媚，而且穿着便捷、舒适。连衣裙也可与西装外套等组合搭配，提高服装的使用率。连衣裙的造型丰富多彩，有前开襟、后开襟、全开襟和半开襟的；有紧身的、宽松的、喇叭形、三角形、倒三角形的；有无领的、有领的；有方领的、尖领的、圆领的；有超短的、过膝的、拖地的等各种连衣裙，它们为各种身材的女士在不同场合提供了大量的选择。

穿着连衣裙应以个人爱好、流行时尚而定，但在交际场合，穿着连衣裙还应以大方典雅为宜。单色连衣裙在大多数场合效果都很好，点、条、格等面料的连衣裙图案也要力求简洁。穿连衣裙要注意避免：一是受时髦潮流的影响，太流行或趋于怪异，变得俗不可耐或荒诞不经；二是不顾忌环境，而穿着过低的领口、过紧的衣裙、过透的面料，使人感到极不雅观。应讲究"酌奇而不失其真，玩华而不坠其实"。

小知识 10—4

特殊体型女性的服饰选择

有些职业女性身体的某一部位达不到理想的比例，这可以通过服饰错觉效应来制造新的效果。

(1) 肩宽。肩宽的女性宜选择大 V 形领或 U 形领的服装款式，这是因为穿着大 V 形领服装，借由 V 形领的视线延伸，可巧妙地隐藏住肩宽的缺点，而同样，深 U 形领的服装也能"缩肩"，由于 U 形领使颈部露出一片"开阔地带"，颈部修长了，肩部自然也就变窄了；深色系上衣同样具有神奇的"缩肩"效果，因此在上衣色彩的选择上，最好考虑深色系；还有一种就是选用下垂性比较好的面料做衣服，这样肩膀看起来也会窄一些。

(2) 胸部小。胸部小的女性可尝试下面的选择。

穿一件胸前带有口袋或特别花样的上衣，这样可以增加发散的效果。或者穿一件胸前有荷叶边、波浪边或绑带的上衣会让胸部看起来比较丰满。

对于上衣的面料而言，选择有纹路的布料会让胸部看起来更加丰腴些。还有一点就是，布料亮度比较高的衣服，也能使胸部看起来更丰满些。

泳装的款式不妨选择胸线有褶边或褶皱的。

对于衣服的款式而言，有垫肩设计的外套会使胸部看起来比较挺。

较宽版的连身长裙，里头搭配衬衫或针织衫也是小胸女性的选择。

人们在宽松的造型以及层叠的效果中，会忽略对胸部的关注，这样也可以掩饰胸部过小的缺陷。

二件式和多层次的穿法可造成视觉上的错觉，制造出丰满的效果。

舒适而贴身的衣服会显露胸型，在外面搭配背心或小外套，胸部看起来就会显得比较丰满。

(3) 胸围过大。胸围过大的女性可选择背心式或围裙式的长洋装，这是因为可以搭配不同颜色的上衣而适时造成前胸围的视觉切割，使得胸围看起来顺畅。但有一点要注意：

选择此类洋装时，布料尽可能以平织布为主。此外，一套双排纽扣中长套装同样也可以把过于丰满的胸部掩饰起来。

(4) 背肥。背肥的女性忌露背装，其次就是背心了，因为会给人虎背熊腰的感觉，可以穿深色短袖上衣，会起到一定效果。款式以简单为主，如果嫌单调的话可以把细节留在下身发挥，以转移别人的注意力，这样看上去就会瘦一些。

(5) 腰粗。腰粗的女性忌讳放太多细节在腰间处以引人注意。有一个改善的办法就是穿质地柔软的连身裙。因为连身裙通常在胸部以下就开始散开，它会令人看不见腰的真正位置，可以掩饰腰粗的缺陷；也可以穿 A 字裙，使腰部细点，同时增加肩部装饰，使视线移到上身。

(6) 臀部过大。臀部过大的女性不宜穿紧身裤，可以选择略为宽松些的深色布料的裤子，不会引人注目，起到转移视线的作用。首先，女性服装可以在上衣的腰背部加上腰带，通过腰带同裤子的调整，使臀部得到一定的掩盖；其次，还可以将细节放在颈项上(如佩戴耳环、项链、胸花等)，从而把别人视觉的注意力集中到身体上部。另外，有这类缺陷的人，她们的身体重心往往过低，并且还会有运动不太灵便之感，这种现象势必加剧形象上的缺陷，为此，适当加高皮鞋鞋跟的高度和培养良好的举止，也是改变形象所不能忽视的。

(7) 腿粗。腿粗的女性不太适合穿紧身的裤子，而且穿短裤时，不要在膝盖位置翻边；上身避免穿双排扣，可以穿单排扣；同样不可以穿太短的裙子，为了掩饰缺陷，最好穿筒裙、长裙或是喇叭裤；可以穿粗高跟鞋使腿看起来细长些。

(8) 腿细。腿细的女性不太适合穿紧身裙，却比较适合造型修长、挺拔的裤子。因为这样看起来会比较漂亮，比如用全毛面料制作的长裤。另外，腿细的女性在色彩的选择上以偏向明亮、淡雅的色调为宜。

(9) 腿短。腿短还可以分好几种。腿短并且腰比较细、臀围比较宽的人最适合穿裙子或者穿可盖住臀围线，稍微长些的上衣，而且是不收腰身的，这样可以扬长避短。但是这类人不适合穿直筒裤，如果能顺其自然地穿萝卜裤，不失为因势利导的一种穿着。专家建议：如果想让腿部变得修长一点，最好穿一些窄身的直脚裤或者及膝裙，还要加一对尖头凉鞋或高跟鞋。

(10) 小腹凸出。凸出的小腹，永远是一个美丽女性的缺陷，也是穿衣时的一大难题。如果处理不当，便会破坏了一件漂亮服装的所有美感。对于这样的情况，就必须学会选择服装来掩盖。可以运用如下方法。

上身佩戴美丽的首饰，以转移视线。

适合穿那种比较长的上衣，利用它的长度遮住微凸的小腹。不过，穿着此类上衣时，要注意将露在裙或裤外的衣服下摆均匀整理好。

最好选择有伸缩效果的面料。

复古的花衬衫或 T 恤，配上背心或外套，用服装的这种花纹来转移别人的视线。

A 字形的窄裙也有很好的修饰效果。但有一点要尽量避免：把衬衫掖到裙或裤腰内，或是穿腹部剪接的打褶时装，这样会使腹部显得更加醒目。

避免系腰带，这样只会使腹部更突出。

避免穿发亮的面料。

(11) 手臂太粗或太细。手臂太粗或太细就会显得比例不协调，因此，在穿衣服的时候要特别注意，用美丽的服装来掩饰这个缺陷。具体包括以下几条。

手臂太细的人在选择服装的时候应该选用长袖衣衫，而袖长以盖住腕关节为好，或可选用打皱褶的袖子以及喇叭袖，通过这种皱褶的装饰来转移别人的注意力。

手臂细的人如果不得不穿那种无袖的衣服，则衣服必须能盖住肩膀。

手臂太粗的人在选择服装的时候最好选用那种面料略微贴身的、穿起来不太紧的衣服。手臂粗的人应选择宽袖口的衣服，如果是短袖的话，长度应为上臂的3/4。

以织花或棉绸的长披肩遮住肩膀和手臂，通过这种方式来掩饰手臂太粗的缺陷。

(资料来源：贾孟喜，陈开梅. 职业女性形象设计教程[M]. 武汉：华中师范大学出版社，2009.)

四、职业女性的着装风格

职业女性的着装风格有如下几种。

1. 庄重大方型

庄重大方型的着装风格适合从事教育、文化、咨询、信息和医疗卫生等工作的职业女性。职业女性的着装外形正变得飘逸柔软，渐渐走出"女强人"的模式。衬衫款式以简单为宜，与套装配衬，可以选择白色、淡粉色、格子、线条等变化款式的衬衫。在着装整体色彩上，可以考虑灰色、深蓝、黑色、米色等较沉稳的色系，以便给人留下干练朝气、充满亲和力与感染力的印象。此外，也可选择白色。考虑到职业女性一天近 8 小时面对公众，必须始终保持衣服形态整洁的缘故，因而应当尽量选用那些经过处理、不易起皱的丝、棉、麻以及水洗丝等面料。

2. 成熟含蓄型

成熟含蓄型的着装风格适合从事保险、证券、律师、公司主管、公共事业和政府机关公务员等工作的职业女性。许多职业女性着装的原则是专业形象第一，女性气质其次，在专业及女性两种角色之间取得平衡。不同质地和剪裁的西服西裤，能穿出不同的感觉。总体来说，西服和西裤的搭配，显得成熟稳重，帅气潇洒，自由豪迈。连衣裙适合身材窈窕的女性，常见的连衣裙款式类似套裙，长度或长或短，没有太多的限制。如露肩的黑色连衣裙，长度及踝，流畅而华丽的线条，无言地展示身体的美。神秘的黑色适合成熟含蓄的女性，这样的服装可以出现的场合比较多。优雅利落的套装，给人的印象是井然有序。至于颜色，当然还是以白、黑、褐、海蓝、灰等基本色为主。若嫌色彩过于单调，不妨扎条领巾，或在套装内穿件亮眼质轻的上衣。

3. 素雅端庄型

素雅端庄型的着装风格适合从事科研、银行、商业、贸易、医药和房地产等工作的职业女性。职业女性的穿着除了因地制宜、符合身份、清洁、舒适外，还须记住以不影响工作效率为原则，才能适当地展现女性的气质与风度。例如，女性的衣着如太暴露，容易让男同事不知所措，而自己则要时常瞻前顾后，这样会影响自己的工作效率。因此，职业女性的上班服应注重配合流行但不损及专业形象。其原则是"在流行中略带保守"，是保守中的流行。太薄或太轻的衣料，会给人不踏实、不庄重之感。衣服样式宜素雅，花色衣服则应挑选规则的图案或花纹，如格子、条纹、人字形纹等。

4. 简约休闲型

简约休闲型的着装风格适合从事新闻、广告、平面设计、动画制作和形象造型等工作的职业女性。这类职业女性的着装是简单中的优雅、舒适中的休闲，但简单的服饰可造就不简单的女人。白色或者深蓝色细格的棉质衬衫，修身的设计，半透明的质感，内衬白色吊带背心，简约和性感混合在一起，若穿这样的衣服，则会在单位中人气大增。

5. 清纯秀丽型

清纯秀丽型的着装风格适合从事网络、计算机、公关、记者、娱乐等工作的职业女性。虽然办公室里不需要风情万种，但女人聪明的天性以及对美丽的极度敏感，使她们能够轻而易举地将流行元素融进枯燥沉闷的上班服饰中。时尚无须复杂，一双华丽斑斓的凉鞋、一只绣有花朵的包，都可成为将职业装穿出流行感觉的点睛之笔，职业形象也能带出甜蜜的感觉。

小知识 10—5

职业装穿着八禁忌

(1) 忌残破。职业装该洗就洗，该换就换，该淘汰就淘汰，宁可不穿也不能穿破衣服。

(2) 忌杂乱。服装穿着要讲规则，不能杂乱、不够协调。例如，男士穿西装的时候穿布鞋或运动鞋；女士穿很高档的套裙，却光脚穿露脚趾的凉鞋，这些都不符合职业着装的规范。

(3) 忌鲜艳。从制作的角度来讲，应该统一颜色，不能太鲜艳。一般要遵守三色原则，也就是说颜色不能超过三种。

(4) 忌暴露。职业装不能过于暴露。不能穿露脐装、露背装、低胸装、露肩装。职业装要"四不露"，即不露胸、不露肩、不露腰、不露背，否则一弯腰走光了，令人尴尬。

(5) 忌透视。不能让人透过外衣看到内衣颜色、款式、长短或图案，这都是非常不礼貌的。

(6) 忌短小，就是不能太短。该省面料时要省，但别乱省。

(7) 忌紧身。紧身衣，搞不好走光了，如扣子绷了、开线了，蹲着也不方便呀。衣服过于紧身，甚至显现出内衣、内裤的轮廓，既不雅观也不庄重。

(8) 忌怪异。职业人士不是时装模特，不能过分追求新奇古怪，标新立异。

（资料来源：金正昆. 穿着职业装的禁忌[EB/OL]. [2013-03-12]. http://www.jp14.com/zhichang/6455.html.）

第五节　服装的饰物佩戴

一、饰物的种类

1. 服饰

这里的"服饰"是指服装上的装饰。服饰种类繁多，主要包括刺绣、系带、金属装饰品、珠宝等。不同时期、不同民族、不同国家的服饰既相似又不同。例如，我国唐代袍衫的纹样一般以暗花为多，武则天当朝后曾规定，在不同职别官员的袍服上，绣上各种不同的禽兽纹样，以区别等级；又如，我国少数民族中的白族，妇女的头饰上有一缕长长的穗，随着妇女年龄的增长或已婚，这缕长穗慢慢地被剪短，直至完全没有。再如，我国布依族已婚妇女要用竹皮或笋壳与青布做成"假壳"戴在头上，向后横翘尺余。

2. 挂件

项链、玉佩、包挂等都属于挂件。在众多品种的挂件中，最流行和被人们广泛佩戴的是用贵金属、玉石、玛瑙、水晶、象牙、木雕、石雕等材料制成的各种人们心目中的吉祥物挂件。例如，保佑平安、祈祷发财、保佑健康的吉祥物。挂件制品在制作原料、工艺及饰物造型上，男女有别。除项链外，其余挂件一般不用贵金属材料制作。

3. 佩件

戒指、耳环、手镯、臂镯、丝巾扣等都属于佩件。传说戒指源于 3000 年前的古埃及，戒指是环形的，它没有开始，也没有结束，象征着爱情的浪漫与永恒。佩件一般用贵金属和珠宝制成。现代社会出现了很多能取代贵金属和珠宝的人造贵金属和人造珠宝材料，用这些材料制作出的戒指、耳环、手镯、臂镯、丝巾扣等同样非常漂亮，光彩照人。

4. 手袋

手袋，特别是女士用的小型手袋是女士出席各种社交活动的重要饰物。手袋的面料很多，可用皮革、金属、塑料、串珠、刺绣等材料制成。

5. 帽子

帽子是现代女士的主要饰物。不论是质料、色彩，还是款式都是多种多样的。

6. 腰带及眼镜

腰带及眼镜是男女皆用的最常见的饰物，属于应用及装饰为一体的饰物。特别是眼镜，随着现代人装饰意识和审美情趣的变化，眼镜已成为一种修饰脸部的饰物。

7. 发饰

我国历代衣冠服饰制度中对"冠"(即发饰)都有严格规定。在奴隶社会和封建社会时期，发饰是用来区分等级的一种饰品。例如，商代对冠巾、发簪等发饰的佩戴就有明确的要求。不同民族、不同地区的发饰在样式、佩戴方式等方面是有区别的，从某种意义上说发饰具有民族和区域特性。例如，傣族、白族等一些民族的妇女是已婚还是未婚，可通过其发式及发饰来判别。随着社会的发展，发饰等级制度已经消亡；随着民族之间、地区之间交往的日益紧密，不同民族、不同地区的发饰在逐步融合，使现代发饰呈现出了丰富、多彩、繁荣的局面。

二、饰物佩戴的原则

1. 符合身份

饰物的佩戴不仅要照顾个人的爱好，更应当使之服从于本人身份，要与自己的性别、年龄、职业、工作环境保持大体一致，不宜使之相去甚远。例如，医务工作者、宾馆服务员、厨师等由于行业的特点，不宜佩戴首饰。对此，从业人员应无条件地遵守。

2. 搭配得宜

穿着工作装的最好饰物是金银饰物，一般不戴珠宝饰物。同时，饰物最好能与服装搭配和谐，而且在颜色、样式、整体效果上，都应该仔细协调，尽量让其浑然天成。另外，男士应该审慎选择饰物，尽量不要赶时髦。例如，戴着耳环就不太适合从事服务这一行业。

3. 以少为好

有些人总是爱显示自己的优越性，好像自己佩戴了什么，就比别人高一等似的，于是将身上能戴上饰物的地方全部武装起来。其实，这大可不必。即使你有这样的心态，也不一定非要在数量上与他人一决高下。试问：品质不是更能显示出气质吗？何必非要把自己打扮成一个珠宝推销员一样？一般而言，正确的佩戴原则：一般以不超过两种为限，而且，同样的品种也不能超过两个。

小故事 10—6

饰品搭配

金正昆教授曾讲过这样一个案例：

有一次，我去参加一个宴会，对面一个女孩子把我看晕了，戴了四枚戒指，一枚是绿色的翡翠的，一枚黑色的，一枚玛瑙的咖啡色的，一枚玫瑰金的彩色的。由于穿着高领衫，项链没看见。耳环则有两组：一紫一蓝。人家很大方地问我："好看吗？"

我说："你听真话还是假话？"

她说："啥意思？"

我说："那就跟你简单说吧，反正你这东西都是好东西。"

她说："那什么意思？"

我说："放一块儿不好看！"

她说："为什么呀？"

我说："远看像棵圣诞树，近看像个杂货铺。你戴的饰物质杂色乱，串了味儿了！"

(资料来源：佚名. 形象是礼仪的基本. [EB/OL]. [2013-01-15].
http://www.lwlm.com/gongguanliyi/201704/841340.html.)

三、常见饰物的佩戴

1. 丝巾

丝巾是女士的钟爱。确实，不管什么场合，利用飘逸柔媚的丝巾稍作点缀，一下就能让你的穿着更有味道。挑选丝巾的重点是丝巾的颜色、图案、质地和垂坠感。可以用丝巾调节脸部气息，如红色系可映得面颊红润；或是突出整体打扮，如衣深巾浅、衣冷色巾暖色、衣素巾艳。但佩戴丝巾要注意：如果脸色偏黄，不宜选用深红、绿、蓝、黄色丝巾；脸色偏黑，不宜选用白色、有鲜艳大红图案的丝巾。丝巾不要放到洗衣机里洗，也不要用力搓揉和拧干，只要放入稀释的清洁剂中浸泡一两分钟，轻轻拧出多余水分再晾干就行了。

2. 围巾、帽子、手套

围巾的花色品种很多，与帽子一样，主要起御寒保暖和美观的作用。巧妙地选戴围巾，效果远远超过不断地更新衣服。围巾的面料有纯毛、纯棉、人造毛织物、真丝绸、涤丝绸等。围巾的色彩及图案名目繁多。男士一般应选用纯毛、人造毛织物制作的围巾，色彩应选用灰色、棕色、深酱色或海军蓝，不能选用丝绸类的围巾。女士围巾的选择范围极大，可选用丝绸类及色彩多样的三角巾、长巾及方巾等。除可用来围在脖子上取暖外，还可以将围巾扎在头发上、围在腰上做装饰品。如果配上丝巾扣，围巾围、戴的变化就更多了。对女士来说，不论怎样选戴围巾，都要与年龄、身份和环境相协调，与所穿衣服的面料、款式、颜色及使用者的肤色相配。围巾一般在春冬季节使用得比较多。它的搭配要和衣服、季节协调。厚重的衣服可以搭配轻柔的围巾，但轻柔的衣服却绝不能搭配厚重的围巾。围巾和大衣一般都适合室外或部分公共场所穿着，到了房间里面就要及时摘掉，不然会让人感觉压抑。

帽子是由头巾演变来的。在当代生活中，帽子不仅有御寒遮阳的作用，还具有装饰功能。在男女衣着中，帽子也占据着举足轻重的地位。戴帽子时，一定要注意帽子的式样、颜色与自身装束、年龄、工作、脸型、肤色相和谐。一般来说，圆脸适合戴宽边顶高的帽子，窄脸适合戴窄边的帽子。女士的帽子种类繁多，不同季节造型和花色不同。例如，在冬天，女士可戴手工制的绒线帽；地位较高的女士可选择小呢帽；年轻姑娘可选择小运动帽。戴帽子的方法也很多，例如，帽子戴得端端正正显得很正派，稍往前倾一些则显得很时髦。另外，戴眼镜的女士不适宜戴有花饰的帽子；身材矮小者，应戴顶稍高的帽子。戴帽子应注意的一般礼仪是：戴法要规范，该正的不能歪，该偏前的不能偏后；男性在社交场合可以采用脱帽方式向对方表示敬意；在庄重和悲伤的场合，除军人行注目礼外，其余的人应一律脱帽。

在西方的传统服饰中，手套曾经是必不可少的配饰。现在，不管在哪儿，手套除了御寒以外，无非就是为了保持手臂的清洁和防止太阳曝晒了。和别人握手，不管冬夏，都要摘掉手套；女士握手，有时不摘掉手套显得更加礼貌；进屋以后，一般要马上摘下手套；吃饭的时候，必须摘下手套。

3. 腰带

腰带更重要的是起装饰作用。男士的腰带一般比较单一，质地大都是皮革的，没有太多的装饰。穿西服时，都要扎腰带；而其他的服装(如运动、休闲服装)可以不扎。夏季只穿衬衫并把衬衫扎到裤子里去的时候，也要系上腰带。女士的腰带很丰富，质地有皮革的、编织物的、其他纺织品的，纯装饰性的腰带更多；款式也多种多样。女士使用腰带要注意这样几个问题：一是和服装的协调搭配，包括款式和颜色，比如穿西服套裙一般选择皮革或纺织的、花样较少的腰带，以便和服装的端庄风格搭配，要是穿着连衣轻柔织物裙装时，腰带的选择余地大一些；暗色的服装不要配用浅色的腰带，除非出于修正形体的需要；二是要和体形搭配，比如个子过于瘦高，可以用较显眼的腰带，形成横线，分割一下，增加横向宽度；如果上身长下身短，可以适当提高腰带到比较合适的上下身比例线上，造成比较好的视觉效果；如果身体过于矮胖，就要避免使用大的、花样多的腰带扣(结)，也不要用宽腰带；三是要和社交场合协调。职业场合不要用装饰太多的腰带，更能显得干净利落一些；参加晚宴、舞会时，腰带可以花哨些。

无论男女，扎腰带一定要注意：出门前看看你的腰带扎得是否合适，腰带有没有"异常"，在公共场合或别人面前动腰带是不合适的；在进餐的时候，更不要当众松紧腰带，这样既不礼貌，也不雅观；如果必要，可以起身到洗手间去整理。经常注意检查自己的腰带是不是有损坏，以提早替换，避免发生"意外"。

4. 皮包

皮包具有使用及装饰作用，在现代服饰中起着画龙点睛的作用。皮包的种类千变万化，有肩挂式、手提式、手拿式及双肩背式等。在选购时要考虑它的使用范围。正式场合应选用质地较好、做工精细、外观华丽，体积不宜大，横长形的皮包；平时上班和日常外出时使用的皮包不必太华丽，以实用性和耐用性为主；使用皮包要考虑其颜色与季节和着装是否相一致。皮包的使用与人的体形也有很大关系，例如，体形小巧的人不能选用太大的皮包；体形矮胖的人不要选用太秀气的皮包；瘦高的人虽有较大的选择余地，但也不能选用太大或太小的皮包。在参加公务活动时，应携带公文包。

5. 丝袜

丝袜在服装整体搭配中起着举足轻重的作用。在国外，正式场合中如果女性不穿丝袜，就如同不穿内衣一样十分不雅。丝袜不仅能保护腿、足部的皮肤，并掩盖皮肤上的瑕疵，还能与衣服相搭配，使女性更添魅力。

在工作场合穿着裙装及皮鞋时，一定要穿丝袜，而且必须是连裤丝袜。这样，可以避免丝袜因质量问题掉落，也不会将袜口露在外面。而有的人因为怕热而穿中长袜或短丝袜是不职业的做法。如平时穿连衣裙及凉鞋时，就不要再穿丝袜了，因为凉鞋本来就是为了凉快的，再穿袜子就显得多此一举了。不过现在有一种前后包脚的凉鞋，是属于较为正式的款式，就必须穿袜子了。穿凉鞋时，要注意脚趾和脚后跟的洁净，不要把黑乎乎的指甲缝和老茧丛生的脚后跟露在外面，平时应注意保养。

丝袜的选穿不能敷衍了事，但要根据自身特点和着装风格做到合理选穿，也不是件容易的事。最好知道选穿袜子的窍门，以下是一些可供参考的经验：对于日常忙于上班的职业女性，不妨选一些净色的丝袜，只要记住深色服装配深色丝袜，浅色服装配浅色丝袜这一基本方法就可以了。丝袜和鞋的颜色一定要相衬，而且丝袜的颜色应略浅于皮鞋的颜色(白皮鞋除外)。颜色或款式很出众的袜子对腿型要求很高，对自己腿型没有自信的女孩不可轻易尝试。品质良好的裤袜要比长筒丝袜令你更有安全感，能够避免袜头松落的情况。白丝袜很容易令人看上去又胖又矮，应该避免。上班族更不要穿着彩色丝袜，它会令人感到轻浮，缺乏稳重感。参加盛会穿晚装时，配一双背部起骨的丝袜可使高雅大方的格调分外突出。但穿此类丝袜时，切记注意别将背骨线扭歪，否则极其失礼。

6. 戒指

在西方，戒指是无声的语言。一般来说，将戒指戴在左手各手指上有不同的含意：戴在食指上表示未婚或求婚；戴在中指上表示正在热恋中；戴在无名指上，表示已订婚或结婚；戴在小指上则表明"我是独身者"。右手戴戒指纯粹是一种装饰，没什么特别的意义。中国人也戴戒指，但一定不能乱戴。一般情况下，一只手上只戴一枚戒指，戴两枚或两枚以上的戒指是不适宜的。参加较正规的外事活动，最好佩戴古典式样的戒指。

小故事 10—7

"请代我向你的先生问好"

李丽中专毕业被分配到某公司做文秘工作不久，一次在接待客户时，领导让她照顾一位华侨女士。临分别时，那位华侨女士对小李的热情和周到的服务非常满意，留下名片，并认真地说："谢谢！欢迎你到我公司来做客，请代我向你的先生问好。"小李愣住了，因为她根本没有男朋友。可是，那位华侨女士也没有错，她之所以这么说，是因为看见小李的左手无名指上戴有一枚戒指。

(资料来源：佚名.国际商务谈判准备.[EB/OL].[2017-01-12].
http://www.lwlm.com/gongguanliyi/201704/841340.html.)

7. 项链

项链的粗细应与脖子的粗细成正比，与脖子的长短成反比。从长度上分，项链可分为四种：短项链约 40cm，适合搭配低领上衣；中长项链约 50cm，可广泛使用；长项链约60cm，适合在社交场合使用；特长项链约 70cm，适用于隆重的社交场合。

8. 耳饰

耳饰有耳环、耳链、耳钉、耳坠等款式，仅限女性所用，并且讲究成对使用，也就是说每只耳朵上均佩戴一只。工作场合，不要一只耳朵上戴多只耳环。另外佩戴耳环，应兼顾脸型，不要选择和脸型相似形状的耳环，使脸型的短处被强调夸大。耳饰中的耳钉小巧而含蓄，所以，女性服务行业从业人员可以佩戴。

9. 手镯

有雕塑感的木质阔手镯带有中性色彩，金属宽手镯就显得很酷。而另一种风格的宽手镯——用人造宝石镶上图案，必将制造出一种目不暇接的华丽氛围。它主要强调手腕和手臂的美丽。戴手镯可以只戴一只，通常应戴在左手；也可以同时戴两只，一只手戴一只；也可以都戴在左手。

10. 手链

男女都可以佩戴手链，但一只手上只能戴一条，而且应戴在左手上。它可以和手镯同时佩戴。在一些国家，佩戴手链、手镯的数量、位置，可以表示婚姻状况。手链不要和手表同时戴在一只手上。

11. 手表

在社交场合，佩戴手表，通常意味着时间观念强、作风严谨。在正规的社交场合，手表往往被看作首饰，也是一个人地位、身份、财富状况的体现。所以，男士的手表往往引人注目。在正式场合佩戴的手表，在造型上要庄重、保守，避免怪异、新潮，尤其是尊者、年长者更要注意。一般正圆形、正方形、长方形、椭圆形和菱形手表适用范围极广，也适合在正式场合佩戴；而那些新奇、花哨的手表造型，仅适合少女和儿童。在手表颜色上，可以选择单色也可以选择双色，而且色彩要清晰、高雅，其中，黑色的手表最理想。除数字、商标、厂名、品牌外，手表没必要再出现其他无意义的图案。像广告表、卡通表等不宜出现在工作人员的手腕上。另外，在交际场合，特别是和别人交谈时，不要有意无意地看表，否则对方会认为你对交谈心不在焉、不耐烦，想结束谈话。

12. 胸花

胸花是为女性特别设计的，专门用于装饰女性的胸、肩、腰、头、领口等部位。胸花有鲜花和人造花两种。相比之下，鲜花佩戴起来更显高雅，但不能持久。选择胸花时，一定要考虑服装的类型、颜色、面料，要考虑所出席的社交活动的层次，要考虑自身的体形和脸型条件。例如，个子矮小的女士适合小一点的胸花，佩戴时部位可稍高一些；个子高大的女士可选择大一点的胸花，佩戴时位置可低一些。要注意别胸花的部位，穿西服时应别在左侧领上，穿无领上衣时应别在左侧胸前。发型偏左时胸花应当居右，发型偏右时胸花应当偏左，其高度应从上往下数第一粒与第二粒纽扣之间。

13. 领针

领针专门用来别在西式上装左侧领上，男女都可以用。佩戴时戴一只就行了，而且不要和胸针、纪念章、奖章、企业徽记等同时使用。在正式场合，不要佩戴有广告作用的别针，不要将它别在右侧衣领、帽子、书包、围巾、裙摆、腰带等不恰当的位置。

14. 发饰

常见的发饰主要有头花、发带、发箍、发卡等。通常，头花和色彩鲜艳、图案花哨的发带、发箍、发卡，都不要在上班时佩戴。

15. 脚链

脚链是当前比较流行的一种饰物，多受年轻女士的青睐，主要适用于非正式场合。佩戴它，可以吸引别人对佩戴者腿部和步态的注意，如果腿部缺点较多，就不要用。一般只戴一条脚链。如果戴脚链时穿丝袜，就要把脚链戴在袜子外面，以便使脚链更加醒目。

思考与训练

1. 作为男士，请每天出门前对照以下"男士仪容仪表自我检测"来仔细审视自己，看看自己哪些方面需要改进，以养成良好的习惯。

男士仪容仪表自我检测

发型款式大方，不怪异，头发干净整洁，长短适宜。无浓重气味，无头屑，无过多的发胶、发乳。

鬓角及胡须已剃净，鼻毛不外露。

脸部清洁滋润。

衬衣领口整洁，纽扣已扣好。

耳部清洁干净，耳毛不外露。

领带平整、端正。

衣、裤袋口平整伏贴。衬衣袖口清洁，长短适宜。

手部清洁，指甲干净整洁。

衣服上没有脱落的头发和头皮屑。

裤子熨烫平整，裤缝折痕清晰。裤腿长及鞋面。拉链已拉好。

鞋底与鞋面都很干净，鞋跟无破损，鞋面已擦亮。

2. 作为女士，请每天出门前对照以下"女士仪容仪表自我检测"来仔细审视自己，看看自己哪些方面需要改进，以养成良好的习惯。

女士仪容仪表自我检测

头发保持干净整洁，有自然光泽，不要过多使用发胶；发型大方、高雅、得体、干练，前发以不要遮眼、遮脸为好。

化淡妆：眼亮、粉薄、眉轻、唇浅红。

服饰端庄：不太薄、不太透、不太露。

领口干净，脖子修长，衬衣领口不过于复杂和花哨。

饰品不过于夸张和突出，款式精致、材质优良，耳环小巧、项链精细，走动时安静无声。

公司标志佩戴在要求的位置，私人饰品不与之争夺别人的注意力。

衣袋中只放小而薄的物品，衣装轮廓不走样。

指甲必须精心修理，不太长，不太怪，不太艳。

裙子长短、松紧适宜。拉链拉好，裙缝位正。

衣裤或裙子以及上衣的表面无明显的内衣轮廓痕迹。

鞋子洁净，款式大方简洁，没有过多装饰与色彩，鞋跟不太高、不太尖。

衣服上没有脱落的头发和头皮屑。

丝袜无勾丝、无破洞、无修补痕迹，包里有一双备用丝袜。

3. 如何选择服饰的色彩？

4. 请根据你同事的脸型、形体和个性特点，给他(她)在服饰运用上提些合理化建议。

5. 请对以下三个事例加以评价。

事例 1：一所名气很大的幼儿园其老师上门家访，结果引出了转学风波。原来，幼儿园老师上门家访，前脚离开，后脚就引起了一场家庭会议，"我们一定要转园！"妈妈、奶奶斩钉截铁。园长想不通了，别人抢着要求进园，这家却强烈要求退园，一问原因才知："不能把宝贝交给这样的老师"——挨个家访的女老师穿着吊带背心，还是露脐装！

事例 2：一位大型国有企业的秘书正在陪同外商参观，优雅的举止、礼貌的谈吐赢得了外商的好评，却意外地发现秘书小姐的丝袜破了个洞。

事例 3：小刘是公司办公室主任，他十分注意正装的穿着，穿西服套装，袖长及手腕，裤长及鞋面，衣长盖及臀部；衬衣领子高出外套 1cm，袖边长出外套 1cm；领带尖对着皮带扣；黑色皮鞋和深色袜子。

6. 你到某公司应聘营销员这一职位，将如何着装？

7. 在一个阳光明媚的春天，某公司举行盛大的 10 周年庆典晚会，时间是晚上 7:00～9:00，地点在一个五星级酒店宴会大厅。请问男士和女士应分别如何穿戴入场？

8. 案例分析。

面试因何失败

南山宾馆根据收到的求职材料约见小赵作为预选对象。面试时，小赵涂着鲜艳的口红，烫着时髦的发式，穿着低领紧身的吊带，首饰华丽而夸张，给人一种轻佻的感觉。第一轮面试小赵就落选了。事后一位人事总监对她说："我认为你不可能仅仅由于化了美丽的妆而取得一个职位，但是我可以肯定你穿错了衣服就会使你失去一个职位。"

思考题

(1) 本案例对你有何启示？

(2) 结合本案例内容谈谈面试时应该怎样着装。

第十一章　语言交际

与人进行有效的交谈，并且赢得他们的合作，这是那些奋发向上的人应该培养的一种能力。

——[美]戴尔·卡耐基(Dale Carnegie)

他的谈吐总是平易近人，这种单纯既掩饰了他对某些事物的无知，也表现了他的良好的风度和宽容。

——[俄罗斯]列夫·托尔斯泰(Lev Tolstoy)

课程思政要求

- 进行社会主义核心价值观教育；
- 进行爱国主义教育；
- 开展诚信教育、法律意识教育和道德意识教育；
- 塑造职业形象、提高职业素养；
- 促进学生全面发展；
- 提高大学生的审美意识和审美情趣。

语言交际能力是一个人的素养和智慧全面而综合的反映，古今中外具有远见卓识者历来都被高度重视。孔子就明确指出"一言可以兴邦，一言可以丧邦""三寸之舌，强于百万之师"等古训，把国之兴亡与舌辩的力量紧密地联系在一起，这充分说明了语言交际的巨大社会功能。马雅可夫斯基(Mayakovsky)说："语言是人的力量的统帅。"第二次世界大战期间，美国人把"舌头、原子弹和金钱"并称为获胜的三大战略武器。语言交际的价值可见一斑。

从一个人的语言交际能力上往往可以看出其综合实力。良好的语言交际能力是一个人美好形象的集中反映。许多发达国家都把语言交际能力作为衡量优秀人才的重要尺度。用人单位招聘各类人才都要进行口试。在日本，一些大公司在招聘人才进行面试时，专门就语言交际能力规定了若干不予录用的条文，其中有：交谈时，不能干脆利落地回答问题，说话无生气者，说话不知所云者……这些条文说明：语言交际能力与一个人的事业成功的关系十分密切，是衡量一个人能否胜任本职工作的一个重要指标。

因此，提高语言艺术水平，强化语言交际能力，展示自身的美好形象是一个现代人必须予以高度重视的问题。

第一节　语言交际的原则

语言交际的基本原则是人际交往活动中运用语言表情达意、进行信息交流时所必须遵循的准则，它贯穿于交际语言运用的一切方面和每个过程的始终，是一种制约性的因素。

在人际交往过程中，只有自觉遵守语言交际原则，才能有效地增加语言交际信息的传递量，融洽人与人之间的关系；反之，如果背离了这些原则，就会削弱甚至破坏交际语言传播的效果，难以达到人际交往的目的。归纳起来，语言交际的基本原则主要有以下几个方面。

1. 礼貌待人

礼貌是对他人尊重的情感外露，是谈话双方心心相印的导线。人们对礼貌的感知十分敏锐。有时，即使是一个简单的"您""请"字，都可以让他人感到一种温暖和亲切。在人际交往中，可以从以下几个层次达到礼貌待人、沟通情感的目的。

1) 语言表达要满足交际对象对自尊的需求

这样做的目的在于利用礼貌文明的语言艺术与技巧，达到快速消除隔阂、沟通感情、拉近距离的目的。在人际交往中，初次见面的恰当称呼，寒暄中的礼貌用语，交谈中的言语分寸，分别时的告别祝词等，都应当体现出尊重对方的主观意向。

在词语的选用方面，使用得体的敬辞和谦辞都可以体现出对他人的尊重，也是一个人有教养的重要表现。例如，与客人初次见面时说"您好"，与客人久别重逢时说"久违了"，求人解答问题时说"请教"，请人协助时说"劳驾"，要帮助别人时说"我能为您做些什么"，看望别人时说"拜访"，等候别人时说"恭候"，陪伴别人时说"奉陪"，不能陪客人时说"失陪"，有事找人商量时说"打扰"，让人不要远送时说"请留步"，表示歉意时说"抱歉"，表示感谢时说"谢谢"。像"后会有期""祝你好运""一路顺风""万事如意"等告别用语也都体现出对他人的尊重。

2) 要根据具体环境选择使用富有亲和力的词语

这样可以拉近交往距离，沟通相互之间的情感，使自己与交际对象的合作成为可能。在人际交往中，渴望受到尊重是每个人的基本心理需求，你想要得到他人的尊重，自己先要善于主动接近对方，缩短人际距离，沟通相互情感。其实，做到尊重别人并不难，有时只需一个微笑、一句问候、一声敬称、一对善于倾听的耳朵，就会给别人的心情带来阳光和温暖，当然也会为你自己带来真挚的友谊与和谐的人际关系。

小故事 11—1

祝您生日快乐

在克莉斯(Chris)的汽车展销室，一位中年妇女走了进来，她说她只想在这儿看看车，消磨一下时间。她说她想买一辆福特汽车，可大街上那位推销员却让她一小时以后再去找他。另外，她说她打算买一辆白色的双门厢式福特汽车，就像她表姐的那辆。"今天是我55岁的生日，这是给自己的生日礼物。"她说道。

"夫人，祝您生日快乐！"克莉斯说。然后，她向秘书交代了几句后，又对她热情地说："夫人，既然您有空，请允许我介绍一种我们的双门厢式白色轿车。"

不多久秘书走了进来，递给克莉斯一束玫瑰花。

"尊敬的夫人，祝您福寿无疆！"克莉斯说。

那位妇女的眼眶湿润了，她被克莉斯的言行打动，感慨地说道："已经很久没有人给我送花了。"

在闲聊中，她对克莉斯讲起了她刚刚的遭遇。"那个推销员真是差劲！我猜想他一定是因为看到我开着一辆旧车，就以为我买不起新车。我正在看车的时候，那个推销员却突然说他有事，叫我等他回来，然后就不见了踪影。所以，我就到你这儿来了。"

最后，克莉斯成功地向她推销了那辆双门厢式白色轿车。

(资料来源：http://blog.china.alibaba.com/blog/zbintel2010/article/b0-i16473150.html，2010-08-17)

3） 欣赏、赞美他人

人们在语言交流过程中，要肯定他人的优点，尊重他人的人格，尽量减少对别人的贬损，增加对别人的赞誉。希望得到别人的注意和肯定，这是人所共有的心理需求，而欣赏正是满足这种需求的一种交际方式。人际关系大师卡耐基说："避免嫌弃人的方法，那就是发现对方的长处。"因此，在交际中，我们应抱着欣赏的心态来对待每一个人，时时留心身边的人和事，多发现别人的优点和长处。赞美是欣赏的直接表达。有道是"良言一句三冬暖"，真诚的赞美不仅能激发人的积极的心理情绪，得到心理上的满足，可以给别人也给自己带来好心情，还能使被欣赏赞美者产生一种交往的冲动。托尔斯泰说得好："就是在最好的、最友善的、最单纯的人际关系中，称赞和赞许也是必要的，正如润滑油对轮子是必要的，可以使轮子转得快。"要想利用心理上的相悦性获得良好的人际关系，就要学会不失时机地赞美别人。

2．坦诚真挚

在语言交际中，说话人的感情直接影响着表达的效果，也影响着听话人的理解和感受。待人真诚，给人以充分的信任，可以激励他人的工作热情，提高工作效率。其实，感情本身就是一种教育力量，最有效的手段是以情感人，以理服人。唯有入情入理，坦诚真挚，充满信任的话语，才能够深入人心，引起别人的共鸣，受到他人注意。人际交往中要做到坦诚真挚，需要注意如下方面。

1） 说真话，以坦诚的心取信于人

言必行，行必果。这是交往沟通时收到良好谈话效果的重要前提。例如，深圳蛇口工业区某负责人，在国外和一个财团谈判，由于对方自认为技术设备先进，漫天要价，使谈判陷入僵局。正在这时候，这个财团所在的商会请他去发表演说。他讲道："中国是个文明古国。我们的祖先早在1000多年以前，就将四大发明——指南针、造纸、印刷术和火药的生产技术，无条件地贡献给了人类。而他们的后代子孙，从来没有埋怨他们不要专利权是一种愚蠢的行为。相反，却称赞祖先为世界科学的进步做出了杰出贡献。现在，中国在与各国的经济交往中，并不要求各国无条件让出专利，只要价格合理，我们一分钱也不少给……"这番发自蛇口工业区某负责人内心的讲话，在外国人心目中，引起了巨大的震动和强烈的反响，他们的先进技术许多正是从中国引入的。蛇口工业区某负责人的讲话，得到了与会者的热烈掌声，并且使谈判对手终于愿意降低专利费，双方达成了近3亿美元的合作项目。"心诚能使石开花。"这段发自内心的讲话，借助历史事实，寓意深刻，语气直率，不仅没有因此影响到谈判合作项目的达成，反而让人们更深层地感受到了中国人的诚心与诚信，取得了谈判对手的理解与支持。

2）感情真挚，态度诚恳

与人交流沟通中，诚恳而真挚的态度是语言交往目的得以实现的基础。"善大，莫过于诚"，热诚地赞许与诚恳地批评，都能使彼此间愿意了解、信任、倾诉、交心，正如《庄子·渔父》中所说的"不精不诚，不能动人""真在内者，神动于外，是所以贵重也"。

小故事 11—2

陈毅市长拜访私营工商业者

这里举一个陈毅同志与私营工商业者交谈的例子。解放初期，陈毅任上海市市长时，一天他来到一家纺织业经理家里，笑道："×老板，我冒昧来访，欢迎不？"这位老板正在为一件事发愁呢，他发起牢骚来，说："陈市长，今天工会又来要我废除'搜身制'。不当家不知柴米贵。工人下班有抄身婆搜身，还经常丢纱呢，如果取消搜身制度，纱厂还不被偷光！"陈毅品口茶道："×老板，我在法国当过工人，那个工厂大得很，老板也比你厉害得多。厂子四周筑起高墙，拉上电网，还雇了一帮带枪的警察。对每个下班的工人，从头搜到脚，那过细的劲头，身上硬是一根针也藏不住。但结果呢？原料、零件还是大量丢失，为什么呢？老板把工人只当成会说话的工具。劳动很苦，工资很少，工人实在无法养家糊口。工厂赚了钱对工人毫无好处，他为什么不拿呢？现在中国不同，工人翻身当主人了，他们懂得工厂生产搞得好，新中国才能富强起来，工人才能改善待遇。你们虽然是私营企业，但也是新民主主义经济的一个组成部分，一样可以有利于国，有利于民。所以，依我之见，你应该在纺织业带个头，用我的办法试试看，废除搜身制，关心工人的利益，待工人如朋友，如兄弟，有困难多与他们商量着办，我相信眼前的困难会克服得顺利一点。"陈毅的这番话，既替老板着想，又为工人撑腰，以情动人，以理感人，从外国说到中国，从旧社会说到新社会，分析入情入理、客观具体，并给予对方充分信任，收到了良好的谈话效果。

（资料来源：http://61.153.14.37/viewthread.php?tid=175029&extra=&page=3，2010-08-08）

只要肯尊重对方的特殊能力，高度地给予其信任和肯定，任何人都会乐于将其优点表现得淋漓尽致。如果你希望某人懂得自尊自爱，你就该率先表现出你对他的信任和尊重。

3．平等友善

在人际交往中，我们不仅要尊重他人的人格、他人的个性习惯、他人的地位、他人的情感兴趣和隐私，还要尊重彼此存在的外显或内在的心理距离，要有人人平等、一视同仁的谈话态度，切忌给人留下居高临下、自以为是的印象。只有在人际交往中保持自尊而不盲目自大，受人尊敬而不傲慢骄横，才能得到对方对你个人、对你的组织，甚至对你的国家的尊重，才能谈得上真诚合作、平等合作。例如，"演员是人民给养活的，有艺无德可对不住观众啊！"被誉为"平民艺术家"的赵丽蓉，在她所追求的艺术事业中，始终把

"观众第一"放在首位，对来自他人的关爱之情，也常以自己真挚独特的谐趣表达出来。一次大年初一，中央电视台开招待酒会，每个参加者都得一个大西瓜。赵丽蓉一眼瞥见旁边的记者没份儿，便将自己的西瓜放在记者座位底下，说："你大老远赶到北京来采访，不待在家里过年，这西瓜你就带回家去孝敬父母吧。"这"土气儿"十足的言谈，比那些个虚情假意的关怀之类，不知"引人入胜"了多少倍！在她身上，没有了那种司空见惯的矫情、虚饰与浮躁，而多了几分质朴、风趣与豁达。难怪乎，她那平等友善的态度和语言中的缕缕真情，至今仍令人难以忘怀。

在人际交往中，尽管人与人之间身份、地位等方面的情况不同，但是，交际双方在人格上是平等的，在心理上是对等的，平等是建立良好人际关系的前提。我们绝不能把自己高抬一寸，把别人低放一尺，有意与对方"横着一条沟，隔着一堵墙"，给别人一种"拒人于千里之外"之感。

小故事 *11—3*

家中没有女王

英国女王维多利亚(Victoria)与其丈夫阿尔伯特(Albert)相亲相爱，感情和睦。阿尔伯特喜欢读书，且不大爱社交，也不太关心政治。有一天深夜，女王办完公事，回到卧室，见房门紧闭，便敲起门来。"谁？"里面问道。

"我是英国女王。"女王回答，可是门没有开。

"我是维多利亚。"再敲，门还是未开。敲了几次之后，女王突然感觉到了什么，又敲了几下，用温和的语气说："我是你的妻子，阿尔伯特。"

这时，门开了。

即使身为一国之君，但在家里，面对丈夫阿尔伯特，"女王"的生活角色也要发生改变，此时作为妻子的她更应保持夫妻双方平等相待的心态，才会为丈夫所接纳，因此，最后的一次敲门达到了目的。

(资料来源：http://www.360doc.com/content/10/1229/22/2253722_82481599.shtml, 2010-12-29)

4. 区分对象

在人际交往中，对于交际主体来说，最重要的莫过于研究交际对象，根据交际对象的性别、年龄、生活背景、心理特征等因素的差异来选择恰当的语言，以求明晰地表达自己的思想，达到正常的语言交际的目的。也就是所谓"到什么山上唱什么歌""见什么人说什么话"。如果不考虑对方的实际情况，信息流通渠道就会因此而出现偏差，甚至"阻塞"，交际也会随之而停止。例如，1954 年，周恩来总理出席日内瓦国际会议，为了向外国人宣传中国，表明中国爱好和平的愿望，决定为外国嘉宾举行电影招待会，放映越剧艺术片《梁山伯与祝英台》。为此，工作人员准备了一份长达 16 页的说明书。周恩来看后笑道："这样看电影岂不太累了？我看在请柬上写上一句话就行，即请你欣赏一部彩色歌剧电影：中国的《罗密欧与朱丽叶》。"果然，一句话奏效，外国嘉宾都知道这部电影要讲述的故事了。

5. 换位思考

韩非子在《说难》中写道："凡说之难，在知所说之心。"在现实社会，随着人们日常交往的日益频繁，摩擦、矛盾也会随之增多，很多人只强调他人对自己应该承认、理解、接受和尊重，却忽视对等地去理解和尊重他人；只注意自己目的的实现，却无视他人的利益和要求。在这种倾向支配下，他们常常不顾场合和对方心情，一味由着自己的性子去交往，致使在交往中由于语言使用缺乏得体性而出现尴尬的局面。所以，在很多时候，注意交际场合的特点，多进行换位思考，灵活应变，将心比心，以诚换诚，才能达到心灵的沟通和情感的共鸣。

小故事 11—4

"老田鸡"退二线

某局新任局长宴请退居二线的老局长。席间，端上一盘油炸田鸡。老局长用筷子点点说："喂，老弟，青蛙不能吃，是益虫！"新局长不假思索，脱口而出："不要紧，都是些老田鸡，退居第二线，不当回事了。"老局长闻听此言，顿时脸色大变，连问："你说什么？你刚才说什么？"新局长本想开个玩笑，不料说漏了嘴，触犯了老局长的自尊，顿觉尴尬万分，席上的友好气氛被破坏。此时，一旁的秘书连忙接口说："老局长，他说您已经退居二线，吃点田鸡不当什么事。"老局长听此言觉得有道理，才又重提筷子，你敬我让，气氛开始缓和。宴席上，新局长对那位退居二线的老局长的处境和心理未能予以充分的理解，缺乏换位思考的意识，使用了不当语言犯了忌讳，如果不是这位秘书灵活应变，差点酿成无法挽回的局面。

(资料来源: http://www.liyi360.com/2009/11/27/ajgit.htm，2009-11-27)

所以，在语言交际时，必须换位思考，不论是话题的选择、内容的安排，还是语言形式的采用，都应该根据特定场合的表达需要来决定取舍，做到灵活自如。

6. 切合情境

运用语言进行信息传递、情感交流，离不开一定的时间、地点和场合，要使这种传递活动获得好的效果，语言运用不仅要符合特定的时代背景和此时此地的具体情景，还要恰当地利用说话时机，把握时间因素，力求切情切境，入情入理。在杭州的"美食家"餐厅，一对新人在举行婚礼时，正赶上滂沱大雨下个不停。新人和客人们被大雨淋得很懊恼，婚礼气氛很不愉快。这时，餐厅经理来到 100 多位客人面前微笑着，高声说："老天爷作美，赶来凑热闹。这是入春以来的第一场好雨。好雨兆丰年，这象征着今天这对新人的未来是十分幸福的。雨过天晴是艳阳天，象征着今天在座的所有客人都将迎来更加灿烂的明天。我提议，为了创造和迎接雨过天晴的明天，大家干杯！"话音刚落，整个餐厅的情绪和气氛发生了180°的转变，沉寂的婚礼场面，气氛一下子变得热烈起来。

7. 明确目的

交际语言是一种为了实现一定的交际目的而进行的双向交流的传播活动,不论是与他人拉家常、叙友情,或是进行学术报告、演讲、谈判、采访乃至解说、寒暄、拜访、提问等,都是为了达到信息传递、沟通情感、增进了解、阐明观点等特定的交际目的而进行的。当与他人说话时,需要针对交际对象的特点和语言环境进行必要的调整,也要根据语言交流的主题,选择和使用恰当的语言,做到有的放矢,使之起到缓解气氛、增进友情的作用。例如,瑞士厄堡村有一块要求游客不要采花的通告牌。上面分别用英、德、法三种文字写着"请勿摘花""严禁摘花""喜爱这些山峦景色的人们,请让山峦身旁的花朵永远陪伴着它们吧!"由此不难看出瑞士旅游业人士对不同游客的民族心理特点的充分考虑。英国人讲面子,崇尚绅士风度,因此,用"请"。德国人严守律令,故采用"严禁"。法国人浪漫且重感情,所以用了富有激情的语句。这样就与不同交际对象的民族心理特点相吻合了。又如,曾有一位营业员向外国顾客介绍商品时,因为不了解外国顾客的情况,而按照对中国顾客的方式来接待,结果把顾客赶跑了。事情是这样的:有一位英国客人在商店里表示出对一件工艺品感兴趣时,该营业员取出该工艺品,然后对客人说:"先生,这件不错,又比较便宜。"顾客听了她的话后,丢下商品,转身而去。为什么这些话会把这位顾客赶跑呢?原来是"便宜"二字。因为在英国人心目中,买便宜货有失身份,所以这桩买卖没有做成。

第二节　交谈的语言艺术

美国前哈佛大学校长伊立特(Elite)曾说:"在造就一个有修养的人的教育中,有一种训练必不可少,那就是优美、高雅的谈吐。"交谈是交流思想和表达感情最直接、最快捷的途径。在人际交往中,因为不注意交谈的礼仪规范,或用错了一个词,或多说了一句话,或不注意语语的色彩,或选错话题等而导致交往失败或影响人际关系的事,时有发生。因此,在交谈中必须遵从一定的礼仪规范,才能达到双方交流信息、沟通思想的目的。

1. 符合基本要求

语言作为人类的主要交际工具,是沟通不同个体心理的桥梁。交谈语言的基本要求包括以下几个方面。

1) 准确流畅

在交谈时如果词不达意、前言不搭后语,很容易被人误解,达不到交际的目的。因此在表达思想感情时,应做到口音标准、吐字清晰,说出的语句应符合规范,避免使用似是而非的语言。应去掉过多的口头语,以免语句割断;语句停顿要准确,思路要清晰,谈话要缓急有度,从而使交流活动畅通无阻。语言准确流畅还表现在须让人听懂,因此言谈时尽量不用书面语或专业术语,因为这样的谈吐会让人感到太正规、受拘束或是理解困难。

小故事 11—5

自 作 自 受

古时有一笑话说的是有一书生，突然被蝎子蜇了，便对其妻子喊道："贤妻，速燃银烛，你夫为虫所袭！"他的妻子没有听明白，书生更着急了："身如琵琶，尾似钢锥，叫声贤妻，打个亮来，看看是什么东西！"其妻仍然没有领会他的意思，书生疼痛难熬，不得不大声吼道："快点灯，我被蝎子蜇了！"真乃自作自受。

(资料来源：http://www.loveliyi.com/society/goutong/goutongyishu.html, 2009-07-27)

2）委婉表达

交谈是一种复杂的心理交往，人的微妙心理、自尊心往往在里面起重要的控制作用，触及它，就有可能产生不愉快。因此，对一些只可意会不可言传的事情、人们回避忌讳的事情、可能引起对方不愉快的事情，不能直接陈述，只能用委婉、含蓄、动听的话去说。常见的委婉说话方式如下。

避免使用主观武断的词语，如"只有""一定""唯一""就要"等不带余地的词语，要尽量采用与人商量的口气。

先肯定后否定，学会使用"是的……但是……"这个句式。把批评的话语放在表扬之后，就显得委婉一些。

间接地提醒他人的错误或拒绝他人。

3）掌握分寸

谈话要有放有抑有收，不过头，不嘲弄，把握"度"；谈话时不要唱"独角戏"，夸夸其谈，忘乎所以，不让别人有说话的机会；说话要察言观色，注意对方情绪，对方不爱听的话少讲，一时接受不了的话不急于讲。开玩笑要看对象、性格、心情、场合，一般来讲，不随便开女性、长辈、领导的玩笑，一般不与性格内向、多疑、敏感的人开玩笑，当对方情绪低落、心情不快时不开玩笑，在严肃的场合、用餐时不开玩笑。

4）幽默风趣

交谈本身就是一个寻求一致的过程，在这个过程中常常会出现不和谐的地方并产生争论或分歧。这就需要交谈者随机应变，凭借机智抛开或消除障碍。幽默还可以化解尴尬局面或增强语言的感染力。它建立在说话者高尚的情趣、较深的涵养、丰富的想象、乐观的心境、对自我智慧和能力自信的基础上，它不是要小聪明或"卖嘴皮子"，它应使语言表达既诙谐，又入情入理，应体现一定的修养和素质。

小故事 11—6

还没插秧呢

有一次，梁实秋的幼女文蔷自美返台探望父亲，他们便邀请了几位亲友，又到"鱼家庄"饭店欢宴。酒菜齐全，唯独白米饭久等不来。经一催二催之后，仍不见白米饭踪影。梁实秋无奈，待服务小姐入室上菜之际，戏问曰："怎么饭还不来，是不是稻子还没收割？"服务小姐眼都没眨一下，答称："还没插秧呢！"本是一个不愉快的场面，经服务小姐这一妙答，举座大乐。

(资料来源：http://hi.baidu.com/fangxuerong/blog/item/82099a0872460f3be92488d4.html, 2009-12-19)

2. 使用礼貌用语

使用礼貌用语，是人类文明的标志，也是全世界共同的心声。使用礼貌用语不仅会得到人们的尊重，提高自身的信誉和形象，而且还会对自己的事业起到良好的辅助作用。在我国，政府有关部门向市民普及文明礼貌用语，基本内容为十个字："请""谢谢""你好""对不起""再见"。在实际的社会交往中，日常礼貌用语远不止这十个字。归结起来，主要可划分为如下几个大类。

1) 问候语

人们在交际中，根据交际对象、时间等的不同，常采用不同的问候语。例如，在中国实行计划经济的年代，由于经济发展水平不高，人们面临的首要问题是温饱问题，因而人们见面的问候语是"你吃了吗？"今天，在中国不发达的农村，这句问候语仍然比较普遍，而经济比较发达的农村和城市，这句问候语已经很少听到了，人们见面时的问候语是"您好""您早"等。在英国、美国等说英语的国家，人们见面的问候语根据见面的时间、场合、次数等不同而有所区别。如双方是第一次见面，可以说"How do you do"(您好)，如果双方第二次见面，可以说"How are you"(您好)，如在早上见面可以说"Good morning"(早上好)，中午可以说"Good noon"(中午好、午安)，下午可以说"Good afternoon"(下午好)，晚上可以说"Good evening"(晚上好)或"Good night"(晚安)等。在美国非正式场合人们见面时，常用"Hi""Hello"等表示问候。在信仰伊斯兰教的国家，人们见面时常用的问候语是"真主保佑"，在信奉佛教的国家，人们见面时常用的问候语是"菩萨保佑"或"阿弥陀佛"。

2) 欢迎语

交际双方一般在问候之后常用欢迎语。世界各国的欢迎语大都相同。如"欢迎您"(Welcome to you)、"见到您很高兴"(Nice to meet You)、"再次见到您很愉快"(It is nice to see you again)。

3) 回敬语

在社会交往中，人们常常在接受对方的问候、欢迎或鼓励、祝贺之后，使用回敬语以表示感谢。由此，回敬语又可称为致谢语。回敬语的使用频率较高，使用范围较广。俗话说礼多人不怪，通常情况下，只要你受到了对方的热情帮助、鼓励、尊重、赏识、关心、服务等都可使用回敬语。在我国使用频率最高的回敬语是"谢谢""多谢""非常感谢""麻烦您了""让你费心了"等。在西方国家回敬语的使用要比中国更为广泛而频繁。在公共交往中，凡是得到别人提供的服务，在中国人认为没有必要或是不值得向人道谢的情况下，也要说声谢谢，否则是失礼的行为。

4)　致歉语

在社会交往过程中，常常会出现由于组织的原因或是个人的失误，给交际对象带来了麻烦、损失，或是未能满足对方的要求和需求，此时应使用致歉语。常用的致歉语有"抱歉"或"对不起"(Sorry)、"很抱歉"(Very sorry, So sorry)、"请原谅"(Pardon)、"打扰您了，先生"(Sorry to have bothered you, sir)、"真抱歉，让您久等了"(So sorry to keep you waiting so long)等。

真诚的道歉犹如和平的使者，不仅能使交际双方彼此谅解、信任，而且有时还能化干戈为玉帛。道歉也有艺术。在人际交往中，有些人有时放不下架子或碍于面子，不愿直接道歉，这也是人之常情。其实，道歉的方式很多，道歉时可采用委婉的方法。例如，今天的交际对象是你以前曾经冒犯过的人，那么你可以说："真是不打不相识啊，俗话说得好，不是冤家不聚头，来让我们从头开始！"道歉并非降低你的人格，及时得体的道歉也充分反映出你的宽广胸襟、真诚情感和敢于承担责任的勇气。

有些时候，如果由于组织的原因或个人原因给交际对象造成一定的物质上、精神上的损失或增加了心理上的负担，在道歉的同时还可赠送一些纪念品、慰问品以示诚心道歉。

5)　祝贺语

在交际过程中，如果你想与交际对象建立并保持友好的关系，你就应该时刻关注交际对象，并与他们保持经常性联系。例如，当你的交际对象过生日、加薪、晋升或结婚、生子、寿诞，或是你的客户开业庆典、周年纪念、有新产品问世或获得大奖等，你可以以各种方式表示祝贺，共同分享快乐。

祝贺用语很多，可根据实际情况进行选择。如节日祝贺语："祝您节日愉快"(Happy the festival)、"祝您圣诞快乐"(Merry Christmas to you)；生日祝贺语："祝您生日快乐"(Happy birthday to you)；当得知交际对象取得事业成功或晋升、加薪等时，可向他表示祝贺："祝贺你"(Congratulations)。常用的祝贺语还有"恭喜恭喜""祝您成功""祝您福如东海，寿比南山""祝您新婚幸福、白头偕老""祝您好运""祝您健康"等。

此外还可通过贺信，在新闻媒介刊登广告等形式祝贺。例如"庆祝大连国际服装节隆重开幕""××公司恭贺全国人民新春快乐"等。总之，在当今社会，适时使用祝贺用语，对交际来说有百益而无一害。

6)　道别语

交际双方交谈过后，在分手时，人们常常使用道别语，最常用的道别语是"再见"(Good bye)，若是事先约好了时间可说"回头见"(See you later)、"明天见"(See you tomorrow)。中国人道别时的用语很多，如"走好""慢走""再来""保重"等。英美等国家的道别语有时比较委婉，常常有祝贺的性质，如"祝你做个好梦""晚安"等。

7)　请托语

在日常用语中，人们出于礼貌，常常用请托语，以示对交际对象的尊重。最常用的是"请"，其次，人们还常常使用"拜托""劳驾""借光"等。在英美等国家，人们在使用请托语时，大都带有征询的口气。如英语中最常用的"Will you please …?""Can I help you?"(你想买点什么？) "Could I be of service?"(能为您做点什么？)以及在打扰对方时常使用"Excuse me",也有征求意见之意。日本常见的请托语是"请多关照"。

3. 慎重选择话题

所谓话题,是指人们在交谈中所涉及的题目范围和谈资内容。换言之,话题是一些由相对集中的同类知识、信息构成的谈话资料及其相应的语体方式、表述语汇和语气风格的总和。在人际交往中,学会选择话题,就能使谈话有个良好的开端。交谈中宜选的话题主要包括如下几种。

(1) 既定的话题,即交谈双方业已约定,或者一方先期准备好的话题,如征求意见、传递信息、研究工作等。

(2) 内容文明、格调高雅的话题。如文学、艺术、哲学、历史、地理、建筑等,这类话题适合各类交谈,但忌不懂装懂。

(3) 轻松的话题。这类话题可令人轻松愉快、身心放松,适用于非正式交谈,允许各抒己见,任意发挥。主要包括文艺演出、流行、时装、美容美发、体育比赛、电影电视、休闲娱乐、旅游观光、名胜古迹、风土人情、名人逸事、烹饪小吃、天气状况等。

(4) 时尚的话题,即以此时此刻正在流行的事物作为谈论的中心,这类话题变化较快,不太好把握。

(5) 自己擅长的话题。尤其是交谈对象有研究、有兴趣的话题。例如,青年人对于足球、通俗歌曲、电影电视的话题较多关注,而老年人对于健身运动、饮食文化之类的话题较为熟悉;公职人员关注的多是时事政治、国家大事,而普通市民则更关注家庭生活、个人收入等;男人多关心事业、个人的专业,而妇女对家庭、物价、孩子、化妆、衣料、编织等更容易津津乐道。

在交谈时要注意交谈的话题有所忌讳。在交谈中,若双方是初交,则有关对方年龄、收入、婚恋、家庭、健康、经历这一类涉及个人隐私的话题,切勿加以谈论。

由于人们的经历、职业、兴趣、学习状况不同,每个人所掌握的话题状况各不相同,都有一定的局限性,因此必须尽量扩大话题储备。为此,要有知识储备。对于掌握话题广度影响最大的是自身的学习状况和进取精神。一个人如果有理想、有追求、思想境界高,而且肯下工夫学习,爱读书看报,并关注社会现实生活,有较多的朋友,把看到、听到的东西,有意识地加以记忆和积累,就会变得学识渊博,时事政策、天文地理、政治外交、文艺体育、花鸟鱼虫、音乐美术几乎无所不知,由于视野开阔,谈资和知识面自然会比别人宽得多。

4. 善于耐心倾听

有一句老话"人长着一张嘴巴,两只耳朵,就是为了少说多听",此话是很有道理的。与人交谈不但要善于表达自己的意思,而且还要善于聆听对方的说话,这在社会交往活动中是个不容忽视的问题。认真听取他人讲话可以获得更多的信息,抓住机会向别人学习,可以避免和减少说话的失误,使谈话简而精,同时也是对对方的尊重。

小故事 11—7

用心"聆听"的邱次雪

蝉联过去 10 年台湾奔驰车销售前 3 名的超级业务员邱次雪就是因为懂得听，10 年卖出 500 辆奔驰车。"每个顾客都像一本书，你要用心听才能读得懂。"她说。

20 年前，她是个蹩脚的业务员。客人上门，3 句话后她就不离"车"，业绩总是挂零。直到有一次，一位顾客要她先闭嘴，对她当头棒喝。"后来，我都要求自己先不要说话。"她说，让客人先说话，才听得到他的需求与考量点，而不是先径自推销。

不久前，一位阔太太下巴抬得高高地走进店里看车。同事亲切地上前问候："您要看车吗？"女客人不悦地回答道："来这里不看车，还能看什么？"这时，只见邱次雪静静地端上一杯水，不发一语。女客人开口："你们业务员服务态度很差，卖的车又贵。"邱次雪虚心请教："那我们应该如何改善呢？"她挽着对方的手到贵宾室坐下，门一关，30 分钟后，一笔 60 万元的订单就到手了。

"在这个过程里我一直都没说什么，只是听她抱怨了 20 分钟。"原来，这位顾客早就锁定了一款车型，但逛了几间车行都没有碰到满意的业务员。邱次雪一边用心地听她抱怨，一边响应，同时也在整理自己的思绪。等客户气消后，她开始与对方聊起家庭生活的经验。不过 30 分钟，交易就完成了。

(资料来源：莫林虎. 商务交流[M]. 北京：中国人民大学出版社，2012.)

听和说是谈话交流的两个方面，倾听是语言表达的前提，善于耐心倾听主要表现为以下几方面。

1) 表示得当

眼睛是心灵的窗户，在倾听时应该与说话的人交流目光，让你的眼神和表情表示出你在专心听，你的态度是认真的，一定要聚精会神地注视对方，传递出你"很欣赏、有同感"的信息。但注意，不要自始至终死盯着对方的眼神。

倾听时适当地发出"哦""嗯"等应答声，一方面表示自己在很注意地倾听，另一方面也可进一步激起对方讲话的兴趣。否则，对方会产生"唱独角戏"的感觉，并怀疑你是否心不在焉。即使你感到有点不耐烦，也不要急于插话或打断对方的话，而要等到对方讲话有了停顿，告一段落的时候，再表明自己的想法。

倾听时，认真专心的姿态并不等于一言不发、一声不响，更不是对他人的每一句话都随声附和，不说一个"不"字。人云亦云，从不表达自己的真实意见，会被视为毫无主见或者滑头的人。这样，他人是不会敞开心扉、畅所欲言的。在专心倾听的同时，得体地向对方表示自己的观点和意见，不但不会得罪人，反而会受到对方的欢迎。

交谈中，有相当一部分话语是没有绝对是非标准的，诚恳地表达自己的意见，对方不但会通情达理地予以接受，而且会进一步激发思考，拓展思路，使谈话处于波峰状态。

2) 抓住要领

当对方讲到要点的时候，表示赞同，点一点头实质是在发出一个信号，让对方知道你在赞许他，这时候他会有兴致地继续讲下去。有的人在听对方讲话的时候会轻微地摇头，尽管这个动作是无意的，但常常会引起对方的误解，使他们以为你并不以为然，或者认为他说的不对。

对谈话中的要点，你可以要求对方谈得再详细一些，这说明你对交谈的话题很重视，需要有进一步的了解，引导他做更深入的工作和更进一步的阐述，便于你获取更多的信息。

对谈话没有听清楚或没有听明白的时候，要等到对方讲完以后再询问，不要在中途随意打断对方的话头，否则对方会因为思路或兴致被中断而不悦。

对方的话我们越听得明白，就越可能理解对方。每个人都有一定的思想感情，让别人不好理解。如果被别人理解，对自己来说就是莫大的喜悦和幸福。

3） 提问适时

通过提问，暗示你的确对他的谈话感兴趣，同时启发对方引出你感兴趣的话题。我们应当知道并不是人人都一见如故，都会向你畅所欲言，交谈也有冷场的时候。沉默和尴尬往往使谈话不顺利，这时你可以寻找话题，及时提问。再好的话题也有说完的时候。当交谈者的兴趣减弱的时候，光重复一些没有新意的问题是枯燥无味的，这时就应该提出一些新的话题。

对于众所周知的道理，一般定论和所见略同的问题不必老调重弹，你可以选择新角度，开发新层次和联系新事例，提出自己的观点和看法，引导对方乐于与你进行更多更广泛的交谈，这样有利于你主动掌握话题，更深入地倾听和了解对方。

认真地倾听，往往事半功倍。如果你通过倾听真正了解了对方，那么你就成了对方的知音，到一定的时候，人生与事业会有意想不到的惊喜。

据社会学家兰金(Rankin)研究，在人际交往中，一个人说的时间应占全部社交时间的30%，而听的时间占 50%，因为，能静听别人意见的人，必是一个富于思想、有缜密见地、有谦虚性格的人。学会倾听吧，因为它是获取公众信息的关键！

5．讲究提问技巧

交谈的基本形式是提问和回答，善于提问往往能更顺利地与对方接近、相识，加深了解，能解除疑点，获得信息，能启发对方思维，控制交谈言路的方向，打破交谈的僵局，使交谈活动得以顺畅地进行，因此提问在交谈中占主导地位，它往往是交际的起点。在交谈中要讲究提问技巧，问得其所，问到所需。

1） 看清对象

在交谈提问时一定要看清对象，"上什么山唱什么歌"，见什么人发什么问。提问要因人而异，从对方的年龄、身份、职业、性格、知识水平以及不同的民族文化背景出发，选择不同的提问方式。如对几岁的小孩，用文言词语发问，无异于"对牛弹琴"；反之，对高龄老人，就不宜问"你几岁了"，而应问"您高寿""您高龄"。为公关人员所熟知的"对男士不问薪水，对女士不问年龄"的提问禁忌都是这一原则的具体体现。

2） 瞄准时机

在交谈中，要善于掌握对方的心理脉搏，瞄准发问的时机。有些问题时机掌握得好，发问效果才佳。例如，美国推销员帕特(Pat)为了推销一套空调设备，与某公司已周旋了好几个月，但对方仍迟迟不作决定。当时正值春夏之交，在董事会上，帕特面对着对他的推销毫无兴趣的董事们心急如焚，全身冒汗。谁知他"热"中生智，向在场的董事们发出了一个祈使问句："今天天气很热，请允许我脱去外衣好吗？"说罢，他边脱衣边用手帕不停地擦汗。这一言行神奇般地产生了"感应效应"——董事们一个个顿觉闷热难忍，纷纷脱去外衣，并一个接一个地掏出了手帕，自然而然地都认真考虑起购置空调机的问题来。帕特在此抓住时令与环境的特点巧妙设问，趁对方心理无防，击其要害，一"问"中的，终于化被动为主动，做成了一笔交易。一般来说，当对方很忙或正处理急事时，不宜提琐碎无聊的问题；当对方伤心或失意时，不宜提太复杂、太生硬，会引起对方不愉快的问题；当对方遇到困难或麻烦，需要单独冷静思考时，最好不要提任何问题。

3）抓住关键

那些大而泛的问题，往往叫对方摸不着头脑，觉得回答起来无从下手，自然也就不可能回答好。相反，抓住关键，问题提得具体，反而可以引导对方的思路。如意大利著名女记者法拉奇(Oriana Fallaci)采访邓小平时，提的第一个问题就是"天安门上保留下来的毛主席像，是否要永远保留下去？"这个问题很具体，然而包含着丰富的内容，这不单单是毛主席照片是否保留在天安门上的问题，而是涉及我们党和全国人民对毛泽东和毛泽东思想的评价问题，具有相当的分量。只有抓住关键进行提问，才能问得明白。

4）精选类型

不是任何人一开始就愿意如实回答你所提出的问题，他往往借"无可奉告""我也不太清楚"等话来推托你的问题。所以，应准备多种提问方式，一种提问方式不行，要试着换另一种方式提问。提问大体可以分以下几种类型。

(1) 正面直问。开门见山，直接提出你想了解的问题。这是以求知和解疑为目的的。

(2) 两面提问。既问主要的，也问次要的；既问好的，也问坏的。这种提问是了解人的全貌和事物发展的全过程所必需的，可以帮助我们克服思想方法的主观片面性。公关人员在调查研究、寻求事件发生的原因时多用这种提问方式。

(3) 迂回侧问。若正面或反面都不好问，就从侧面或另一角度入手，迂回递进，再回到正面主题上来。

(4) 假言设问。站在对方的立场上，提出一些假设，启发对方思考，诱使对方回答。

(5) 步步追问。随着对方的谈话，步步深入，打破砂锅问到底。

当然，想使对方愿意回答自己提出的问题，还要注意自身形象的塑造，着装得体，大方自然，称呼得当，给人以真诚感和可信任的印象，这样在"问者谦谦，言者谆谆"的心理氛围中极易沟通信息，创造和谐的关系。

6. 掌握闲谈的技巧

在交际场合中，闲谈可以帮助你与别人建立亲密的关系，缓和紧张气氛；还会帮助你树立一个平易近人的良好形象，让别人从你的闲谈中感受你的见多识广，了解彼此的性格和建立和睦的私人关系；同时，你自己也可以从闲聊的过程中知晓各种有益的商业信息，因为人们往往能在不经意的闲聊中获得有用的信息。闲聊能反映一个人的知识、修养、追求与爱好。善于与别人闲聊的人往往能得到别人的喜欢，获得更多的朋友，也能让别人得到信息和感到幽默的快乐。

1) 选择话题，注意话题的安全性

在闲谈的时候一定要选择安全的话题，例如谈一谈孩子、天气状况、文化动态、交通堵塞、特价、环境问题、社会或城市的毛病等话题，不要涉及他人的收入、小道消息、私生活等话题，要避开办公室的有关公事。另外，最好找到双方共同感兴趣的话题，不要一味只顾自己高兴，而冷落了他人的参与，这是不礼貌的，也是没有交际技巧的表现。

2) 适时发问

在交谈中，适时发问可以使交谈按照某个目的继续进行，调整交谈的气氛。同时，我们必须在事先没有准备的情况下根据对方的身份、地位、场合、关系来决定你的提问，进而使问题问得更得体。精妙的提问能使你获得需要的信息、知识和利益，并且证明你十分重视对方的谈话，从而激起对方的兴趣，向你提供更多的信息。

3) 注意反应

闲谈中要注意察言观色，当你提出问题后，对方避而不答或转移话题，那就要换一个对方感兴趣的话题了。

4) 闲谈的语言要求

要注意礼貌对人，不要出语伤人，更要注意机智幽默。闲谈中临场发挥的特点决定了双方都要注意高度的机智性和灵活性。适当的闲谈起着调节气氛的重要作用。在这一过程中，幽默的人往往容易受到人们的欢迎。

5) 不要随便打断对方的讲话

有的人有这样的毛病，总喜欢打断对方的交谈，这是不尊重对方的表现，应该是等对方把话说完再发言。

6) 避免行话、术语

不论是在跨国交流还是在本国的交流中，一定要注意不要使用行话、术语和方言，很多术语一般人是不懂的，尤其是不同文化背景的人，更应该注意。

7) 不要胡乱幽默

在闲谈的时候，不要使用双方从来没有使用过的幽默，因为你认为可笑的事情，别人尤其是外国人，就不一定明白你讲的幽默的可笑之处。所以，闲谈的时候，在谈话刚开始或只有仅仅几分钟的时候，最好不要讲难懂的幽默。

8) 不要与别人抬杠、争执

在交往中，和气生财，和气才能保证广交朋友，而不要与人发生无谓的争执，不要争强好胜，否则是不礼貌的。

9) 避免搬弄是非

在正式的商业场合中，一言一语都会成为影响商务交往的重要信息，不能搬弄是非与闲话，不要传播别人的信息，不要传播小道消息。朋友对你说的心里话，不要当作闲谈的资料去到处宣扬，这样做是不道德的。否则以后也不会有人跟你说真话了，你会因此失去很多朋友。

7. 弥补言行失误

在与人交往中，举止言行的某一个失误，往往会导致不良后果，令人遗憾。那么，在言行出现失误的时候，该怎样弥补这一过失呢？

1）及时纠正

俗话说"亡羊补牢，未为迟也！"每个人的言行不可能永远正确，当你一时失误时，应及时纠正，这才是明智之举。这种方法，在一定程度上可以避免当面丢丑，不失为补救的有效手段。

小故事 11—8

里根纠正口误

一次，美国总统里根访问巴西。由于旅途疲乏，年岁又大，在欢迎宴会上，他脱口说道："女士们，先生们！今天，我为能访问玻利维亚而感到非常高兴。"

有人低声提醒他说溜了嘴，里根忙改口道："很抱歉，我们不久前访问过玻利维亚。"尽管他并未去过玻国。当人们还来不及反应时，他的口误已经淹没在后来滔滔的大论之中了。

(资料来源：杨芷，王刚. 礼仪师培训教程[M]. 北京：人民交通出版社，2019.)

2）及时移植

及时移植，就是把错话移植到他人头上。如说："这是某些人的观点，我认为正确的说话应该是……"这就把自己已出口的某句错误纠正过来了。对方虽有某种感觉，但是无法认定是你说错了。

3）及时引申

迅速将错误言辞引开，避免在错中纠缠，也就是接着那句错误的话之后说："然而正确的说法应是……"或者说："我刚才那句话还应作如下补充……"这样就可将错话抹掉。

4）借题发挥

借题发挥就是错话一经出口，在简单的致歉之后立即转移话题，有意借着错处加以发挥，以幽默风趣、机智灵活的话语改变场上的气氛，使听者随之进入新的情境中去。

小故事 11—9

求　职

有一个新毕业的大学生去某合资公司求职，一位负责接待的先生递过来名片。大学生神情紧张，匆匆一瞥，脱口说道："藤野先生，您身为日本人，抛家别舍，来华创业，令人佩服。"那人微微一笑："我姓滕，名野七，地道的中国人。"大学生面红耳赤，无地自容，片刻后，神志清醒，诚恳地说道："对不起，您的名字使我想起了鲁迅先生的日本老师——滕野先生。他教给鲁迅许多为人治学的道理，让鲁迅受益终身。希望滕先生日后也能时常指教我。"滕先生面带惊奇，点头微笑，最终录用了他。

(资料来源：杨茝，王刚. 礼仪师培训教程[M]. 北京：人民交通出版社，2019.)

5) 将错就错

将错就错这种方法就是在错话出口之后，能巧妙地将错话续接下去，最后达到纠错的目的。其高妙之处在于，能够不动声色地改变说话的情境，使听者不由自主地转移原先的思路，不自觉地顺着你的思维而思考。

小故事 *11—10*

已过磨合期

某次婚宴上，来宾济济，争向新人祝福。一位先生激动地说道："走过了恋爱的季节，就步入了婚姻的漫漫旅途。感情的世界时常需要润滑。你们现在就好比是一对旧机器……"其实他本想说"新机器"，却脱口说错，令举座哗然。一对新人更是不满之意溢于言表，因为他们都曾各自离异，自然以为刚才之语隐含讥讽。那位先生的本意是要将一对新人比作新机器，希望他们能少些摩擦，多些谅解。但话既出口，若再改正过来，反而不美。他马上镇定下来，略一思索，不慌不忙地补充一句"已过磨合期"。此言一出，举座称妙。这位先生继而又深情地说道："新郎新娘，祝福你们永远沐浴在爱的春风里。"大厅内掌声雷动，一对新人早已笑若桃花。

(资料来源：杨茝，王刚. 礼仪师培训教程[M]. 北京：人民交通出版社，2019.)

这位来宾将错就错的机智令人叫绝。错话出口，索性顺着错处续接下去，反倒巧妙地改换了语境，使原本尴尬的失语化作了深情的祝福，同时又道出了新人之间情感历程的曲折与相知的深厚，颇有"点石成金"之妙。

8. 避免冷场发生

与人交谈，一个话题谈完了，如果两个人不善言谈，而另一个话题又没接上，那么就有可能出现"冷场"的尴尬局面，别人会显出局促不安的神态，谈话者也会无所适从，怎么办？一般来说，冷场可分为两种情况：一种是单向交流，听的人毫无兴趣，注意力分散；另一种是双向交流，听者毫无反应，或仅以"嗯""噢"之类应付。不管是哪种情况出现的冷场，根本原因都在于听者不愿听说话人所说的话，听者仅仅出于纪律的约束或处世的礼貌而扮演一个"接受"的角色。发言者既要发言，必须实施控制，避免冷场的发生。避免和控制的办法如下所述。

1) 发言简短

单向交流中那种应景式讲话，越短越好。如某商场举行开业仪式，邀请了市内各方面的人士参加。总经理只说了两句话——"女士们，先生们：热忱欢迎各位光临！现在我宣布：××商场正式开业！"

双向交流中，任何一方都不要滔滔不绝地"包场"，要有意识地给对方留下发言的时间和机会。自己一轮讲不完，应待对方有所反应后再讲，不要一轮就讲得很长。

2） 交换话题

单向交流的话题变换是暂时的，所变换的话题是为了吸引听者的注意力，调动他们的兴趣。这一目的达到后，仍要回到原有话题的轨道。例如，教师在讲课过程中发现学生精力分散，东张西望、打瞌睡、窃窃私语、在桌上乱画，可以暂停讲授，穿插几句应景、时髦、诙谐的话；或者简短地讲个与教学多少相关的典故、趣闻，学生的精力便会一下集中起来，之后，再继续教学。双向交流的话题变换是不定的，根据现场情况随时进行。再如你与别人谈今日凌晨看过的一场世界杯足球赛电视直播，可别人并不喜欢足球，也没有在半夜爬起来观看，对你所谈显得毫无兴趣，出现冷场。这时，你就应及时将话题转到其他方面去。

3） 中止交谈

任何人在交谈时都不希望听者不愿接受。但若这种情况出现后，自己又采取了诸如简短发言、变换话题等控制手段，仍然不能扭转冷场的局面，那就应中止交谈。没有人接受的交谈是无意义的，既白白消耗自己的精力，又无端浪费别人的时间。

小知识

交谈的禁忌

一忌居高临下。不管你身份多高，背景多硬，资历多深，都应放下架子，平等地与人交谈，切不可给人以"高高在上"之感。

二忌自我炫耀。交谈中，不要炫耀自己的长处、成绩，更不要或明或暗拐弯抹角地为自己吹嘘，以免使人反感。

三忌口若悬河。如果对方对你所谈的内容不懂或不感兴趣，不要不顾对方的情绪，自己始终口若悬河。

四忌心不在焉。当你听别人讲话时，思想要集中，不要左顾右盼，或面带倦容、连打呵欠；或神情木然、毫无表情，让人觉得扫兴。

五忌随意插嘴。要让人把话说完，不要轻易打断别人的话。

六忌节外生枝。要扣紧话题，不要节外生枝。如当大家正在兴致勃勃地谈论音乐时，你突然把足球赛塞进来，显然不识"火候"。

七忌搔首弄姿。与人交谈时，姿态要自然得体，手势要恰如其分。切不可指指点点、挤眉弄眼，更不要挖鼻掏耳，给人以轻浮或缺乏教养的印象。

八忌挖苦嘲弄。别人在谈话时出现了错误或不妥，不应嘲笑，特别是在人多的场合尤其不可如此，否则会伤害对方的自尊心。也不要对交谈以外的人说长道短，这不仅有损别人，也有害自己，因为谈话者从此会警惕你在背后也说他的坏话。更不能把别人的生理缺陷当作笑料，无视他人的人格。

九忌言不由衷。对不同看法，要坦诚地说出来，不要一味附和。也不要胡乱赞美、恭维别人，否则，令人觉得你不真诚。

十忌故弄玄虚。本来是习以为常的事，切莫有意"加工"得神乎其神，语调时惊时惶、时断时续，或卖"关子"，玩深沉，让人捉摸不透。如此故弄玄虚，是很让人反感的。

十一忌冷暖不均。当几个人一起交谈时，切莫按自己的"胃口"，更不要按他人的身份而区别对待，热衷于与某些人交谈而冷落另一些人。不公平的交谈是不会令人愉快的。

十二忌短话长谈。切不可泡在谈话中，鸡毛蒜皮地"掘"话题，浪费大家的宝贵时光。要适可而止，说完就走，提高谈话的效率。

(资料来源：杨茫，王刚. 礼仪师培训教程[M]. 北京：人民交通出版社，2019.)

第三节　说服的语言艺术

小故事 11—11

诸葛亮的说服技巧

诸葛亮所运用的说服技巧，充分地体现在说服孙权与刘备联手抗击曹操一事中。公元208年，刘备兵败樊口，再也没有反击之力，要与曹军抗衡，则必须与孙权联手。如果派一般的使者，为了请求对方的援军，一定会低声下气，但是诸葛亮却相反，而是摆出一副强硬的态度，以激起孙权的自尊心："将军您是否也要权衡自己的力量，以处置目前情势。如果贵国的军力足以和曹军抗衡，则应该早早和曹军断交才好；若是无法与曹军相抗衡，则应尽快解除武装，臣服于曹操才是上策。"孙权年轻气盛，果然被激起了强烈的自尊心："照你的说法，为什么刘备不向曹操投降呢？"诸葛亮就紧接着"火上浇油"："你知道田横的故事吗？他是齐国的壮士，忠义可嘉，为了不愿侍二主而自我了断。更何况我主刘备乃堂堂汉室之后，钦慕刘君之英迈资质而投到他旗下的优秀人才不计其数，不论事成或不成，都只能说是天命，怎可向曹贼投降？"说到这里，孙权的自尊心已被充分激发起来了。于是，他激动地表示："我拥有江东全土以及十万精兵，又怎能受人支配呢？我已经做好决定了。"最后，刘备在"赤壁之战"中转败为胜。

(资料来源：佚名.说服[EB/OL].[2018-07-12].
https://baijiahao.baidu.com/s?id=1605773283517863841&wfr=spider&for=pc.)

1. 说服的基本条件

说服就是改变或者强化态度、信念或行为的过程。说服是以求得对方的理解和行为为目的的谈话活动，是使自己的想法变成他人的行动的过程。说服的过程是思想、观点的交锋，也是沟通的具体体现。说服是以人为对象，进而达到共同的认识。人们常说："人生，就是从不间断的说服。"尤其是在商务领域，那里聚集着各种性格的人，为了实现共同的目标，大家必须同心协力，因此说服的场面更是俯拾皆是。所以说工作就是不间断的说服，也并不过分。只有善于说服别人的人才能够获得他人的尊重和信赖。要想取得良好的说服效果，首先必须具备如下条件。

1) 说服者具有较高的信誉

说服进行的基础，是取得对方的信任。而信任，来自说服者的信誉。信誉包括两大因素：可信度与吸引力。可信度高、吸引力强的人，说服效果明显超过可信度低、吸引力弱的人。可信度由说服者的权威性、可靠性以及动机的纯正性组成，是说服者内在品格的体现。吸引力主要指说服者外在形象的塑造。说服者的年龄、职业、文化程度、专业技能、社会资历、社会背景等构成的权力、地位、声望就是权威性。俗话说"人微言轻，人贵言重"，一般来说，一个人的权威性越大，对别人的影响力也就越大。如果说服者在被说服者心目中形成了某种权威性形象，那么他说服别人转变态度的可能性也就越大。要提高说服者的信誉，首先要提高说服者自身各方面的素质，使之具有优秀的智能结构，具有高尚的道德修养，具备权威性和可靠性，说服才有分量、有威信，才能赢得听者的尊重和信赖。此外，还需重视外在形象的修饰，一个外貌、气质、穿着、打扮能给人好感的人，才具有吸引力，一个言谈、举止、口音等方面能与对方体现出共性的人，才具有吸引力。一个恰当的印象，会产生首印效应，帮助说服者成功说服他人。

2) 对说服对象有相当的了解

"知己知彼，百战不殆"。在说服他人之前，必须了解说服对象，捕捉对方思想、态度方面流露出的点滴信息，摸清对方思想问题的症结所在，了解对方的心理需求，根据不同情况区别对待，因人而异，有针对性地开启对方的心扉，才能真正实现感情和心灵的共鸣，避免或减少盲目说服造成的错位反应。

首先，要了解对方的性格。苏洵在《谏论》中举了一个有趣的例子：有三个人，一个勇敢，一个胆量中等，一个胆小。有个人将这三个人带到深沟边，对他们说，"跳过去便称得上勇敢，否则就是胆小鬼"。那个勇敢的必定毫不犹豫地一跃而过，另外两个则不会跳。如果你对他们说，跳过去就奖给两千两黄金，这时那个胆量中等的就敢跳了，而那个胆小的人却仍然不敢跳。突然来了一只猛虎，咆哮着猛扑过来，这时不待你给他们任何许诺，他们三个人都会先你一步腾身而起，就像跨过平地一样。从这个例子中我们可以看出，不同性格的人，接受他人意见的方式和敏感程度是不一样的，有针对性地采取不同的方法去说服对方，更容易达到我们的目的。

其次，要了解对方的优点或爱好。有经验的推销员，一进入顾客家中，总会立刻找到客户感兴趣的话题进行交谈。例如，看到地毯，马上会说："好漂亮的地毯，我也很喜欢这种样式……"通过各种话题创造进入主题的契机。因为从对方的长处或最感兴趣的事物入手，一方面能让对方比较容易接受你的观点，另一方面在对方所擅长的领域里更容易说服他。

最后，要了解对方的看法和态度。有一位歌星特别爱摆架子，一次要录制一个大型义演的现场节目，时间是晚上九点。可是到了七点，这歌星忽然打电话给唱片公司的总监，说她今天身体不舒服，喉咙很痛，要临时取消当天的演出。唱片公司的总监没有破口大骂，而是用惋惜的口吻说："哎！真可惜，这次演出最大牌的歌星才有机会亮相，如果你现在取消，公司里还有很多小牌歌星挤破头在等呢！可是如果换了人，电视台一定会不满意。有那么多后起之秀想取而代之，你这样做恐怕不妥吧。"歌星听后小声地说："那好吧！要不你八点来接我，我想那时我身体应该会好一点吧。"这位唱片公司的总监很清楚这位歌星，根本就没什么毛病，只是喜欢摆摆架子，找准了对方拒绝的真实原因，进而有针对性地进行说服。

3）　能够把握住说服的最佳时机

说服还要能够抓住最佳时机。同样一番道理，彼时说可能不如此时说，现在说不如以后说。时机把握得好，对方才愿意听，才会用心听，才能听得进。否则，说服过早，会被对方认为神经过敏或无中生有；说服过迟，已时过境迁，对方认为你是"事后诸葛亮"，你即便有再好的口才，再好的意见，都不可能收到预期的效果。掌握时机，要将说服对象与时、境、理联系起来考虑，配合起来运用。可利用特定场合，造成境、理相衬，进行深入说服；可利用景中道情，情中说理，进行委婉说服；还可借助眼前实物，进行暗示说服等。

4）　必须营造良好的说服氛围

说服，总是在一定的语言环境中进行的。环境制约了语言，因此，说服效果的好坏，一定程度上也取决于环境。一个宽松、温和、优雅的环境较之肃穆、压抑、沉闷的环境，其说服的效果自然会好得多；在一个自己熟悉的环境中施行说服，较之于陌生的环境，自然也会有利得多。营造一个恰当的说服氛围，不仅是必要的，而且是必需的。某啤酒生产厂得罪了一家餐馆的经理，对方就改换销售另一品牌。在直接和负责人谈判无效的情况下，销售人员天天晚上去这家餐馆里帮忙搬运货物，甚至包括竞争对手生产的啤酒。他总是说："你是我的老顾客了，我要为你服务，即便你不销售我们公司生产的啤酒。"他的诚意终于打动了经理，最后争取到了独家销售权。可见充分体验对方的感受，会营造出融洽的感情，在此基础上再委婉地提出自己的观点，就有可能赢得对方的赞许。

2. 说服的语言技巧

1）　换位思考，晓以利害

要站在对方的立场考虑问题，理解并同情对方的思想感情，从对方的角度说明问题，体验他的思想感情，进而使他改变自己的看法，获得理想的说服效果。1977 年 8 月，克罗地亚人劫持了美国环球公司从纽约拉瓜得亚机场到芝加哥奥赫本的一架班机，在劫持者与机组人员僵持不下之时，飞机兜了一个大圈，越过蒙特利尔、纽芬兰、沙浓、伦敦，最终降落在巴黎市郊的戴高乐机场。在这里，法国警察打瘪了飞机轮胎。

飞机停了 3 天，劫机者同警方僵持不下，法国警方向劫机者发出最后通牒："喂，伙计们！你们能够做你们想做的任何事情，但美国警察已到了。如果你们放下武器同他们一块回美国去，你们将会判处不超过 2 至 4 年徒刑。这也可能意味着你们也许在 10 个月左右被释放。"

法国警察停顿片刻，目的是让劫机者将这些话听进去。接着又喊："但是，如果我们不得不逮捕你们的话，按我们的法律，你们将被判死刑。那么你们愿意走哪条路呢？"劫机者被迫投降了。[①]本例中法国警察在劝说中帮助劫机者冷静地分析客观形势，明确向对方指出了两条道路：投降或者顽抗，投降的结果是 10 个月左右的徒刑，而顽抗的结果只可能是死刑。面对这两种迥异的结果，早已心慌意乱的劫机者识相地选择了弃械投降，从而作出了正确的选择。

2）　稳定情绪，再行说服

在生活中，有些人受到种种因素的刺激，往往容易感情用事，不经过慎重周全的考虑就莽撞地采取行动。鉴于这种情况，我们应该先设法让对方的情绪稳定下来，然后提出比贸然行事更合理、更有利的举措，这样就能使对方冷静地斟酌、衡量，并为了更大程度地维护自身利益而抛弃原来的草率决定。俄国十月革命以后，农民得到了解放，成千上万的农民来到莫斯科。由于他们对沙皇仇恨很深，因此坚决要求烧掉沙皇住过的房子。有人把这件事向列宁汇报了。列宁指示干部们对农民进行说服教育。第一次劝告，农民不听；第二次、第三次，仍然劝说无效。最后列宁决定亲自和农民谈话。

列宁对农民说：“烧房子可以。在烧房以前，让我讲几句，行不行？”

农民说：“请列宁同志讲。”

列宁问道：“沙皇的房子是谁用血汗造的？”

农民说：“是我们自己造的。”

列宁又问：“我们自己造的房子，不让沙皇住，让我们农民代表住，好不好？”

农民说：“好！”

列宁再问：“那要不要烧掉呀？”

农民觉得列宁讲的道理很对，再也不坚持要烧掉沙皇住过的房子了。[②]

这里，对沙皇的仇恨激发了农民焚烧皇宫的强烈愿望。在数次劝说无效的时候，列宁通过与农民对话使他们的情绪稍稍平定，然后提出让农民代表住沙皇的房子的建议，农民认识到这个方案不仅能发泄愤怒，而且可以给自己带来实际的好处，于是很快表示赞同，“烧房子”的决定也因此而“搁浅”。

3）　位置互换，改变角色

让对方改变位置，变换角色进行说服是一种十分有效的方法。在美国，频繁的车祸使交通部门很感头痛。他们用罚款和其他法律手段来劝肇事者注意安全，但收效甚微。后来，交通部门在专家们的建议下，采纳了一个新的办法。他们让那些违章司机换个“位置”——换上护士服，到医院去照料那些因交通事故住院的受害者，体验他们的痛苦。结果收到奇效，那些违章司机从医院出来后就判若两人，他们不仅成为遵守驾驶规章的模范，而且成了交通法规的积极宣传者。[③]

4）　讲究方式，引起关注

在说服时，要选择能够引起对方关注和感兴趣的方式表达意见，要运用富有吸引力的

---

① 周璇璇. 实用社交口才[M]. 北京：北京大学出版社，2008.

② 陈秀泉. 实用情境口才——口才与沟通训练[M]. 北京：科学出版社，2007.

③ 李晓. 沟通技巧[M]. 北京：航空工业出版社，2006.

内容支撑你的观点，从而引导说服对象关注设定的话题，让对方充分了解说服的内容。第二次世界大战期间，国际金融家萨克斯(Sachs)想使罗斯福政府批准试制原子弹。第一次他使用了很多罗斯福听不懂的专业术语，全面介绍了原子弹可能产生的影响，但是罗斯福(F.D.Roosevelt)被冗长的谈话弄得很疲倦，他的反应是想推掉这件事。萨克斯第二次面对罗斯福时，改变了说话的方式，他对罗斯福说："我想向您讲一段历史。早在拿破仑当权的时候，法国正准备对英国发动进攻，一个年轻的美国发明家富尔顿(Fulton)来到了这位法国皇帝面前，他建议建立一支由蒸汽机舰艇组成的舰队，无论在什么天气的情况下，拿破仑都可以利用这支舰队，在英国登陆。军舰没有帆能航行吗？这对于那个伟大的科西嘉人来说，简直是不可思议的。他把富尔顿赶了出去。根据英国历史学家阿克顿(Acton)爵士的意见，这是由于敌人缺乏见识而使英国得以幸免的一个例子。如果当时拿破仑稍稍多动一些脑筋，再慎重考虑一下，那么 19 世纪的历史进程也许会完全是另一个样子。"罗斯福听完萨克斯的话后，立即同意试制原子弹①。由此可见，选择了能引起说服对象关注的内容和方式，就会取得不同的效果。

5) 以情动人，以理服人

在表达某种意见时，用诚挚而令人感动的语气说出来，别人的心就容易被征服。要说服别人，有时激起对方的情感比激起对方的理性思考更为有效。有些孩子做错了事，往往任何斥责都听不入耳，但母亲动人肺腑的痛苦，反而会使其泯灭的良心复苏。如果在说服他人的时候，仅仅着眼于主题突出，例证充足，声音动听，姿态优美，而说出的话冷冰冰，肯定不能奏效。要想感动别人，就得先感动自己。要将真诚通过自己的情感、声音输入听者的心底。说服还要摆事实、讲道理来使人相信，使人赞同你的观点和主张。唐太宗为了扩大兵源，想把不在征调之列的中年男子都招入军中。丞相魏徵知道后对他说："把水淘干了，不是得不到鱼，但明年恐怕就不会有鱼了；把森林烧光了，不是猎不到野兽，但明年恐怕就无兽可猎了。如果中年男子都招入军中，生产怎么办？赋税哪里征？兵员不在多，关键在于是否训练有素，指挥有方，何必求多呢？"太宗无言以对，只好收回了成命。②魏徵借用两件与主要事件相类似的事例作比，既形象又深刻地阐明了不能把中年男子都征入军中的道理，入情入理的说服，让太宗心服口服。

第四节　赞美的语言艺术

小故事 *11—12*

受到赞美的保洁员

一天晚上，韩国一家大公司发生了被盗事件，但盗窃者并没有得逞。该公司的一位保

---

① 李晓. 沟通技巧[M]. 北京：航空工业出版社，2006.
② 李晓. 沟通技巧[M]. 北京：航空工业出版社，2006.

洁员不顾生命危险，与盗窃者进行了一场惊险的搏斗。

在这样一家大公司里，论地位、工资，这位保洁员都难以引起重视；论责任，防火防盗这些事情与一个小小的保洁员也没有直接的关系。然而，是什么让这位保洁员产生了如此强烈的正义感呢？

后来，有人从这位保洁员的口中得知，他之所以会这样做，是因为公司总经理每次看到他在辛勤工作时，总是微笑着表扬他把地板打扫得很干净。因此他心存感激，并以此作为回报。

(资料来源：佚名.真诚的赞美如同投资[EB/OL].[2013-10-11].
http://blog.sina.com.cn/s/blog_d2f2b2ae0101etwi.html.)

美国管理学家玛丽·凯(Mary Kay)说："赞美是一种有效而且不可思议的力量。"的确如此，在社会交往中，绝大多数人都期望别人欣赏、赞美自己，希望自身的价值得到社会的肯定。公关人员恰当地运用赞美的方式，会激发人们的积极性，产生巨大的精神力量。

1. 赞美的类型

赞美是社交语言中一种常见的言语交际形式。从不同角度，赞美可以作不同的分类。

1) 从赞美的场合上分类

从赞美的场合上可以把赞美分为当众赞美和个别赞美。当众赞美是指面对特定的组织、团体、群体等，对某人或某事的赞美。如表彰会、庆功会、总结大会等。这种形式能充分调动全体人员的积极性，鼓动性强，宣传面广，影响面大，能产生一定的轰动效应，营造热烈、向上的气氛，但它受时间、场所限制，运用不好，容易流于形式和走过场。个别赞美是指在会下针对个别人谈话中予以表扬的形式。这种形式使用方便，自如灵活，针对性强，做思想工作比较细致，能解决一些具体问题，效果比较好，时间、地点不受限制。

2) 从赞美的方式上分类

从赞美的方式上可以把赞美分为直接赞美和间接赞美。直接赞美是指直接面对好人或好事予以赞美，以告世人皆知。这是一种常用的表扬方式。在一个社会组织内，出现好人好事，单位领导或管理人员要及时予以表扬，或者通过大会场合，或者通过某种媒介，表扬先进，带动后进，能形成良好的风气。这种形式直截了当，不拐弯抹角，使人们听到后得到鼓励，产生好感。间接赞美是指通过第三者来赞美某人或某事的形式，使用这种形式时，应注意分寸，讲究策略，往往是当面不便直接开口，或者是找不到合适的时机去说，而借用对方传达自己赞美他人的话语，这样，使他人听到后，感到心情舒畅。这种形式通过对方，传达佳话，能消除隔阂，增强团结，融洽气氛，创造和维系良好的上下级关系和同志关系。

3) 从赞美的用语上分类

从赞美的用语上可以把赞美分为正面赞美和反语赞美。直接赞美是指对好人好事用正面言语加以赞美的形式。这种赞美开门见山，直截了当，使用灵活，形式多样，应用范围广泛。反语赞美是指用反语来赞美某人或某事的形式。这种形式在特定的言语环境和背景下使用，幽默含蓄，别致风趣，比一般的赞美有更好的表达效果。例如，某制药厂厂长，赞美一位药剂师大胆实验、大公无私的献身精神，说："为了减少药物的副作用，在正式投产前，你长期泡在实验室里，对新药不择手段，抢吃抢喝，多吃多占，在自己身上反复实验，我这个厂长真是拿你没有办法。"这种反语赞美的形式，令人感到新奇巧妙，别有情趣。

2. 赞美的语言艺术

一般来说赞美是一种能引起对方好感的交往方式。赞同我们的人与不赞同我们的人相比，我们更喜爱前者，这符合人际交往的酬赏理论。

但令人遗憾的是，不少人把赞美当作取悦他人的简单公式，不分时间、地点、条件对他人一味地加以赞美，实际上，这一做法是很不足取的。因为我们知道：人借助语言进行交往，语言具有影响对方心理反应，进而影响双方人际关系的效能，任何一种语言材料、语言风格、交往方式对人际关系产生何种影响，常因人、因时、因地而异。赞美这一交往方式也不例外，它的效能也具有相对性和条件性。

美国心理学家阿伦森曾举例说：假设工程师南希(Nancy)出色地设计了一套图纸。上司说"南希，干得好！"毋庸置疑，听了这话，南希一定会增加对上司的好感。但如果南希草率地设计了一套图纸(她自己也知道图纸没设计好)，这时，上司走过来用同样的声调说出同一句话，这句话还能使她产生好感吗？南希可能得出上司挖苦人、戏弄人、不诚实、不懂得好坏、勾引异性等结论，其中任何一项都使南希对上司的喜爱有所减少。

因此，赞美的效果要受各种条件制约。能引起好感的赞美要借助以下条件。

1) 热情真诚的赞美

每个人都珍视真心诚意，它是人际交往中最重要的尺度。能引起好感的赞美首先必须是发自内心、热情洋溢的，否则那就是恭维。赞美和恭维到底有什么区别呢？卡耐基说："很简单，一个是真诚的，另一个是不真诚的；一个出自内心，另一个出自牙缝；一个为天下人所欣赏，另一个为天下人所不齿。"大音乐家勃拉姆斯(Johannes Brahms)是个农民的儿子，出生于汉堡的贫民窟，享受不到受教育的机会，更无从系统学习音乐，所以，对自己未来能否在音乐事业上取得成功缺乏信心。然而，在他第一次敲开舒曼(Robert Schumann)家大门的时候，根本没有想到他的一生的命运就在这一刻决定了。当他取出他最早创作的一首 C 大调钢琴奏鸣曲草稿，手指无比灵巧地在琴键上滑动，弹完一曲站起来时，舒曼热情地张开双臂拥抱了他，兴奋地喊着："天才啊！年轻人，天才……"正是这发自内心的由衷赞美，使勃拉姆斯的自卑消失得无影无踪，也赋予了他从事音乐艺术生涯的坚定信心。从那以后，他便如同换了一个人，不断地把心底里的才智和激情流泻到五线谱上，成为音乐史上一位卓越的艺术家。正是这一句真诚的赞美，创造了一位音乐大师。

2) 令人愉悦的赞美

赞美的言语应该是对方喜欢听的言语，能达到使人愉悦的目的，我们称它为愉悦性原则。在交际活动中，遵循愉悦性原则，就是要多说对方喜欢听的话语，不说对方讨厌的言辞。这样，往往能获得较好的表达效果。

小故事 11—13

关于朱元璋的一则笑话

朱元璋有两个过去一块儿长大的穷朋友。朱元璋后来做了皇帝，而这两位朋友仍过着苦日子。一天，一位朋友从乡下赶到南京，拜见了朱元璋。他对朱元璋说："我主万岁！当年微臣随驾扫荡庐州府，打破罐州城，汤元帅在逃，拿住豆将军，红孩儿当关，多亏菜将军。"朱元璋听到他讲得很动听，十分高兴，也隐约记起他所说的一些事情，立刻封他做了御林军总管。事情一传出，另外一个朋友也去了南京，拜见朱元璋，也说了那件事："我主万岁！从前，你我都替人家看牛，一天我们在芦苇荡里，把偷来的豆子放在瓦罐里煮着，还没煮熟，大家就抢着吃，把罐子打破了，撒了一地豆子，汤都泼在泥地里。你只顾从地下满把地抓豆子吃，却不小心连红草叶也送进嘴去。叶子哽在喉咙口，苦得你哭笑不得。还是我出的主意，叫你用青菜叶子带下肚子里去了……"朱元璋见他不顾体面，没等他说完，就命令："推出去斩了！"从上例可见，第一位朋友将放牛娃偷吃豆子的趣事，赞美为叱咤疆场的赫赫战绩，巧妙比喻，高雅别致，说得动听，使人愉悦。第二位朋友明话直说，粗俗低劣，讲的话令人不爱听，有伤皇帝尊严，自然当斩。

(资料来源：http://www.cpd.com.cn/gb/newspaper/2010-09/04/content_1401057.htm, 2010-09-04)

3）具体明确的赞美

空泛、含混的赞美因没有明确的评价原因，常使人觉得不可接受，并怀疑你的辨别力和鉴赏力，甚至怀疑你的动机、意图，所以具体明确的赞美才能引起人们的好感。对他人总以"你工作得很好""你是一个出色的领导"来赞美，只能引起人家反感。

小故事 11—14

罗斯福总统的赞美

克莱斯勒公司为罗斯福总统制造了一辆汽车，因为他下肢瘫痪，不能使用普通的小汽车。工程师把汽车送到了白宫，总统立刻对它表示了极大的兴趣。他说："我觉得不可思议，你只要按按钮，车子就开起来，驾驶毫不费力，真妙。"他的朋友和同事们也在一旁欣赏汽车。总统当着大家的面夸奖："我真感谢你们花费时间和精力研制了这辆车，这是件了不起的事。"总统接着欣赏了散热器、特制后视镜、钟、车灯等，换句话说，他注意并提到了每一个细节，他知道工人为这些细节花费了不少心思。总统坚持让他的夫人、劳工部长和他的秘书注意这些装置。这种具体化的赞美让人感觉到真心实意。

(资料来源：佚名.赞美的六个前提条件[EB/OL].[2012-04-27].
http://www.doc88.com/p-192105757807.html.)

4）符合实际的赞美

在赞美别人时，应尽量符合实际，虽然有时可以略微夸张一些，但是应注意不可太过分。如某个人对某领域或某个方面提出了一些很好的意见，或者有了一点成果，你可以说"你在这方面可真有研究"，甚至可以说"你是这方面的专家"。可如果你说"你真不愧是个著名的专家""你真是这方面的泰斗"等，对方如果是个正派人就会感到不舒服，旁观者就会觉得你是在阿谀奉承，另有企图。

5）让听者无意的赞美

赞美者不是有意说给被赞美者听的赞美叫无意的赞美。这种赞美会被人认为是发自内心，不带私人动机的。如《红楼梦》中一次贾宝玉针对史湘云、薛宝钗劝他要做官为宦，仕途经济的话，对史湘云和袭人赞美黛玉道："林姑娘从未说过这些混账话嘛！要是他说这些混账话，我早和她生分了。"凑巧这时黛玉正好来到窗外，无意中听见这些话，使她"不觉又惊又喜，又悲又叹"。结果宝黛二人推心置腹，感情大增。

6）不断增加的赞美

阿伦森的研究表明：人们喜欢那些对自己的赞美显得不断增加的人，并且对自始至终都赞美自己的人与最初贬低逐渐发展到赞美的人，人们尤其喜欢后者。因为相对来说，前者容易使人产生他可能是个对谁都说好的"和事佬"的感觉，但人们对开始持否定态度的后者会留下这样一种印象：说我不好，一定是经过考虑、分析的，可能有他一定的道理。从而认为对方可能更有判断力，进而更喜欢他。

7）出人意料的赞美

若赞美的内容出乎对方意料，易引起好感。卡耐基在《人性的优点》中讲过他曾经历过的一件事：一天，他去邮局寄挂号信，从事着年复一年的单调工作的邮局办事员显得很不耐烦，服务质量很差。当他给卡耐基的信件称重时，卡耐基对他称赞道："真希望我也有你这样的头发。"闻听此言，办事员惊讶地看着卡耐基，接着脸上泛出微笑，开始热情周到地为卡耐基服务。显然这是因为他接受了出乎意料的赞美的缘故。

总之，赞美是人的一种心理需要，是对他人尊重的表现，是一剂理想的黏合剂，可以给人以舒适感，使我们拥有更多的朋友。但"赞美引起好感"并不是绝对的、无条件的，它要受赞美动机、事实根据、交往环境诸因素的制约和影响。因此公关人员在与公众相处时，必须记住——"一味地赞美不足取"。

第五节　拒绝的语言艺术

拒绝，是对他人意愿、行为的一种直接或间接的否定。实际上拒绝就是不接受，包括不接受对方希望你接受的观点(意见)、礼物和要(请)求等。工作和生活中人们总是互有所求，而且要求方往往是被要求方的亲朋好友，甚至是恩人、领导。俗话说，"上山擒虎易，开口求人难"，设身处地，应当尽量地接受别人提出的各种要求。但是，也有许多要求是不能接受的。如果不能拒绝那些不能接受的要求，就一定会给自己(也终将给对方)带来无尽的烦恼。生活反复地证明，"当断不断，必受其乱"，我们必须学会拒绝。面对对方提出的问题，如果很直接地说"这种事情恕难照办""我实在没有钱借给你""我们每天都一样地工作，凭什么要我来帮你的忙"……可以想象对方一定会恼羞成怒。因此，我们必须学会根据不同情况运用不同的拒绝艺术。

1．拒绝的基本要求

1)　认真听

认真倾听对方的请求，并简短地复述对方的要求，以表示确实了解了对方的意图。拒绝的话不要脱口而出，即使当对方说了一半，我们已明白此事非拒绝不可，也必须凝神听完他的话，这样可以让对方了解到我们的拒绝不是草率做出的，是在认真考虑之后才不得已而为之的。尤其要避免在对方刚开口就断然拒绝，不容分辩地拒绝最易引起对方的反感。

2)　看情势

拒绝同其他交际一样，要审时度势，要看是否有拒绝的必要和可能。从必要角度看，自己的道德准则不能接受的，没有能力接受的，接受后会给自己带来不愿承受或无法承受的损失的，接受后可能给对方带来麻烦或损失的，应当拒绝；如不至于如此，或对对方有利而自己受一些能够承受的损失，则应当接受。从可能的角度看，要考虑自己拒绝的能力，如无理拒绝，或拒绝后会带来更严重的后果，则只好接受。

3)　下决心

如情势需要拒绝又可能拒绝，就应当下定拒绝的决心，着力克服三大心理障碍：一是磨不开情面，碍于对方的面子，总觉得不好意思拒绝；二是怕对方怪罪，怕因为对方怪罪而影响双方今后的交往，甚至影响自己的利益(如不能得到对方的帮助等)；三是怕旁人议论，怕别人说自己不够朋友、不够意思等。如果必须拒绝，这些考虑都是不必要的和有害的。

4)　态度好

不要在他人刚开口时就予以断然地拒绝，不要对他人的请求流露出不快的神色，更不要蔑视和忽略对方，这些都会让对方觉得你的拒绝是对他没有诚意的表现，从而对你的拒绝产生逆反心理。不论是听对方陈述要求和理由，还是拒绝对方并说明缘由，都要始终保持和蔼亲切的态度，让对方了解自己的拒绝实在是认真考虑后不得已而为之。

5)　措辞柔

感谢对方在需要帮助时想到你，并略表歉意。对于他人的请求，表现出无能为力，或迫于情势而不得不拒绝时，一定要记得加上"真对不起""实在抱歉""不好意思""请多包涵""请您原谅"等致歉语，这样一来，便能不同程度地减轻对方因遭拒绝而受的打击，并舒缓对方的挫折感和对立情绪。但是不要过分表示歉意，这样会造成不诚实的印象，因为如果你真的感到非常抱歉的话，就应该接受对方的请求。

6)　直言"不"

对于明显不能办到的事，应该明白直接地说出"不"字。"说得多不如说得少"，言简意赅，要言不烦是最有效的方法，模棱两可的说法易使对方抱有幻想，引发误解，当最终无法实现时，对方会觉得受了欺骗，由此引起的不满和对立情绪往往更加强烈。"当断不断"，其结果只能是害人又害己。

7） 理由明

不要只用一个"不"就让对方"打道回府"，而应给"不"加上合情合理的注解，让对方明白，自己的拒绝不是毫无来由，更不是找借口搪塞，而是确有无可奈何的原因或难以诉说的苦衷，讲明自己的处境，最好具体说出理由及原委，那么，在将心比心中，对方自然就能体谅你的言行了。说明理由是为了让对方明白我们的拒绝是确有难以说出的苦衷。当你说明理由后，对方试图反驳，你千万不可与之争辩，只要重申拒绝理由就行了。不过，如果你觉得拒绝的理由不充分，也可以直接拒绝不说明理由，或者只用一些"哎呀，这咋办呢""真伤脑筋"之类的话给予回答，但是千万不可编造理由，因为谎言终究会被揭穿。

小故事 11—15

拒绝下属的加薪要求

宗严是一家公司的老板，有个员工来找他，提出了涨工资的要求，并说："人家别的同类企业同样的岗位，工资都比我高。"宗严说道："你想涨工资，我也特别想给你涨工资。在我们这样的公司，一个员工的薪水，是由他为公司创造的效益决定的。你的薪水越高，说明你为公司创造的效益越大，公司赚到的钱也越多。所以，我希望我们每一个员工都能拿到同行业最高的薪水，那样我们公司也就是同行业最顶尖的公司了！我问你，咱们公司在同类企业中算是顶尖的吗？"那个员工沉默了，宗严又问道："你的工作业绩，比那些优秀的同行业公司中同样岗位的员工高吗？"那个员工再次沉默，不再提加薪的要求。

（资料来源：领导怎么跟员工谈钱[EB/OL].[2019-02-10].
http://www.sohu.com/a/293891189_160690）

8） 择他途

在拒绝对方这一方面要求的同时，如果能够尽量满足其他方面的合理要求来作为补偿，或是积极地替他出谋划策，建议他选择或寻求更好的途径和办法，就可减缓对方因自己的拒绝而产生的瞬时不快情绪，缓解对方的被动局面。也可以表明自己的诚意，让对方体会到你的火热心肠、殷切期待，则更易得到他人的谅解、友谊与好感，例如，"要是明天的话，我大概可以去一趟""真对不起，这件事我实在爱莫能助，不过我可以帮你做另一件事""我只能借给你 1000 元，但我知道小李有一笔不少的活动奖金，也许你可以去找他"等。

2. 拒绝的语言艺术

在社交场合中，同样表达一个拒绝的意思，有不同的说法。从语言技巧上说，拒绝有直接拒绝、婉言拒绝、诱导拒绝、幽默拒绝、回避拒绝、模糊拒绝、附加条件拒绝、沉默拒绝等方法。[1]具体如下所述。

---

① 陈秀泉. 实用情境口才——口才与沟通训练[M]. 北京：科学出版社，2007.

1) 直接拒绝

直接拒绝就是将拒绝之意当场明讲。采取此法时，重要的是应当避免态度生硬，并需要把拒绝的原因讲明白，有时还可以向对方致歉。例如，"对不起，谢谢，这样做对我不合适""对不起，这次我真的无法帮忙"。

小故事 11—16

《三国演义》中巧妙至极的拒绝艺术

《三国演义》中，刘备借东吴荆州不还，东吴派诸葛瑾(诸葛亮的哥哥)来游说讨地。诸葛亮主动假意哭请刘备还荆州，刘备决意不肯听从，而又不肯背言而无信的名声，于是假意把关羽所辖的"三郡"还给东吴。当诸葛瑾向关羽讨地时，关羽道："荆州本大汉疆土，岂得妄以尺寸与人？"断然加以拒绝。这里，诸葛亮巧借刘备拒绝，刘备又巧借关羽来说"不"，真是巧妙至极。

(资料来源：根据《三国演义》相关故事编写。)

2) 婉言拒绝

婉言拒绝就是运用委婉的语言，暗示对方无法满足其请求。例如，有一位朋友不请自到，而此时你正忙于工作无法接待，可以在见面之初，一面真诚地对其表示欢迎，一面婉言相告："我本来要去参加公司的例会，可您这位稀客驾到，我岂敢怠慢。所以专门告假5分钟，特来跟您叙一叙。"这句话的"话外音"就是暗示对方"只能谈5分钟时间"。

3) 诱导拒绝

诱导拒绝就是采用诱引方法，让对方自己感悟到，或者直接说出拒绝的理由。例如，1945年富兰克林·罗斯福第四次连任美国总统。《先锋论坛》报的一位记者采访他，请他谈谈这次连任的感想。罗斯福没有回答，而是很客气地请这位记者吃一块"三明治"(夹馅面包)。记者觉得这是殊荣，便十分高兴地吃了下去。总统微笑着又请他吃第二块"三明治"。他觉得是总统的恩赐，情不可却，又吃了下去，不料总统又请他吃第三块。他简直受宠若惊，虽然肚子里已不再需要了，但还是勉强吃了下去。哪知道罗斯福在他吃完之后又说："请再吃一块吧。"记者一听啼笑皆非，因为他实在吃不下去了。罗斯福微笑着说："现在，你不需要再问我对于这四次连任的感想了吧，因为你自己已经感觉到了。"

4) 幽默拒绝

幽默拒绝就是用幽默的语言表达拒绝的意思。例如，有朋友请我们帮忙，可以说"啊，对不起，今天我还有事，只好当逃兵了"。再看一个例子，在1990年的一次外交部新闻发布会上，一位西方记者问发言人李肇星："请问邓小平先生目前健康状况如何？"李肇星答："他健康状况良好。"另一位记者穷追不舍："邓小平先生是在医院里还是在家里拥有良好的健康状况？"李肇星答："我不知是你有这样的嗜好，还是贵国有这种习惯，在身体健康的时候住在医院里，身体不好时反而待在家里。"李肇星以轻松幽默的方式回答了这一问题，令对方相形见绌，同时又达到了不伤害对方感情的目的。

5) 回避拒绝

回避拒绝就是答非所问，就是表面上看是在回答问题，但实际上说的都是空话，没有任何实质信息。当遇上他人过分的要求或难答的问题时，可使用这种方法。

比如有人问你，在×××问题上，你支持老王还是老李。你回答："谁正确我就支持谁。"对方又问："那谁是正确的一方？"答："谁坚持真理谁就是正义的一方。"到底支持谁？你并没有进行正面的回答。2002 年 11 月，江泽民同志访美时，一名学生问他："中国对熊猫保护采取了哪些步骤？"江泽民回答说："我是搞电机的，我跟你们一样非常喜欢熊猫，但对熊猫很少研究。"台下一阵大笑。这也是一种"说不"的方式。

6) 模糊拒绝

模糊拒绝就是不直接拒绝，而是通过与对方请求相关的话题表明自己的态度。钱钟书先生是我国著名作家，他的作品《围城》享誉海内外。有一位英国女士特别喜欢钱钟书。当这位英国女士来到中国，就给钱钟书先生打电话，说想拜见他。钱钟书先生在电话中说："假如你吃了一个鸡蛋觉得不错，又何必要亲自去看那只下蛋的母鸡呢？"钱钟书用生动的比喻做了模糊的回答，委婉地拒绝了英国女士见面的请求。

7) 附加条件拒绝

附加条件拒绝就是先顺承对方的意思，然后附加一个事实上不可能的或主观上无法达到的条件。

有一次，意大利音乐家帕格尼尼(Niccolo Paganini)为了赶到一家大剧院演出，急急忙忙跨上一辆马车，他一边催车夫快点，一边向车夫问价。"先生，你要付我 10 法郎。"马车夫知道他是大名鼎鼎的音乐家，便有意讹诈他。"你这是开玩笑吧？"帕格尼尼吃惊地问道。"我想不是。今天人们去听你一根琴弦拉琴，你可是每人收 10 法郎啊！我这个价格不算多。""那好吧，我付你 10 法郎，不过你得用一个轮子把我送到剧院。"音乐家帕格尼要求车夫用一个轮子把他送到剧院，这是根本不可能做到的，因此在客观上便起到了拒绝勒索的作用。

8) 沉默拒绝

沉默拒绝就是在面对难以回答的问题时，暂时中止"发言"，一言不发，或者运用摆手、摇头、耸肩、皱眉、转身等身体语言来表示自己拒绝的态度。礼貌拒绝对方的方法还有很多，如让步拒绝法、预言拒绝法、提问拒绝法等，其实无论选择什么拒绝方法，关键是要表明态度，同时做到不伤害对方感情，保护自身形象就可以了。

9) 自嘲拒绝

当对方提出一些自己不能或不想答应的要求时，通过自我解嘲的方式，即自己贬低自己来达到拒绝的目的，这样不仅可以拒绝对方的请求，还可以避免回答"为什么不行"的难题。例如：

有一次，中央电视台《东方之子》栏目想采访启功先生，与先生联系时说："我们采访的都是知名的专家、学者、社会精英，故名东方之子。"启功先生听了说："我不够你们的档次，我最多是个'东方之孙'。"以此拒绝了这次采访约请。

10)　建议拒绝

生活中，别人所要求的事你不能答应，你可以站在对方的立场上分析利弊，并给出建议，告诉对方怎样做更有利。这样用更好、更合理的建议代替拒绝，既拒绝了对方，又让对方看到了你为其着想的心意，拒绝而不伤人，而对方有了更好的选择，对你只会有感激，而不会有丝毫的不满。

小故事 11—17

胡歌的建议

有人拍了一部网剧，想请胡歌去客串一个角色，并说："只要您肯去，报酬方面绝不让您吃亏！"胡歌看了对方的剧本后，说道："你请我客串，是希望通过我的影响力去提高点击量。但是我在里面露脸几分钟，起到的效果真的是非常有限的。一部剧，想要观众喜欢，最重要的还是剧情和制作。你看现在一些爆红的网剧，只要剧情好，不需要任何明星也能点击量几十亿！与其请我去客串，倒不如把这些钱用来请一位好编剧，用心地去打磨一下剧本。如果你需要，我倒是可以介绍一位有实力的编剧给你，我觉得你请他，比请我要有用得多！"胡歌果然给对方介绍了一位好编剧，对对方的帮助很大。对方一直很感激胡歌。

(资料来源：佚名.如何让拒绝赢得好感[EB/OL].[2018-06-15].
http://www.360doc.com/content/18/0615/11/4958641_762598113.shtml.)

思考与训练

1.　讨论在交谈中遇到以下三种情况该如何处理。

(1)　对方不知不觉将话题扯远了。

(2)　对方心血来潮，忽然想到了他得意的事。

(3)　对方故意转变话题，不愿意再谈原来的事。

2.　请赞美你身边的同学。方法：请学员 1、2、3 报数，将相同数字的人分成一组，三组学员围圈席地而坐。请一位学员举手，他右边的第一位学员起立，其他人依次赞美他。用"我认为你……""我觉得你……"的说法，不要介入第三者。被赞美的人不能讲话，但要和赞美者作眼神交流；赞美者话不能太多，不能重复前面人的话，只赞美，不批评。全组学员都赞美过第一人后，换下一位。按顺时针方向依次进行。进行完后，讨论如下问题。

(1)　被赞美的感觉是怎样的？

(2)　赞美别人你是怎样想的？

(3)　你得到什么启示？

3.　请一位朋友向你提问，你作直接快速的回答，提出问句时间不计在内，看答话用了多少时间。

(1) 你的优点是什么？

(2) 你的缺点是什么？

(3) 你的爱好是什么？

(4) 这个爱好是怎么形成的？

(5) 这个爱好给你带来了什么好处？

(6) 这个爱好为什么至今没有转移？

(7) 你的烦恼是什么？

(8) 你最珍惜的是什么？

(9) 你最讨厌的是什么？

(10) 你最崇尚什么？

(11) 你最喜欢的格言是什么？

(12) 你最大的乐趣是什么？

(13) 你平时经常想的是什么？

(14) 你做人的信条是什么？

(15) 你最大的愿望是什么？

(16) 你怎样评价自己？

(17) 听到闲言碎语你如何对待？

(18) 你是喜欢春天还是冬天？

(19) 你是不是开始注意到金钱并非微不足道了？

(20) 你现在是不是打消了出国的念头了？

训练提示如下。

第一，问句的角度要求避免单调和程式化，要富有变化。答语的观点要求旗帜鲜明、坦率从容，也可以含蓄风趣一点，最好有一些哲理色彩。

第二，简单明了，多用短语，尽可能一两句话就把自己的意思说得明明白白。多用直言句式直截了当地应对，不要模棱两可、不痛不痒，也要力求避免运用简单的肯定、否定（如"是"或"不是"）方式答对。

第三，少说空话、套话，内涵力求丰富充实，要敢于亮出自己的想法，不要遮遮掩掩，要显示出自己鲜明的个性。

第四，要留意复杂问句。所谓"复杂问句"是指隐含某种假定前提的问句。如"你还想着去北戴河旅游吗？"隐含前提是"曾经或一直想着去北戴河旅游"。其实你可能从来就没有"想"过，所以回答要针对"想没想"，而不是"去不去"。对这类问句要留心前提，进行有针对性的回答。训练题中有些是复杂问句，如(18)(19)和(20)。

4. 练习。

(1) 与人交谈时，要带着发掘尽可能多的信息的目的去倾听，要准备提出一系列探究性问题以获取必要的信息。

例如可以提出以下问题。

① 你是怎么发现那个人的？

② 还发生了什么？

③ 你为什么这样认为？

④ 结果怎样？

⑤ 你还会这么做吗？

⑥ 你觉得从这一经历中有何收获？

不要用你的问题打断对方。要倾听，你的问题才会贴切地与对方讲话内容对应起来，询问时你要持积极、合作态度。

假如我们花费比通常更多些的时间做这些练习，不也是挺有趣的事情吗？我们不仅将成为一个善听者，同时还将成为更有恒心的好学者。

(2) 回想你上一次与某人的谈话，你使用了多少种非语言暗示来传达你的信息？挑出你记得的每一种。

① 目光接触。

② 面部表情。

③ 姿势。

④ 形体动作。

⑤ 穿着装束。

⑥ 环境。

⑦ 空间(与他人的距离)。

⑧ 态度。

很可能所有的暗示你都做到了，但是这里仅需挑出你在那次谈话中有意使用的那些。你是否根据不同场合作不同的暗示？你运用非语言暗示是否比语言暗示更自如？你认为哪一种暗示更好地传递了你的信息？

5. 交谈语言技巧自我测试。

请回答以下问题以确定你与他人交流中的优缺点。1＝从不这样，2＝很少这样，3＝有时这样，4＝经常这样，5＝每次都这样。选择符合的项即得相应的分数。

(1) 与人交谈时，我发言时间少于一半。

(2) 交谈一开始我就能看出对方是轻松还是紧张。

(3) 与人交谈时，我想办法让对方轻松下来。

(4) 我有意识地提些简单问题，使对方明白我正在听，对他的话题感兴趣。

(5) 与人交谈时，我留意消除引起对方注意力分散的因素。

(6) 我有耐心，对方发言时不打断人家。

(7) 我的观点与对方不一样时，我会努力理解他的观点。

(8) 我不挑起争论，也不卷入争论中。

(9) 即使我要纠正对方，我也不会批评他。

(10) 对方发问时，我简要回答，不作过多的解释。

(11) 我不会突然提出令对方难答的问题。

(12) 与人交谈时，头30秒钟我就会把我的用意说清楚。

(13) 对方不明白时，我会把我的意思重复或换句话说一次，再不就总结一下。

(14) 我每隔若干时间问问对方看其有何反应，以确保他听懂我的意思。

(15) 我发现对方不同意我的观点时就停下来，问清楚他的观点。等他说完之后，我才就他的反对意见发表我的看法。

将以上各题的得分相加，得出总得分。

60~75分，你与人交谈的技巧很好。

45~59分，你的交谈技巧不错。

35~44分，你与人交谈时表现一般。

35分以下，你的交谈技巧较差。

通过以上测试找出自己语言交谈的薄弱环节，努力改进自己的谈话技巧，三个月后再进行测试，看有多大的提高。

6. 请根据你对"说服"的理解分析以下材料。

(1) 我有一个妹妹，她是一个很开朗的女孩子，但是她自从上了高中之后，不知道为什么变了好多，有一次放暑假，她和我谈心的时候就说，她不想上高中了，她想去上中专，找一个管得比较严的学校，那样就能学得进去，现在在这个学校里面上学什么都学不进去，什么都不想学，只想玩，一点学习的心思都没有了，问我的意见。

听了她的话后，我对她说："如果你的心态真的改变了，只要是你想学，不管在什么样的环境下，你都可以学得进去。其实换个环境只是你想离开这个学校的借口，并不一定说，你换了环境就一定能学得进去，关键在于你的心，你心里真正的想法是什么，不一定就是你和我说的这个想法，只有你真的想明白了，想学习了，再换学校也是可以的。不是说换一个管得比较严的学校你就一定能学得进去，也不是说那个学校里面就没有和你一样想法的人，所以，关键在于自己的心。况且你现在年龄还很小，一个人出去还不能让家长放心，等你高中毕业了再想这些问题也不晚。"从那之后，她再也不提转学的事了。

(资料来源：http://www.docin.com/p-397721790.html.)

(2) 当她在一所大学里做兼职的银行出纳员时，一个漂亮的小伙子几乎每天都到她的窗口来。小伙子不是存款就是取钱。直到把一张纸条连同银行存折一起交给她时，她才明白小伙子是为了她才这样做的。"亲爱的吉：我一直在储蓄这个想法，期望能得到利息。如果星期五有空，你能把自己存在电影院里我边上的那个座位上吗？我把你可能另有约会的猜测记在账上了。如果真是这样，我将取出我的要求，把它安排在星期六。无论贴现率如何，做你的伴侣是十分愉快的。我想你不会认为这个要求太过分吧？以后再同你核对。真诚的彼。"她无法抵制这诱人、新颖的接近方法。

(资料来源：http://www.docin.com/p-206555482.html.)

(3) 这天晚上，出租车女司机韩晶经过火车站时遇一男青年打车。韩晶把他送到指定地点，对方拿出一张百元钞票交车费。就在韩找钱时，对方掏出尖刀逼韩把钱都交出来。韩晶装出害怕的样子交给歹徒300元钱说："今天就挣这么点儿，要嫌少就把零钱也给你吧。"说完又拿出找零用的20元钱。见韩晶如此爽快，歹徒有些发愣。韩晶趁机说：

"你家在哪儿住，我送你回去吧。这么晚了，家里人该等着急了。"见韩晶是个女子又不坏，歹徒便把刀收了起来，让韩晶把他送到火车站。见气氛缓和，韩晶不失时机地启发歹徒："我家里原来也非常困难，咱又没啥技术，后来就跟人学开车，干起这一行来。虽然挣钱不算多，可日子过得也不错。何况自食其力，穷点儿谁还能笑话我呢？"见歹徒沉默不语，韩晶继续说，"唉，男子汉四肢健全，干点啥差不了，走上这条路一辈子就毁了。"火车站到了，见歹徒要上火车，韩晶又说："我的钱就算借给你的，用着干点正事，以后别再干这种见不得人的事了。"一直不说话的歹徒听罢突然哭了，把 300 多元钱往韩晶手里一塞说："大姐，我以后饿死也不干这事了。"说完低着头走了。

(资料来源：http://blog.sina.com.cn/s/blog_4de97a0a01000biy.html.)

7. 面对以下情境，应该怎样拒绝①？

情境 1：罗斯福任海军要职的时候，一名记者问他关于在加勒比小岛上建立潜艇基地计划的问题。罗斯福本可以正面拒绝，因为这是军事秘密，然而正面拒绝就会使交际过程呆板而无趣，所以罗斯福没有正面拒绝。请你说一说罗斯福是怎么回答记者的。

情境 2：一位记者问罗斯福第四次连任总统的感受。罗斯福总统不便回答，他会如何拒绝呢？

情境 3：吴经理与王经理是大学的同窗好友，有着十几年的友情，关系非常亲密，经常在一起打球，生意上也有合作。一天，王经理来到吴经理的办公室，兴致勃勃地说要好好聊聊，正好吴经理已预约陪同台商汪先生去打保龄球，这使吴经理很为难。请演示吴经理拒绝王经理的情景。

8. 案例分析。

一句随意话引出是非

"二战"中，屡立奇功的一代名将巴顿，在战争的善后工作远未结束时，直性子的他在一次记者招待会上，对盟军拒绝前纳粹党员参加军管政府管理工作的决定大加非议。以追求轰动效应为目的的记者趁机问道："将军，大多数普通德国人加入纳粹，难道不就是跟美国人加入共和党或民主党的情形差不多吗？"

"是的，差不多。"面对记者设计的"语言陷阱"，巴顿不加任何思索地随口答道。

巴顿一语既出，随即令世界为之哗然，美国及许多国家的报纸上出现一个天怒人怨的标题："一位美国将军说，纳粹党人跟共和党人与民主党人一样！"

谁都知道，当时美国执政的是民主党，说它跟纳粹一样，那还了得！

终于，巴顿的上司也是他的好友艾森豪威尔将军为了挽回影响，不得不撤了巴顿第 3 集团军司令和驻巴伐利亚军事长官职务，让他回国去了。艾森豪威尔为不使他的好友"过分"难堪，给了他一个有名无实的第 15 集团军司令的头衔。这是一个空架子的集团军和空头司令，其任务只是带一些参谋和文职人员整理"二战"欧洲部分的军事史而已。从此，巴顿就一蹶不振了。

① 傅春丹. 演讲与口才案例教程[M]. 北京：中国水利水电出版社，2011.

巴顿，一位功勋卓著的"二战"名将，就因为一句随意话，在和平到来之际，等来的竟是一个郁闷晚景，这是一幅多么令人悲哀的画面。

(资料来源：侯爱兵. 一句随意话引出是非[J]. 演讲与口才，2009(12).)

思考题

(1) 巴顿的一句随意话为什么引出了是非？

(2) 本案例对你有哪些启发意义？

生　意

有一对正准备结婚的恋人来到××电器集团公司的展销部购买电冰箱。这小两口围着××牌电冰箱转了好久，男的正准备掏钱付款的时候，女方突然改变了主意："我看，我们还是去买日本东芝冰箱吧！"

"怎么你又变卦了，原来不是说好的吗？"

"我看这种国产的冰箱质量不保险，不如日本的好。不过是多花千儿八百块钱就是了。"

这时候，站在一旁接待他们的售货员，眼看到手的生意没了，悔恨自己方才那么耐心地给他们解说，都白搭了，心里一急、一气，便脱口而出："得了，得了，你早说不买，就别问这问那，日本的好，你们又有钱，去日本买好了，干吗上这儿来？"

这两口子，被这么正面一激，转身就想走，这时候，门市部主任微笑着走了过来："两位请稍留步，我有几句话要对两位说。"两口子不由自主地又转过身来，气鼓鼓的样子。

"真对不起，方才我们的售货员说话没有礼貌，冲撞了二位，这都怪我这个主任，平时教导不严，我向二位赔礼道歉。"

这两口子听他这么说，才平息了怒火。

"至于买不买我们的冰箱都没问题，只是有一件事要讨教一下二位。"

听到"讨教"二字，小两口真的认真起来了。

"方才这位小姐说，我们的冰箱质量有问题，是否可以具体说明一下，也便于我们改进工作。"

女方冷不防给主任这么一问，一时不知如何作答，迟疑了一会儿，才吞吞吐吐地说："我也是听人说，东芝的冰箱好。"她指着冰箱背后的散热管，继续说，"这些弯弯曲曲的管子都露在外面，也不好看。"

主任听她这么说，心中明白了几分。

"小姐，这完全是误会。当然，东芝电器历史长、牌子老，有许多优点。但是，我们国产的冰箱近些年来也有很大进步，你们方才看到的这种冰箱，正在走向国际市场。"

小两口将信将疑，主任接着说："我们的冰箱，经过周密的计算，将散热管暴露在空气中，散热的速度可提高一倍，由于热量散得快，所以冰箱内部制冷的速度快，达到提高效率、节约电能的目的。实验结果表明，与同等容积的密封式相比，我们耗电量仅是它们的1/3。如果一天省半度电，小姐，请你算一下，一年省多少电费？"

主任换了口气继续正面进攻："至于说到美观，这是不必要的顾虑。因为散热管在冰箱背后，紧靠墙壁或在墙角之间，对于正面观看，毫无影响，请二位放心。"

　　这位小姐竟无话可说。这时主任发动连攻："我看这样好了，你们若信得过我的话，下午我派车给你们送去。喏，这是单据，请到那边取发票和保修单。"

　　就这样，主任巧妙地挽回了败局，促成了生意。

(资料来源：吴绿星，田乃吉. 推销与口才[M]. 福州：福建科学技术出版社，1992.)

思考题

(1)　主任为什么能促成这笔生意？他运用了哪些语言技巧？

(2)　从本案例中你获得了哪些启示？

第十二章 社 交 礼 仪

在人与人的交往中，礼仪越周到越保险。

——[英]托·卡莱尔(Thomas Carlyle)

礼尚往来，往而不来，非礼也。来而不往，亦非礼也。人有礼则安，无礼则危。故曰：礼者不可不学也。夫礼者，自卑而尊人。虽负贩者，必有尊也，而况富贵乎？富贵而知好礼，则不骄不淫；贫贱而知好礼，则志不慑。

——《礼记·曲礼》

课程思政要求：

- 进行社会主义核心价值观教育；
- 进行爱国主义教育；
- 开展诚信教育、法律意识教育和道德意识教育；
- 塑造职业形象、提高职业素养；
- 促进学生全面发展；
- 提高大学生的审美意识和审美情趣。

人们常说礼仪是步入文明社会的"通行证"，是进入文明社会的一把钥匙，是衡量人类社会文明程度和一个国家、一个民族进步、开化与兴旺的重要指标。随着社会生产力的不断发展、社会物质生活条件的逐步改善、社会文明程度的日益提高，人们对礼仪的要求也越来越高。讲文明、懂礼貌，尊重他人，注重文明修养，讲究礼仪，塑造良好的个人形象，几乎是全社会每个成员的共同追求。

第一节 见 面 礼 仪

见面是社交的开始，了解和掌握见面时的礼节，可以帮助我们顺利地通往交往的殿堂。本节所介绍的称呼、介绍、握手、名片等都是最常见的见面礼节。

1. 称呼的礼仪

在社会交往中，交际双方见面时，如何称呼对方，这直接关系到双方之间的亲疏、了解程度、尊重与否及个人修养等。一个得体的称呼，会令彼此如沐春风，为以后的交往打下良好的基础。否则，不恰当或错误的称呼，可能会令对方心里不悦，影响到彼此的关系乃至交际的成功。一个得体的称呼可谓交际的"敲门砖"啊！

小故事 12—1

叶永烈采访陈伯达

著名传记作家叶永烈在着手写陈伯达传记时，必须采访陈伯达。采访时究竟怎样称呼陈伯达，叶永烈颇费了一番心思。采访的前一天晚上，叶永烈辗转反侧，明天见到了陈伯达到底该叫他什么呢？叫他陈伯达同志，不合适，因为陈伯达是在监狱服刑的犯人；叫他老陈，也不行，因为陈伯达已经是 84 岁的老人了，而自己才 48 岁。究竟应怎样称呼他呢？突然，叶永烈灵机一动，称呼他"陈老"，这是再恰当不过的称呼了。果然，第二天采访时，叶永烈一声"陈老"的亲切得体的称呼，令陈伯达听了感动万分，眼里充满了泪花。

(资料来源：千寻. 谨小慎微 所谓称呼[J].青春期健康，2014(11).)

1) 称呼的原则

(1) 礼貌原则。

合乎礼节的称呼，是向他人表达尊重的一种方式。在人际交往中，称呼对方要用尊称。现在常用的有：您——您好、您慢走；贵——贵姓、贵公司、贵方、贵校；大——尊姓大名、大作(文章、著作)；老——王老、李老、您老辛苦了；高——高寿、高见；芳——芳名、芳龄等。

(2) 尊重原则。

一般来说，汉族人有崇大崇老崇高的心态，如对同龄人，一般称呼对方为哥、姐；对既可称"叔叔"又可称"伯伯"的长者，以称"伯伯"为宜；对副校长、副处长、副厂长等，也可在姓后直接以正职相称。

(3) 恰当原则。

许多青年人往往对人喜欢称"师傅"，虽然亲热有余，但文雅不足，且普适性较差。对理发师、厨师、司机称师傅恰如其分，但对医生、教师、军人、干部、商务工作者称师傅就不合适了，如把小姑娘称为"师傅"则要挨骂了！所以，要视交际对象、场合、双方关系等选择恰当的称呼。

小故事 12—2

"小"字别乱喊

孙西是某咨询公司的高级培训师，上个月，他与公司另一名同事去杭州出差做一个项目。在企业做了一天的内部访谈后，第二天安排到市场一线做实地调研，由各地的区域经理负责安排接待陪同。

市场调研到了嘉兴，当地的区域经理白天陪同一起走访市场，晚上安排一起吃饭。区域经理几杯啤酒下肚，便开始称兄道弟。当他得知孙西比自己小几岁后，敬酒时便对孙西的同事喊着"张经理我们干一杯"，然后冲孙西说："小孙，咱们也喝一杯。"

孙西一听，感觉有点儿不对味，故意推辞："不好意思，我吃完饭回去还得整理一下调研材料，就免了吧。"那个区域经理觉得被扫了面子，又冲着孙西的同事说："张经理，你看小孙可真不够意思！"

孙西闻言，更加不舒服了，他端起酒杯很绅士地对那个区域经理说："请问您贵姓？"区域经理很纳闷，答道："我姓彭。""哦，小彭，咱们第一次见面，也不是很熟悉，但我要很负责地跟你说句话，你听好了——即使是你们老板跟我一起吃饭，敬酒时也都会很尊敬地称我一声'孙老师'或'孙经理'！好了，这杯酒我敬你。喝完我就先告辞了。"孙西一饮而尽，留下那个屁股刚抬起一半准备喝酒的区域经理，站也不是，坐也不是，呆立当场。

(资料来源：佚名.职场打招呼需注意.[EB/OL].[2011-08-31].http://m.haofaba.com/article-789.html.)

2) 通常的称呼

(1) 称呼姓名。

一般的同事、同学关系，平辈的朋友、熟人，均可彼此之间以姓名相称。例如，"王小平""赵大亮""刘军"。长辈对晚辈也可以如此称呼，但晚辈对长辈却不可这样做。为了表示亲切，可以在被称呼者的姓名前分别加上"老""大""小"字相称，而免称其名。例如，对年长于己者，可称"老张""大李"；对年幼于己者，可称"小吴""小周"。但这种称呼多在职业人士间常见，不适合在校学生。对同性的朋友、熟人，若关系极为亲密，可以不称其姓，而直呼其名，如"春光""俊杰"。对于异性一般则不可这样做。因为若如此，那不是其家人，就是其配偶了。

(2) 称呼职务。

在工作中，以交往对象的职务相称，以示身份有别、敬意有加，这是一种最常见的称呼方法。具体做法：可以仅称呼职务，如"局长""经理""主任"等；也可以在职务前加上姓氏，例如，"王总经理""李市长""张主任"等；还可以在职务之前加上姓名，这仅适用于极其正式的场合。例如，"×××主席""×××省长""×××书记"等。

(3) 称呼职称。

对于有职称者，尤其是有高级、中级职称者，可以在工作中直接以其职称相称。可以只称职称，例如，"教授""研究员""工程师"等；可以在职称前加上姓氏，例如，"张教授""王研究员""刘工程师"，当然有时也可以简化，如将"刘工程师"简化为"刘工"，但使用简称应以不发生误会、歧义为限；可以在职称前加上姓名，它适用于十分正式的场合。例如，"王久川教授""周蕾主任医师""孙小刚主任编辑"等。

(4) 称呼学位。

在工作中，以学位作为称呼，可增加被称呼者的权威性，有助于增强现场的学术氛围。可以在学位前加上姓氏，如"张博士"；可以在学位前加上姓名，如"张明博士"。称呼学位一般仅限于拥有博士学位者，对学士学位、硕士学位拥有者不做此项称呼。

(5) 称呼职业。

称呼职业,即直接以被称呼者的职业作为称呼。例如,将教员称为"老师",将教练员称为"教练"或"指导",将专业辩护人员称为"律师",将财务人员称为"会计",将医生称为"大夫"或"医生"等。一般情况下在此类称呼前,均可加上姓氏或姓名。

(6) 称呼亲属。

亲属,即与本人直接或间接拥有血缘关系者。在日常生活中,对亲属的称呼业已约定俗成,人所共知。面对外人,对亲属可根据不同情况采取谦称或敬称。对本人的亲属应采用谦称。称辈分或年龄高于自己的亲属,可以在其称呼前加"家"字,如"家父""家叔"。称辈分或年龄低于自己的亲属,可在其称呼前加"舍"字,如"舍弟""舍侄"。称自己的子女,则可在其称呼前加"小"字,如"小儿""小女""小婿"。对他人的亲属,应采用敬称。对其长辈,宜在称呼前加"尊"字,如"尊母""尊兄"。对其平辈或晚辈,宜在称呼之前加"贤"字,如"贤妹""贤侄"。若在其亲属的称呼前加"令"字,一般可不分辈分与长幼,如"令堂""令爱""令郎"。

(7) 涉外称呼。

在涉外交往中,一般对男子称先生,对女子称夫人、女士或小姐。已婚女子称夫人,未婚女子称小姐;对婚姻状况不明的女子称"小姐"或"女士"。在西方国家,凡是举行宗教结婚仪式的人,都习惯在无名指上戴一枚戒指,男子戴在左手,女子戴在右手,所以对外宾的称呼可以此而定。以上是根据性别和婚姻状况来称呼,使用起来具有普遍性。

小故事 12—3

小姐还是太太

一位先生为外国朋友订做生日蛋糕。他来到一家酒店的餐厅,对服务小姐说:"小姐,您好,我要为我的一位外国朋友订一份生日蛋糕,同时打一份贺卡,你看可以吗?"小姐接过订单一看,忙说:"对不起,请问先生,您的朋友是小姐还是太太?"这位先生也不清楚这位外国朋友结婚没有,从来没有打听过,他为难地抓了抓后脑勺想想说:"小姐?太太?一大把岁数了,太太。"生日蛋糕做好后,服务员小姐按地址到酒店客房送生日蛋糕,敲门,一女子开门,服务员小姐有礼貌地说:"请问,您是怀特太太吗?"女子愣了愣,不高兴地说:"错了!"服务员小姐丈二和尚摸不着头脑,抬头看看门牌号,再回去打电话问那位先生,没错,房间号码没错。再敲一遍,开门,"没错,怀特太太,这是您的蛋糕。"那女子大声说:"告诉你错了,这里只有怀特小姐,没有怀特太太。"啪一声,门被关上,蛋糕掉地。

(资料来源:佚名.社交礼仪. [EB/OL].[2012-05-23].
https://wenku.baidu.com/view/c9d59d0f581b6bd97f19ea43.html.)

3) 常见的称呼介绍

(1) 同志。

志同道合者才称同志。如政治信仰、理想、爱好等相同者,都可称为同志。在我国同志这个称呼流行于新中国成立后，这一词已成为我国公民彼此之间最普通、常用的称呼。这一称呼不分男女、长幼、地位高低，除了亲属之外，所有人都可以称同志。在改革开放之后，这一称谓的使用率相对减少，因此在使用同志一词时应有所区别。如在同一党内，同一组织内，对解放军和国内的普通公民，这一称呼皆可使用。但对于儿童，对于具有不同政治信仰、不同价值观、不同国家的人，尽量少使用或不使用这一称呼。

(2) 老师。

老师这一词原意是尊称传授文化、知识、技术的人，后泛指在某些方面值得学习的人。孔子曰："三人行，必有我师焉。"这说明，在古代"老师"这一称呼已泛指所有值得学习的人。现代社会，老师这一称谓一般用于学校中传授文化科学知识、技术的教师。目前，老师这一称谓在社会上也比较流行，有时人们出于对交际对象的学识、经验或某一方面的敬佩、尊重，常常以"姓+老师"来称呼对方，尤其在文艺界比较常见。这种称谓，一般会使交际的对方感觉受到了尊重，从而心情比较舒畅。

(3) 先生。

在我国古代，一般称父兄、老师为先生，也有称郎中(医生)、道士等为先生的。有些地区还有已婚妇女对自己的丈夫或称别人家的丈夫为先生的，现在在我国南方某些地区仍这样使用。新中国成立后，先生一词则很少使用，有时只对教师称先生。改革开放以后，随着对外交流的增多，"先生"一词又流行起来，不过，其概念已与以前有所不同。目前，先生一词泛指所有的成年男子。在西方国家，对成年男子一般都称呼先生。不过也有例外，如在美国，12 岁以上的男子就可以称先生；在日本，对身份高的女子也称先生。在我国知识界，也喜欢对有学问的女子称先生。先生这一称谓大方得体，既显示了彼此的尊重，又有彼此平等之意，有利于提高交际效果。

(4) 师傅。

师傅这一词原意是指对工、商、戏剧行业中传授技艺的人的一种尊称，后泛指对所有有技艺的人的称谓。到了 20 世纪五六十年代，师傅这一词在社会上比较流行，有虚心请教、尊敬对方之意。但师傅这一称呼大多数用于非知识界的人士。师傅这一称呼一般不用于称呼有职称、有学位的人，否则可能会产生误解，有漠视之嫌。在现代社交中，采用师傅这一称谓已基本恢复其愿意，即称呼工、商、戏剧行业中传授技艺的人。但是，这一称呼在我国北方使用比较频繁，人们对不认识的人都称呼师傅。

4) 称呼的禁忌

(1) 使用错误的称呼。

常见的错误称呼有两种：一是误读，一般表现为念错被称呼者的姓名。例如"郇""查""盖"这些姓氏就极易弄错。要避免犯此错误，就一定要做好先期准备，必要时应不耻下问，虚心请教；二是误会，主要指对被称呼者的年纪、辈分、婚否以及与其他人的关系做出了错误判断。再如，将未婚女性称为"夫人"，就属于误会。

(2) 使用不当的行业称呼。

学生喜欢互称为"同学"，军人经常互称"战友"，工人可以称为"师傅"，道士、和尚可以称为"出家人"，这并无可厚非。但以此去称呼"界外"人士，并不表示亲近，没准对方不但不领情，反而会产生被贬低的感觉。

(3) 使用庸俗低级的称呼。

在人际交往中，有些称呼在正式场合切勿使用。例如"兄弟""朋友""哥们儿""姐们儿""死党""铁哥们儿"等一类的称呼，就显得庸俗低级，档次不高。它们听起来很肉麻，而且带有明显的黑社会的风格。逢人便称"老板"，也显得不伦不类。

(4) 使用绰号作为称呼。

对于关系一般者，切勿自作主张给对方起绰号，更不能随意以道听途说来的对方的绰号去称呼对方。至于一些对对方具有侮辱性质的绰号，例如，"北佬""阿乡""鬼子""鬼妹""拐子""秃子""罗锅""四眼""肥肥""傻大个""柴禾妞""北极熊""麻秆儿"等，则更应当免开尊口。另外，还要注意，不要随便拿别人的姓名乱开玩笑。要尊重一个人，首先必须学会去尊重他的姓名。

5) 学会记住别人的名字

美国交际学家戴尔·卡耐基说："一个人的姓名是他自己最熟悉、最甜美、最妙不可言的声音。在交际中，最明显、最简单、最重要、最能得到好感的方法，就是记住人家的名字。"记住并准确地呼叫对方的姓名，会使人感到亲切自然、一见如故。否则，即使有过交往的朋友也会生疏起来。作为服务行业的从业人员，必须学会记住客户的名字。每个人内心最宝贵的东西是什么？是他自己的名字！服务员养成牢记顾客名字的习惯，在服务顾客的过程中，无疑就占据了有利地位。

2．问候礼仪

在人际交往中，当互相见面或被他人介绍时，应起身站立，热情认真地向对方问候，打个招呼，这是最普通的礼节。问候时应注意如下问题。

小故事 12—4

问候的作用

相传，20 世纪初，一位犹太传教士，每天早晨总是按时来到一条乡间的小路上散步，无论见到何人，总是热情地打一声招呼"早安！"对此，一个叫米勒的年轻农民不以为然，反应冷漠。但这并未改变传教士的热情，他每天早晨依然如故。终于有一天，这个年轻人也脱下帽子，向传教士回了一声"早安！"

几年后，纳粹党上台执政。一天，传教士与村中所有的人都被纳粹党集中起来送往集中营。在下火车列队前行时，只见一个指挥官挥动着指挥棒叫喊着"左，右"。被指向左边的是死路一条，被指向右边的则还有生还的希望。忽然，传教士的名字被点到，他浑身颤抖着走上前去。当他无望地抬起头时，不想眼睛正好与指挥官的眼睛相遇，传教士习惯地脱口而出："早安，米勒先生。"指挥官一愣，表情虽然没有过多的变化，但仍禁不住回了一句"早安"，声音低得只有他俩才能听得到。后来，传教士被指向了右边。

显然是"早安"救了传教士一命。早安，是一句问候语，礼仪的作用由此可见一斑。

(资料来源：佚名.犹太传教士与米勒的故事[EB/OL].[2018-05-07].
https://tieba.baidu.com/p/5687396361?red_tag=2172572548.)

1) 男士尊重女士

如果你在途中遇见相识的女士，倘若她不打招呼，你就不要去打扰她。她是不是主动向你打招呼，全由她去决定。你只可向她答礼，除非你和她非常熟悉。男士主动先向女士打招呼，有时会给女士带来不便或尴尬。

2) 不用莽撞的问候方式

如果你在公共场所遇见了久违的好朋友，请不要太激动。在街上，突然冲向对方，甚至冲撞了行人；在会场上，猛然从座位上跳起来并穿过整个大厅；在人群里，冷不丁高呼朋友的名字，让旁人吓一跳，并为之行侧目礼等，都是很失礼的行为。

3) 不苛求"熟视无睹"的相识者

有时会碰见相识者对你"熟视无睹"因而感到不高兴，其实这大可不必。请不要把不经心的视而不见与故意的轻蔑混为一谈。这很可能是对方正在沉思，或者眼睛近视，也可能因为你的外貌有了改变。例如，有位女士对自己所从事的专业很有研究和造诣，是行业中公认的专家。但她的同事对她一直很有意见，认为她骄傲，不理人，摆架子。其实她的"视而不见"，是因为她习惯在行走和空闲时独自一人沉思。

4) 适时、适地打招呼

如果参加一个国际性的，或者是跨省市、跨行业的会议，在一天内几次遇见同一个熟人，每次都说"您好"，就显得太单调了。可以根据时间、场合，适地、适时地用不同的方式打招呼。

5) 与相遇的人打招呼

有时因出差、开会、旅游等，在旅馆居住或在商店购物等，都应该同遇见的服务员或售货员打招呼。只要是经常同自己打交道的，无论地位高低、贫富不同，都要注意见面打招呼。

3. 介绍的礼仪

介绍是社交活动中最常见，也是最重要的礼节之一，它是初次见面的陌生的双方开始交往的起点。介绍在人与人之间起着桥梁与沟通作用，几句话就可以缩短人与人之间的距离，为进一步交往开个好头。

1) 自我介绍

在不同场合，遇见对方不认识自己，而自己又有意与其认识，当场没有他人从中介绍时，往往需要自我介绍。自我介绍时要注意下述几点。

(1) 把握自我介绍的时机。

在交际场合，自我介绍的时机包括：与不相识者相处一室；不相识者对自己很有兴趣；他人请求自己作自我介绍；在聚会上与身边的陌生人共处；打算介入陌生人组成的交际圈；求助的对象对自己不甚了解，或一无所知；前往陌生单位，进行业务联系时；在旅途中与他人不期而遇而又有必要与人接触；初次登门拜访不相识的人；利用社交媒介，如信函、电话、电报、传真、电子信函，与其他不相识者进行联络时；初次利用大众传媒，如报纸、杂志、广播、电视、电影、标语、传单，向社会公众进行自我推介、自我宣传时。

（2）选择自我介绍的方式。

自我介绍的方式主要包括：第一，应酬式的自我介绍。这种自我介绍的方式最简洁，往往只包括姓名一项即可。如"您好！我叫王平"。它适合于一些公共场合和一般性的社交场合，如途中邂逅、宴会现场、舞会、通电话时。它的对象主要是一般接触的交往人。第二，工作式的自我介绍。工作式的自我介绍的内容，包括本人姓名、供职的单位以及部门、担负职务或从事的具体工作三项。比如说："我叫唐婷，是大地广告公司的客户经理。"第三，交流式的自我介绍。也叫社交式自我介绍或沟通式自我介绍，是一种刻意寻求交往对象进一步交流沟通，希望对方认识自己、了解自己、与自己建立联系的自我介绍。这种方式适用于社交活动，大体包括本人的姓名、工作、籍贯、学历、兴趣以及与交往对象的某些熟人的关系等。如"我的名字叫陈友，是招商银行的理财顾问，说起来我跟您还是校友呢"。第四，礼仪式的自我介绍。这是一种表示对交往对象友好、尊敬的自我介绍，适用于讲座、报告、演出、庆典、仪式等正规的场合。内容包括姓名、单位、职务等项。自我介绍时，还应多加入一些适当的谦辞、敬语，以示自己尊敬交往对象。如"女士们、先生们，大家好！我叫宋河，是精英文化公司的常务副总。值此之际，谨代表本公司热烈欢迎各位来宾莅临指导，谢谢大家的支持"。第五，问答式的自我介绍。针对对方提出的问题，做出自己的回答。这种方式适用于应试、应聘和公务交往，在一般交际应酬场合也时有所见。例如，对方发问："这位先生贵姓？"回答："免贵姓张，弓长张。"

（3）掌握自我介绍的分寸。

首先，语言要力求简洁。要节省时间，通常以半分钟左右为佳，如无特殊情况最好不要长于 1 分钟。为了提高效率，在作自我介绍时，可利用名片、介绍信等资料加以辅助。其次，态度要友好自信。态度要保持自然、友善、亲切、随和，整体上讲求落落大方、笑容可掬。要充满信心和勇气，敢于正视对方的双眼，显得胸有成竹、从容不迫。语气自然，语速正常，语言清晰。最后，内容要追求真实。进行自我介绍时所表述的各项内容，一定要实事求是，真实可信。过分谦虚，一味贬低自己去讨好别人，或者自吹自擂、夸大其词，都是不足取的。

小故事 12—5

罗兰的自我介绍

罗兰去参加朋友的生日宴会，在那里她遇上了几个不认识的人。当时朋友正在忙里忙外地招呼客人，所以没有顾得上更多地关照罗兰这个"自己人"。正当性格内向的罗兰胆怯地坐在客厅一角，不知道自己该不该和那些陌生人寒暄几句，更不知道自己应该如何启齿时，一位温文尔雅的先生走了过来，主动跟她打招呼："小姐，您好！我叫邓雨轩，请问您怎么称呼？"缺乏准备的罗兰有点儿慌乱地随口应道："叫我小罗好了。"

其实，罗兰这时打心眼里感谢这位不熟悉的邓先生过来跟她打招呼，使她不至于"孤立无援"，而且她也真想大大方方地同邓先生聊上几句。然而意想不到的是，罗兰就那么一句"叫我小罗好了",让邓先生的热情顿减,立马扭头走了回去。

(资料来源:佚名.商务礼仪. [EB/OL].[2018-11-03].
https://max.book118.com/html/2018/0618/173290641.shtm.)

2) 他人介绍

他人介绍即社交中的第三者介绍。在他人介绍中,为他人作介绍的人一般有社交活动中的东道主、社交场合中的长者、家庭聚会中的女主人、公务交往活动中的公关人员(礼宾人员、接待人员、文秘人员)等。他人介绍要注意下述几点。

(1) 他人介绍的时机。

他人介绍的时机包括:在家中或办公地点接待彼此不相识的客人;与家人外出,路遇家人不相识的同事或朋友;陪同亲友,前去拜会亲友不认识的人;陪同上司、来宾时,遇见了其不相识者,而对方又跟自己打了招呼;打算推介某人加入某一交际圈;受到为他人作介绍的邀请等。

(2) 他人介绍的顺序。

一般来说,在被介绍的两个人中,应让女士、长者、位尊者拥有"优先知晓权",例如,介绍年长者与年幼者认识时,应先介绍年幼者,后介绍年长者;介绍长辈与晚辈认识时,应先介绍晚辈,后介绍长辈;介绍老师与学生认识时,应先介绍学生,后介绍老师;介绍女士与男士认识时,应先介绍男士,后介绍女士;介绍已婚者与未婚者认识时,应先介绍未婚者,后介绍已婚者;介绍同事、朋友与家人认识时,应先介绍家人,后介绍同事、朋友;介绍来宾与主人认识时,应先介绍主人,后介绍来宾。

在集体介绍时要注意以下几点。

第一,少数服从多数。当被介绍者双方地位、身份大致相似时,应先介绍人数较少的一方。

第二,强调地位、身份。若被介绍者双方地位、身份存在差异,虽人数较少或只一人,也应将其放在尊贵的位置,最后加以介绍。

第三,单向介绍。在演讲、报告、比赛、会议、会见时,往往只需要将主角介绍给广大参与者。

第四,人数多一方的介绍。若一方人数较多,可采取笼统的方式进行介绍。例如,"这是我的家人""这是我的同学"。

第五,人数较多各方的介绍。若被介绍的不止两方,则需要对被介绍的各方进行位次排列。排列的方法:①以其负责人身份为准;②以其单位规模为准;③以单位名称的英文字母顺序为准;④以抵达时间的先后顺序为准;⑤以座次顺序为准;⑥以距介绍者的远近为准。

小故事 12—6

不注重细节的小李

小李从某职业技术学院营销专业毕业两年多了，目前在一家中型私营企业从事销售工作。工作中，小李很勤奋很努力，业务做得也还算顺利，但是他有个缺点就是不注重细节，和客户打交道时常出小差错，为此不知道被部门领导说过多少次。这次小李陪同自己的部门经理去拜见甲方负责人，由于先前小李和甲方负责人有过几次接触，所以双方一见面，小李就指着甲方负责人对自己的经理说："张经理，他就是徐总经理……"说者无心听者有意，徐总经理的眉头微微皱了一下，接下来和张经理谈话不是很热情，交流很快就结束了。小李感到很迷茫，心想徐总经理平时感觉挺好的，今天怎么会这样呢？返回的路上，张经理指出了小李的问题所在。

（资料来源：佚名. 职场交际礼仪. [EB/OL].[2017-02-23].
https://max.book118.com/html/2017/0217/92422617.shtml.）

(3) 他人介绍的细节。

细节决定成败，在介绍中还要注意如下细节，只有这样才能取得良好的交际效果。

第一，介绍者为被介绍者介绍之前，一定要征求一下被介绍双方的意见，切勿上去开口即讲，这样显得很唐突，会让被介绍者感到措手不及。

第二，被介绍者在介绍者询问自己是否有意认识某人时，一般不应拒绝，而应欣然应允。实在不愿意时，则应说明理由。

第三，介绍人和被介绍人都应起立，以示尊重和礼貌；待介绍人介绍完毕后，被介绍双方应微笑点头示意或握手致意。

第四，在宴会、会议桌、谈判桌上，视情况介绍人和被介绍人可不必起立，被介绍双方可点头微笑致意；如果被介绍双方相隔较远，中间又有障碍物，则可举起右手致意、点头微笑致意。

第五，介绍完毕后，被介绍双方应依照合乎礼仪的顺序握手，并且彼此问候对方。问候语有"你好，很高兴认识你""久仰大名""幸会幸会"等，必要时还可以进一步做自我介绍。此外，介绍时不要开玩笑，不要使用易生歧义的简称，特别是在首次介绍时要准确地使用全称。

4. 握手的礼仪

当今，握手已成为世界上最为普遍的一种礼节，其应用的范围远远超过了鞠躬、拥抱、接吻等。在日常交际中，我们必须注意握手的基本礼节。

小知识 12—1

握手的由来

史前时期，人类的祖先以打猎为生，世界对他们来说是充满着危险的。因此，当陌生人相遇时，如果双方都怀着善意，便伸出一只手来，手心向前，向对方表示自己手中没有石头或武器，走近之后，两人互相摸摸右手，以示友好。这样沿袭下来，便成为今天人们表示友好的握手。

关于握手礼来源的另一种说法是：中世纪时，骑士们都穿着盔甲，全身披挂后，除两只眼睛外，其余都包裹在盔甲里，随时准备冲向敌人。如果表示友好，互相走近时就应脱去右手的甲胄，伸出右手，表示没有武器，互相握手，这是和平的象征。

(资料来源：佚名. 握手礼仪的由来[EB/OL].[2018-03-05].
http://www.ruiwen.com/liyichangshi/1300417.html.)

1) 握手的次序

根据礼仪规范，握手时双方伸手的先后次序，一般应当遵守"尊者先伸手"的原则。由尊者首先伸出手来，位卑者只能在此后予以响应，而绝不可贸然抢先伸手，不然就是违反礼仪的举动。其基本规则如下所述。

(1) 男女之间握手。

男女之间握手，男士要等女士先伸出手后才能握手。如果女士不伸手或无握手之意，男士向对方点头致意或微微鞠躬致意即可。男女初次见面，女方可以不和男士握手，只点头致意即可。男女握手时，男士要脱帽和脱右手手套，如果匆匆忙忙来不及脱，要道歉。女士除非对长辈，一般可不必脱手套。

(2) 宾客之间握手。

宾客之间握手，主人有向客人先伸出手的义务。在宴会、宾馆或机场接待宾客，当客人抵达时，不论对方是男士还是女士，女主人都应该主动先伸出手。男士因是主人，尽管对方是女宾，也可先伸出手，以表示对客人的热情欢迎。而在客人告辞时，则应由客人首先伸出手来与主人相握，在此表示的是"再见"之意。

(3) 长幼之间握手。

长幼之间握手，年幼的一般要等年长的先伸手。和长辈及年长的人握手，无论男女，都要起立趋前握手，并要脱下手套，以示尊敬。

(4) 上下级之间握手。

上下级之间握手，下级要等上级先伸出手。但涉及主宾关系时，可不考虑上下级关系，做主人的应先伸手。

(5) 一个人与多人握手。

若是一个人需要与多人握手，则握手时亦应讲究先后次序，由尊而卑，即先年长者后年幼者，先长辈后晚辈，先老师后学生，先女士后男士，先已婚者后未婚者，先上级后下级，先职位、身份高者后职位、身份低者。

值得注意的是，在公务场合，握手时伸手的先后次序主要取决于职位、身份。而在社交、休闲场合，则主要取决于年龄、性别、婚否。

小故事 12—7

不懂握手规矩的小李

小李大学毕业后被恒达商业集团公司录用，并被安排在办公室工作。一次，单位接到一个通知，说某省考察团要来拜访，单位领导非常重视，让办公室认真负责。办公室主任把这次接待任务交给了小李，特意叮嘱他不能出现任何差错。经过多方请教和努力，小李很快拟定了一个极其详尽而且合理的接待方案，递交上去后，得到了办公室主任的认可和赞赏。

巧合的是小李与这次来访的考察团团长非常熟识，故被列为主要迎宾人员并陪同有关部门领导前往机场迎接贵宾。当考察团团长率领其他工作人员到达后，小李面带微笑，热情地走上前去，先于部门领导与考察团团长握手致意，然后转身向自己的领导介绍这位考察团团长，接着又热情地向考察团团长介绍了随自己同来的部门领导。小李自以为此次接待相当顺利，但他的某些举动却令其领导十分不满。

（资料来源：佚名.商务礼仪. [EB/OL].[2013-09-27].
https://wenku.baidu.com/view/5f10b4090066f5335a8121eb.html.）

2) 握手的方式

握手的标准方式，是行礼时行至距握手对象约 1 米处，双腿立正，上身略向前倾，伸出右手，四指并拢，拇指张开与对方相握。握手时应用力适度，上下稍许晃动三四次，随后松开手来，恢复原状。具体的应注意如下几点。

(1) 神态。

与人握手时神态应专注、热情、友好、自然。在通常情况下，与人握手时，应面含微笑，目视对方双眼，并且口道问候。在握手时切勿显得自己三心二意，敷衍了事，漫不经心，傲慢冷淡。如果在此时迟迟不握他人早已伸出的手，或是一边握手，一边东张西望，目中无人，甚至忙于跟其他人打招呼，都是极不应该的。

(2) 力度。

握手时用力应适度，不轻不重，恰到好处。如果手指轻轻一碰，刚刚触及就离开，或是慢慢地相握，缺少应有的力度，会给人勉强应付、不得已而为之之感。一般来说，手握得紧是表示热情，男人之间可以握得较紧，甚至另一只手也加上，包住对方的手大幅度上下摆动，或者在右手相握时，左手又握住对方胳膊肘、小臂甚至肩膀，以表示热烈。但是注意既不能握得太使劲，使人感到疼痛，也不能显得过于柔弱，不像个男子汉。对女性或陌生人，轻握是很不礼貌的，尤其是男性与女性握手应热情、大方、用力适度。

(3) 时间。

通常是握紧后打过招呼即可松开。但如在亲密朋友意外相遇、敬慕已久而初次见面、至爱亲朋依依惜别、衷心感谢难以表达等场合，握手时间可长一点，甚至紧握不放，话语不休。在公共场合，如列队迎接外宾，握手的时间一般较短。握手的时间应根据与对方的亲密程度而定。

3) 握手的禁忌

在交际中，握手虽然司空见惯，看似寻常，但是由于它可被用来传递多种信息，因此在行握手礼时应努力做到合乎规范，并且应注意下面几点。

不要用左手与他人握手，尤其是在与阿拉伯人、印度人打交道时要牢记此点，因为在他们看来左手是不洁的。

不要在握手时争先恐后，而应当遵守秩序，依次而行。特别要记住，与基督教信徒交往时，要避免两人握手时与另外两人相握的手形成交叉状，这类似十字架，在基督教信徒眼中是很不吉利的。

不要戴着手套握手，在社交场合女士的晚礼服手套除外。

不要在握手时戴着墨镜，只有患有眼疾或眼部有缺陷者才能例外。

不要在握手时将另外一只手插在衣袋里。

不要在握手时另外一只手依旧拿着香烟、报刊、公文包、行李等东西而不肯放下。

不要在握手时面无表情，不置一词，好似根本无视对方的存在，而纯粹是为了应付。

不要在握手时长篇大论，点头哈腰，滥用热情，显得过分客套，让对方不自在，不舒服。

不要在握手时把对方的手拉过来、推过去，或者上下左右抖个没完。

不要在与人握手之后，立即揩拭自己的手掌，好像与对方握一下手就会使自己受到感染似的。

小知识 12—2

握手方式与性格

(1) 控制式，即用掌心向下或向左下的姿势握住对方的手。这种人想表达自己的优势、主动、傲慢或支配地位，一般具有说话干净利落、办事果断、高度自信的特点，凡事一经自己决定，就很难改变观点，作风不大民主。

(2) 谦恭式，即用掌心向上或向左上的手势与对方握手。这种人往往性格软弱，处于被动、劣势地位，处世比较谦和、平易近人，不固执，对对方比较尊重、敬仰，甚至有几分畏惧。

(3) 对等式，即握手时两人伸出的手心都不约而同地向着左方握在一起。这种人比较友好，也可能是很遵守游戏规则的平等的竞争对手。

(4) 双握式，即在右手相握的同时，再用左手加握对方的手背、前臂、上臂或肩部。加握部位越高，其热情友好的程度也显得越高。这种人热情真挚、诚实可靠、信赖别人。

(5) 捏手指式，即只捏住对方的几个手指或手指尖部。女性与男性握手时，为了表示自己的矜持与稳重，常采取这种方式。如果是同性别的人之间这样握手，就显得有几分冷淡和生疏。若换成显贵人物，则其意在显示自己的"尊贵"。

(6) 拉臂式，即将对方的手拉到自己的身边相握。这种人往往过分谦恭，在他人面前唯唯诺诺、轻视自我，缺乏主见与敢作敢为的精神。

(7) 死鱼式，即握手时伸出一只无任何力度、质感，不显示任何积极信息的手。这种人的性格不是生性懦弱，就是对人冷漠无情，待人接物消极傲慢。

(资料来源：许知白. 握手与性格[EB/OL]. [2011-08-01].
http://blog.sina.cn/dpool/blog/s/blog_62bbbe910100w8ne.html.)

4）握手的技巧

(1) 主动与每个人握手。

在商务场合，如谈判开始之前，双方都要互相介绍认识一下。这时候，你最好表现得积极一些、主动一些，表示你很高兴与他们相识。为了表示你这种善意，你可以主动地与他们每一个人握手。因为你主动就说明你对对方尊重，只有在你尊重别人时，才会受到别人的尊重。

(2) 有话想让对方出来讲，握手时不要松开。

有时你找对方谈一些事，不巧的是里边还有其他人在，你想与对方单独谈，耐心等了很久以后仍没有机会，那你只好想办法让对方出来说了。但你不能明白告诉对方"我有点事，咱们到外边说"，这显然是不礼貌的。你得想办法让对方起身相送。在你起身告辞时，对方站起来，你就可边与对方交谈，边向外走。如果对方无意起身，你就应走近他，很礼貌地与他握手，出于礼貌对方会站起身走出自己的座位，然后你边说边往外走，千万不能断了话。因为当你还有话要说时，对方是很不好意思不送你的。说话时，眼睛也要看着对方，不要只顾走。走到门口对方要与你告辞，你主动伸手与他握手，握手之后不要马上松开，要多握一会儿，并告诉对方："你看我还有件事……"你说得缓慢些，对方也就意识到了，他也就主动走出来了。

(3) 握手时赞扬对方。

握手时的寒暄话是非常重要的。在你与对方握手的时候，可以对对方表示一下关心和问候，或赞扬对方两句。握手时双方的距离很近，对方的衣着服饰可以尽收眼底，如果你用心观察，肯定会有某一方面值得赞扬的。而每个人又都有自己特别注重修饰的地方，有人特别爱惜自己的发式，每天修理头发，使自己神采奕奕；有人特别注意领带，不惜高价买一条，或用一枚精致的领带夹子点缀一下，使自己容光焕发；有的穿了一件新西装，质地优良、做工讲究；有的穿一件衬衣色彩和谐明快，使人显得年轻漂亮。见面握手时不能对这些熟视无睹，要加以赞美。双方会因此而显得亲近，你则可以显得格外大方、热情、细心，因而会给人留下一个好印象。

小故事 12—8

跨越大洋的世纪握手

1972 年 2 月 21 日上午 11 时 30 分，美国第 37 任总统理查德·尼克松乘坐"空军一号"专机飞抵北京，这是中华人民共和国成立后美国国旗首次在北京上空飘扬。身着深蓝色大衣的周恩来总理为尼克松在首都机场南机坪举行了欢迎仪式。当飞机舱门打开后，尼克松和夫人先行走下舷梯，在离地面还有三四级台阶时，为表示平等，刻意换上大衣的尼克松身体前倾，向周总理伸出手说："我非常高兴来到中华人民共和国的首都——北京。"周总理一语双关地回答说："你的手伸过了世界上最辽阔的海洋——我们 25 年没有交往了！"尼克松单独下机和周恩来握手的场面，是尼克松刻意安排的，意味深长。这一举动既向世界宣示了已对抗 20 余年的中美两国改善和发展相互关系的决心，也纠正了 1954 年在日内瓦和谈会议上，美国国务卿杜勒斯拒绝与周恩来握手的错误。

（资料来源：佚名.尼克松访华揭秘. [EB/OL].[2007-03-01].
http://news.cctv.com/20070301/107924.shtml.）

5）常见的其他见面礼节

在国内外交往中，除握手之外，以下几种见面礼节也颇为常见。

（1）点头礼。点头礼适用于路遇熟人，或在会场、剧院、歌厅、舞厅等不宜与人交谈之处，或在同一场合碰上自己多次见面者，或遇上多人又无法一一问候之时。行礼的做法是：头部向下轻轻一点，同时面带笑容，不宜反复点头不止，也不必点头的幅度过大。

（2）举手礼。行举手礼的场合与行点头礼的场合大致相似，它最适合向距离较远的熟人打招呼。其做法是右臂向前方伸直，右手掌心向着对方，其他四指并齐、拇指分开，轻轻向左右摆动一两下。不要将手上下摆动，也不要在手摆动时用手背朝向对方。

（3）脱帽礼。戴着帽子的人，在进入他人居所、路遇熟人、与人交谈并握手或行其他见面礼时、进入娱乐场所、升挂国旗、演奏国歌等一些情况下，应自觉主动地摘下自己的帽子，并置于适当之处，这就是所谓的脱帽礼。女士在社交场合可以不脱帽子。

（4）注目礼。具体做法是：起身立正，抬头挺胸，双手自然下垂或贴放于身体两侧，笑容庄重严肃，双目正视于被行礼对象，或随之缓缓移动。一般在升国旗、游行检阅、剪彩揭幕、开业挂牌等情况下，常使用注目礼。

（5）拱手礼。拱手礼是我国民间传统的会面礼，现在也常使用，如在过年时举行团拜活动、向长辈祝寿、向友人恭喜(结婚、生子、晋升、乔迁)、向亲朋好友表示无比感谢，以及与海外华人初次见面时表示久仰大名等。行礼时应起身站立，上身挺直，两臂前伸，双手在胸前高举抱拳，自上而下或者自内向外，有节奏地晃动两三下。

（6）鞠躬礼。在日本、韩国、朝鲜等国，鞠躬礼十分普遍。目前在我国主要适用于向他人表示感谢、领奖或讲演之后、演员谢幕、举行婚礼或参加追悼活动。行礼时应脱帽立正，双目凝视受礼者，然后上身弯腰前倾。男士双手应贴放于身体两侧裤线处，女士的双手则应下垂搭放于腹前。下弯的幅度越大，所表示的敬重程度就越高。

（7）合十礼。在东南亚、南亚信奉佛教的地区以及我国傣族聚居区，合十礼最为普遍。行合十礼时双掌十指在胸前相对合，五个手指并拢向上，掌尖和鼻尖基本持平，手掌向外侧倾斜，双腿立直站立，上身微欠低头，可以口颂祝词或问候对方，亦可面带微笑，但不准手舞足蹈，反复点头。一般而言，行此礼时，合十的双手举得越高，越体现出对对方的尊重，但原则上不可高于额头。

(8) 拥抱礼。在西方，特别是在欧美国家，拥抱礼是十分常见的见面礼与道别礼。在人们表示慰问、祝贺、欣喜时，拥抱礼也十分普遍。正规的拥抱礼，讲究两人正面面对站立，各自举起右臂，将右手搭在对方左肩后面；左臂下垂，左手扶住对方右腰后侧。首先各向对方左侧拥抱，然后各向对方右侧拥抱，最后再一次各向对方左侧拥抱，一共拥抱 3 次。在普通场合行礼，不必如此讲究，次数也不必要求如此严格。

(9) 亲吻礼。亲吻礼，也是西方国家常用的见面礼，有时它会与拥抱礼同时使用。行礼时，通常忌讳发出亲吻的声音，而且不应将唾液弄到对方脸上。在行礼时，双方关系不同，亲吻的部位也有所不同。长辈吻晚辈，应当吻额头；晚辈吻长辈，应当吻下颌或吻面颊；同辈之间，同性应当贴面颊，异性应当吻面颊。接吻，即吻嘴唇，仅限于夫妻与恋人之间，而不宜滥用，不宜当众进行。

(10) 吻手礼。吻手礼，主要流行于欧美国家。它的做法是：男士行至已婚妇女面前，首先垂手立正致意，然后以右手或双手捧起女士的右手，俯首以自己微闭的嘴唇，去象征性地轻吻一下其手背或是手指。行吻手礼的地点，应以室内为佳。吻手礼的受礼者，只能是妇女，而且应是已婚妇女。行吻手礼时，如果咂咂作响或把唾液留在女士的手背上，是十分无礼的，应该双唇轻沾对方的手背，不出声响。

5. 名片的礼仪

名片是现代社会中必不可少的社交工具。两人初次见面，先互通姓名，再奉上名片，单位、姓名、职务、电话等便可一目了然，既回答了一些对方心中想问而有时又不便贸然出口的问题，又使相互之间的距离一下子拉近了许多。在交往中，熟悉和掌握名片的有关礼仪是十分重要的。

有趣的是，作为礼仪之邦，中国古代就有这种功能类似于现在的"名片"的物品。清代学者赵翼在《陔馀丛考》卷三十"名帖"中说："古人通名，本用削木书字，汉时谓之谒，汉末谓之刺。汉以后虽则用纸，而仍相沿曰刺。"按照他的说法，汉代的名片是木质，上面墨书文字，名称叫作"谒"，汉末改为"刺"。汉以后随着造纸术的发明和推广，名片虽改为纸制，但仍沿用了"刺"这一名称。

名片在中国古代一直被使用，时至明清，使用更为广泛。每临春节，商人们都要制作大量的红纸名片，上书商号。除夕之夜，派人广为散发，不管认识与否，有无来往，见门就塞，以示恭贺新春，这里面当然有"多多光临"的意思。收到名片的人家就会把它贴到墙上，以烘托喜庆的气氛。就因为如此，才有了于右任遇难得救的故事。

小故事 12—9

于右任遇难得救

1905 年，于右任写了一本《半哭半笑楼诗草》的书，抨击时政。陕甘总督升允见后，认为"逆竖昌言大逆不道"而密奏清政府，慈禧阅后批复就地处决。此时于右任在开封，他的同学李合甫的父亲李丙田探知消息后，雇人日夜兼程送信。于右任获信后，当即转移，临行时，他随手揭下了旅馆墙上的 20 多张名片，沿途每遇人盘查，便拿出一张，以名片中的姓名应付，蒙过重重关卡，结果名片用完了，他也逃出了虎口。

(资料来源: 杨友苏，石达平. 品礼: 中外礼仪故事选评[M]. 上海: 学林出版社，2008.)

现代交往中，名片已不仅仅用于拜访，在交往中，人们用它作自我介绍，介绍友人相识或托人取物，也可以作为简单的礼节性通信往来，表示祝贺、感谢、劝慰、吊唁等。随着社会文明的发展，小小的名片在人们之间的信息传递中，扮演了一个不可缺少的角色。正如一位名人所说: "在现代生活中，一个没有个人名片，或是不会正确地使用个人名片的人，就是一个缺乏现代意识的人。"

1) 名片的制作

(1) 名片的规格、材质与色彩。

名片一般为 10cm 长、6cm 宽的白色卡片。我们经常使用的规格略小，长度为 9cm，宽度为 5.5cm。值得说明的是，如无特殊需要，不应将名片制作过大，甚至有意搞折叠式，免得给人以标新立异、虚张声势之感。

印制名片，最好选用纸张，并以耐折、耐磨、美观、大方的白卡纸、再生纸、合成纸、布纹纸、麻点纸、香片纸为佳。至于高贵典雅、纸制挺括的皮纹纸，则可量力而行，酌情选用。必要时，还可覆膜。

印制名片的纸张，宜选庄重朴素的白色、米色、淡蓝色、淡黄色、淡灰色，并且以一张名片一色为好。

(2) 名片的内容。

很多企业认为名片是宣传组织的一个极好的媒体，若所有工作人员，特别是业务员的名片设计得风格一致、个性鲜明，将会给人一种统一的视觉印象，而这种个性在很大程度上体现在名片的内容设计上。

例如，以下几位艺术家和社会名流的名片就颇具个性，独领风骚，使人睹名片如见其人，接名片如沐春风。

棋圣聂卫平的名片"棋"高一着，上部是自己的漫画像，中部用钢笔签名，下部是一幅围棋谱局。图文并茂，一目了然。

青年舞蹈家杨丽萍的名片印着"孔雀头"手型剪影的特有标志，将其优美的孔雀舞姿再现于名片之上，形态栩栩如生，惟妙惟肖，而艺术化的"YLP"三个英文字母即姓名缩写更是别具一格。设计新颖别致，浑然一体，令人叫绝。

著名作家沙叶新的名片也设计得别具一格，其名片左下方是其右手夹书、左手拿笔的漫画像，右上方是个大括号，内书:

我，沙叶新，

上海人民艺术剧院院长——暂时的

剧作家——永久的

某某委员、某某理事、某某教授、某某顾问——这些都是挂名的。

一般来说，名片上应该印上工作单位、姓名、身份、地址、邮政编码等。工作单位一般印在名片的上方，社会兼职紧接工作单位排列下来；姓名印在名片中央，右旁印有职务、职称；名片的下方为地址、邮政编码、电话号码、传真、E-mail等。

名片的背面，一般都印上相应的英文，在对外交往时用。但也有些名片在背面印上企业、公司的简介、经营范围、产品及服务范围以方便客户和作为宣传。例如，大连市某县有一名副县长的名片，上面除了姓名、职务等内容之外，还有一幅本县的风光图片。照他的说法，这样做有利于增强人们的环保意识。原来该县是个海岛县，风光秀丽，近年来发展了旅游业，成为该县经济的支柱产业之一。在开发旅游资源的时候，他们首先想到的是保护自然环境，为子孙后代留下一片蓝天、碧水。它集宣传本地与普及环保知识于一体，收到了良好的经济效益和社会效益。

很多企业有标准的员工名片格式，有的要加印公司的标识，甚至企业经营理念，并且规定名片统一规格、格式等。

2)　名片的用途

对现代人来讲，名片是一种物有所值的实用型交际工具，其用途是多方面的。

(1)　介绍自身。

名片最主要的用途是介绍自身。会客交友，取出一张名片，自我的基本情况就会跃然纸上，可以让他人一目了然。它在介绍中的好处是简明扼要，介绍方便。在当着一两个人口头自我介绍时，总是很简短，几乎就是姓名、单位，有时候职务都不便开口说出，因为介绍自己的一官半职总有自我炫耀之嫌，当身兼数职时更不好一一启齿。但有了名片，一切都写得清清楚楚，不用为难和啰唆，他人就能较多地了解你。

(2)　维持联系。

名片犹如"袖珍通讯录"，利用它所提供的资料，即可与名片的提供者保持联系。正因为有了名片上所提供的各种联络方式，人们的"常来常往"才变得更加现实和方便。

(3)　显示个性。

通过名片展示个性，获得他人对自我多方面和多层次的了解。可以在名片上印上代表自己个性的爱好和特点，如"酷爱足球，性喜笔耕，嗜辣如命，钟情绿色，崇尚真诚"，这样的名片很快就能让别人读懂自己，也赢得友善。也有的人在名片上印上自己的座右铭或喜爱的格言及与对方相识的真诚的话语等，如"一握你的手，永远是朋友""不握你的手，照样是朋友"这样的名片很容易给对方留下好感，加深交往。

(4)　拜会他人。

初次前往他人居所或工作单位进行拜会时，可将本人名片交由对方门卫、秘书或家人，转交给被拜访者，以便对方确认"来系何人"，并决定见与不见。这种做法比较正规，可以避免冒昧造访。

此外，名片在交往中还有多种用途，如馈赠附名、代替请柬、喜庆告友、祝贺升迁等。

3)　名片的交换

要使名片在交际中正常地发挥作用，还须在交换名片时做得得法。遇到以下几种情况时需与对方交换名片：一是希望认识对方时；二是被介绍给对方时；三是对方提议交换名片时；四是对方向自己索要名片时；五是初次登门拜访对方时；六是通知对方自己的变更

情况时；七是打算获得对方的名片时。

(1) 递交名片。

名片的持有者在递交名片时动作要洒脱、大方，态度从容、自然，表情要亲切、谦恭。应当事先将名片放在身上易于掏出的位置，取出名片后便先郑重地握在手里，然后再在适当的时机得体地交给对方。

递交名片的姿势是：要双手递过去，以示尊重对方。将名片放置手掌中，用拇指夹住名片，其余四指托住名片反面，名片的文字要正向对方，以便对方观看，若对方是外宾，则最好将名片上印有对方认得的文字的那一面面对对方，同时讲些"请多联系""请多关照""我们认识一下吧""有事可以找我"之类友好客气的话。

递交名片的时间，应当视具体情况而定。如果名片持有者与人事先有约，一般可在告辞时再递上名片。如果双方只是偶然相遇，则可在相互问候，得知对方有与你交往的意向时，再递交名片。

与多人交换名片时，要注意讲究先后次序，或由近而远，或由尊而卑。一定要依次进行，切勿采取"跳跃式"，当然也没有必要散发传单似的，站在人流拥挤处随意滥发名片。

(2) 接受名片。

接受他人名片时，应恭恭敬敬，双手捧接，并道感谢。接受名片者应当首先认真地看看名片上所显示的内容，必要时可以从上到下，从正面到反面重复看一遍，或者可把名片上的姓名、职务(较重要或较高的职务)读出声来，如"您就是张总啊"，以表示对赠送名片者的尊重，同时也加深了对名片的印象。然后把名片细心地放进名片夹或笔记本、工作证里夹好。

在别人给了名片后，如有不认识或读不准的字要虚心请教。请教他人的姓名，丝毫不会降低你的身份，反而会使人觉得你是一个对待事情很认真的人，增加对你的信任。

接受名片时应避免马马虎虎地用眼睛瞄一下，然后顺手不经意地塞进衣袋；随意往裤子口袋一塞、往桌上一扔；名片上压东西、滴到了菜汤油渍；离开时把名片忘在桌子上。名片是一个人人格的象征，这些行为是对其人格的不尊重，这样都会使人感到不快。

当然在收到了别人的名片后，也要记住给别人自己的名片，因为只收别人的名片，而不拿出自己的名片，是无礼拒绝的意思。

(3) 索取名片。

如果没有必要最好不要强索他人名片。若索取他人名片，则不宜直言相告，而应委婉表达此层意思：可向对方提议交换名片、主动递上本人的名片；询问对方"今后如何向您求教"(向尊长者索要名片时多用此法)；询问对方"以后怎么与您联系"(向平辈或晚辈索要名片时多用此法)。

反过来，当他人向自己索取名片，自己又不想给对方时，不宜直截了当，也应以委婉方式表达此意。可以说"对不起，我忘带名片了"，或"抱歉，我的名片用完了"。

4) 名片的存放

(1) 名片的放置。

在参加交际活动之前，要提前准备好名片，并进行必要的检查。随身所带的名片最好放在专用的名片夹里,也可放在上衣口袋里。不要把名片放在裤袋、裙兜、提包、钱包等里面,那样既不正式,又显得杂乱无章。在自己的公文包以及办公桌抽屉里,也应经常备有名片,以便随时使用。在交际场合,如感到要用名片,则应将其预备好,不要在使用时再去瞎翻乱找。

参加交际活动后,应立即对所收到的他人名片加以整理收藏,以便今后利用方便。不要将它随意夹在书刊、材料内,压在玻璃板底下,或是扔在抽屉里面。存放名片的方法大体上有四种,它们还可以交叉使用。

① 按姓名的外文字母或汉语拼音字母顺序分类。

② 按姓名的汉字笔画的多少分类。

③ 按专业或部门分类。

④ 按国别或地区分类。

若收藏的名片甚多,还可以编一个索引,如此用起来就更方便了。

(2) 名片的利用。

随着交际的不断深入,还可在收藏的他人名片上随手记下可供本人参考的资料,使其充当社交的记事簿。在收藏的他人名片上可记的有利于交际的资料如下所述。

① 收到名片时的具体情况。包括收到名片的地点、时间,以及是否与对方亲自交换等。在国外有一种做法,即把名片的右上角向下折,然后再使其恢复原状,它表示该名片是对方亲自与自己交换的。

② 交换名片者个人的资料。例如性别、年龄、籍贯、学历、专长、爱好等。这既可备忘,也可补充作资料。

③ 交换名片者在交换名片后变化的情况,例如单位、部门的变化,职业的变动调任,职务、学衔的升降,联络方式的改变等。

6. 电话的礼仪

电话是人们开展社交活动不可缺少的工具,在日常生活和工作交往中,都要利用电话与别人取得联系和交谈。据美国《电话综述》(Telephone Review)所写,一个人一生平均有8760 小时在打电话。在录像电话还没普及之前,人们通过电话给人的印象完全靠声音和使用电话时的习惯,要想有"带着微笑的声音"或者通过电话赢得信任,就必须掌握使用电话的礼节与技巧。

1) 电话语言要求

虽然目前大部分电话能传输的信号是声音,但这一信号载体却包含着许多信息。说话人想做什么,要做什么,是高兴还是悲伤,还有对另一方的信任感、尊重感,彼此都可以清晰地得知。这些都取决于电话的语言与声调。因此,电话语言要求礼貌、简洁和明了,以准确地传递信息。

(1) 态度礼貌友善。当我们使用电话交谈时,我们不能简单地将对方视作一个"声音",而应看作面对一个人在交谈。尤其是对办公人员来说,我们面对的是组织的一名公众,如果你们是初次交往,那么,这样一次电话接触便是你给公众的第一次"亮相",应十分慎重。因此,在使用电话时,多用肯定语,少用否定语,酌情使用模糊用语;多用些致歉语和请托语,少用些傲慢语、生硬语。礼貌的语言、柔和的声音,往往会给对方留下亲切之感。正如日本一位研究传播的权威所说:"不管是在公司还是在家庭里,凭这个人在电话里的讲话方式,就可以基本判断出其'教养'的水准。"

(2) 传递信息简洁。电话用语要言简意赅,将自己所要讲的事用最简洁、明了的语言表达出来。因为通话的一方尽管有诸如紧张、失望而表情异常的体态语言,但通话的另一方不知道,他所能得到的判断只能是来自他听到的声音。在通话时最忌讳发话人吞吞吐吐、含糊不清、东拉西扯,正确的做法是:问候完对方,即开宗明义,直言主题,少讲空话,不说废话。

(3) 控制语速语调。通话时语气温和,语调、语速适中,这种有魅力的声音容易使对方产生愉悦感。如果说话语速太快,则对方会听不清楚,显得应付了事;太慢,则对方会不耐烦,显得懒散拖沓;语调太高,则对方听得刺耳,感到刚而不柔;太低,则对方会听不清楚,感到有气无力。一般说话的语速、语调和平常的一样就行了,即使是长途电话,也无须大喊大叫,把受话器放在离嘴两三寸的地方,正对着它讲就行了。另外通电话时,周围有种种异样的声音,会使对方觉得自己未受尊重而变得恼怒,这时应向对方解释,以保证双方心情舒畅地传递信息。

(4) 使用礼貌用语。在电话交际中应使用礼貌用语。现以实例列表说明(见表 12-1 和表 12-2)。

表 12-1　打一般商务交际电话的礼貌用语及应对要点

接电话者(对方)	打电话者(自己)	应对的重点
您好,这里是××国际公司门市部	我是中华公司业务部的张××。请问李××先生在吗	首先把要和对方谈的事情用备忘录整理好,并将会用到的资料事先准备妥当
请稍等一下	谢谢	去叫李××接电话
我是李××	您好,我是中华公司业务部的张××。前天您订的货已经来了,我打算早一点送过去,您觉得如何	要找的人一接电话,就恭敬地再打一次招呼;不要只考虑自己的情况,也要问问对方是否方便
哦,是这样啊!明天送过来怎么样	好,我知道了,那么明天几点,送到哪里比较方便呢	
三点送到总务科,交给赵××。能不能向您请教一下商品的使用方法	好,明天三点送到总务科,给赵××先生。好的,我明天会过去为您详细解说,我手上有说明书,马上用传真机传过去。若看不清楚给我来电话	为避免错误把对方的话重复一遍;打电话前必要的资料要先拿在手上;用传真机输送,输送以前,都须以电话确认

续表

接电话者(对方)	打电话者(自己)	应对的重点
好，我明白了。 传真收到了，很清楚，谢谢	明天再拜访了，谢谢您，再见！好，我知道了，再见	别忘了结束时的道别

(资料来源：李兴国. 现代商务礼仪[M]. 哈尔滨：黑龙江科学技术出版社，1998.)

表 12-2　接一般商务交际电话的礼貌用语及应对要点

接电话者(对方)	打电话者(自己)	应对的重点
	(电话铃响)这里是中华公司业务部	电话铃响两声，就拿起话筒。如果中午前，别忘了道一声早安
麻烦您找张××先生听电话	对不起，请问您是哪一位	
我是国际公司的李××	张先生他在，请稍等。 抱歉，让您久等了，他大概3点会回来。请问您有何事，能否让我转达	反复确认对方； 倘若叫人要花点时间，要问对方是否方便等； 如果要找的人不在，不要只告知"他不在"，其后的应对不要忘记
不可以，这事除了张先生之外，别人不明白。那么能不能麻烦您请他4点钟左右打电话给我？ 好的，1234567	是。但为防万一，能不能留下您的电话号码？ 我确定一下，是不是1234567，鄙人姓杨，等张先生回来我一定转告他4点左右给您打电话	如果对方愿告知什么事，用备忘录记好； 对方交代的事情一定要重复确认； 在留言备忘录中，要记上对方打来的电话，及对方的姓名
拜托您了	不客气。那么再见	确定对方已挂断电话后，再轻轻放下听筒

(资料来源：李兴国. 现代商务礼仪[M]. 哈尔滨：黑龙江科学技术出版社，1998.)

2) 接电话

(1) 迅速接听。接电话首先应做到迅速，力争在铃响三次之前就拿起话筒，这是避免让打电话的人产生不良印象的一种礼貌。电话铃响过三遍后才做出反应，会使对方焦急不安或不愉快。正如日本著名社会心理学家铃木健二所说："打电话本身就是一种业务。这种业务的最大特点是无时无刻不在体现每个人的特性。""在现代化大生产的公司里，职员的使命之一，是一听到电话铃声就立即去接。"接电话时，也应首先自报单位、姓名，然后确认对方，如"您好！这是××公司营销部"。如果对方没有马上进入正题，可以主动请教："请问您找哪位通话？"

(2) 积极反馈。作为受话人，在通话过程中，要仔细聆听对方的讲话，并及时作答，给对方以积极的反馈。通话中听不清楚或意思不明白时，要马上告诉对方。在电话中接到对方邀请或会议通知时，应热情致谢。

(3) 热情代转。如果对方请你代转电话，应弄明白对方是谁，要找什么人，以便与接电话人联系。此时，应告知对方"稍等片刻"，并迅速找人。如果不放下话筒喊距离较远的人，可用手轻捂话筒或按保留按钮，然后再呼喊接话人。如果你因别的原因决定将电话转到别的部门，应客气地告知对方，你将电话转到处理此事的部门或适当的职员。例如，真对不起，这件事是由财务部处理，如果您愿意，我帮您转过去好吗？"

(4) 做好记录。如果要接电话的人不在，应为其做好电话记录，记录完毕，最好向对方复述一遍，以免遗漏或记错。可利用电话记录卡片做好电话记录。电话记录卡片如图 12-1 所示。

```
给 _____
日期 _____        时间 _____

你不在办公室时                              先生
        _____ 公司的 _____  女士
                                            小姐
电话 _____
        ○电话              ○请打电话回去
        ○要求来访          ○还会打电话来
        ○是否紧急          ○回你的电话
        留言 _____
             _____
                            接话人 _____
```

图 12-1   电话记录卡片

3)   打电话

(1) 时间适宜。打电话的时间应尽量避开上午 7 点前、晚上 10 点以后，还应避开晚饭时间。有午休习惯的人，也请不要在中午用电话打扰他。电话交谈所持续的时间不宜过长，事情说清楚了就可以了，一般以 3～5 分钟为宜。若是在办公室打电话，要照顾到其他电话的进、出，不可过久占线，更不可将办公室的电话或公用电话当作聊天的工具，这是惹人讨厌的行为。著名相声表演艺术家马季曾说过一段相声，名叫《打电话》就是讽刺的这种人。

(2) 有所准备。通话之前应该核对对方公司或单位的电话号码、公司或单位的名称及接话人姓名。写出通话要点及询问要点，准备好在应答中使用的备忘纸和笔，以及必要的资料和文件。估计一下对方情况，决定通话时间。

(3) 注意礼节。接通电话后，应主动问好，自报一下家门和核实一下对方的身份。应先说明自己是谁，除非通话的对方与你很熟悉，否则就该同时报出你的公司及部门名称，然后再提一下对方的名称。打电话要坚持用"您好"开头，"请"字在中，"谢谢"收尾，态度温文尔雅。若你找的人不在，可以请接电话的人转告，如"对不起，麻烦您转告×××……"然后将你所要转告的话告诉对方。最后别忘了向对方道一声谢，并且问清对方的姓名。切不可"咔嚓"一声就把电话挂了，这样做是不礼貌的，即使你不要求对方转告，你也应该说一声："谢谢，打扰了。"打电话结束时，要道谢和说声再见，这是通话结束的信号，也是对对方的尊重。注意声音要愉快，听筒要轻放。一般来说，应是打电话的人先搁下电话，接电话的人再放下电话。但是，假如是与上级、长辈、客户等通话，不论你是通话人还是接话人，都最好让对方先挂断。

小知识 12—3

拨打电话的空间环境考虑

拨打电话时，也应考虑自己所处的空间环境。

(1) 一般而言，工作电话在办公室内打，私人电话在家中打。

(2) 在电影院、音乐厅、剧院等公众场合时，无紧急情况不要拨打电话。

(3) 拨打电话时，要同时考虑及留意对方接听电话所处的空间环境。

(4) 谈论机密或敏感的商业问题时，应在保密性强、安静的环境中拨打电话，且在接通后询问对方是否方便。

(资料来源：佚名. 电话商务礼仪[EB/OL]. [2018-07-01]. https://wenku.baidu.com/view/45d3e66367ec102de2bd89e3.html.)

4) 使用手机的礼仪

不论是在社交场所还是在工作场合，放肆地使用手机，已经成为礼仪的最大威胁之一。在国外，如澳大利亚电讯的各营业厅就采取了向顾客提供《手机礼节》宣传册的方式，宣传手机礼仪。在使用手机的时候应该注意以下礼仪。

(1) 位置合适。在一切公共场合，手机在没有使用时，都要放在合乎礼仪的常规位置。不要在没有使用的时候放在手里或是挂在上衣口袋外。放手机的常规位置有：一是随身携带的公文包里，这种位置最正规；二是上衣的内袋里；有时候，可以将手机暂放腰带上，也可以放在不起眼的地方，如手边、背后、手袋里，但不要放在桌子上，特别是不要对着对面正在聊天的客户。

(2) 注意场合。在会议中或和别人洽谈的时候，最好的方式是把手机关掉，起码也要调到振动状态。这样既显示出对别人的尊重，又不会打断发言者的思路。而那种在会场上铃声不断，像是业务很忙，使大家的目光都转向他的人，给人的印象只能是缺少教养。注意手机使用礼仪的人，不会在公共场合或座机电话接听中、开车中、飞机上、剧场里、图书馆和医院里接打手机，就是在公交车上大声地接打电话也是有失礼仪的。公共场合特别是楼梯、电梯、路口、人行道等地方，不可以旁若无人地使用手机，应该把自己的声音尽可能地压低，而绝不能大声说话，同时不要妨碍他人通行。在一些场合，如在看电影时或在剧院打手机是极其不合适的，如果一定要回话，采用静音的方式发送手机短信是比较适合的。

(3) 考虑对方。给对方打手机时，尤其当知道对方是身居要职的忙人时，首先想到的是，这个时间他(她)是否方便接听，并且要有对方不方便接听的准备。在给对方打手机时，应注意从听筒里听到的回音来鉴别对方所处的环境。如果很静，应想到对方在会议上，有时大的会场能感到一种空旷的回声；当听到噪声时对方就很可能在室外，开车时的隆隆声也是可以听出来的。有了初步的鉴别，对能否顺利通话就有了准备。但无论在什么情况下，是否通话还是由对方来定为好，所以"现在通话方便吗？"通常是拨打手机的第一句问话。其实，在没有事先约定和不熟悉对方的前提下，我们很难知道对方什么时候方便接听电话，所以，在有其他联络方式时，还是尽量不打对方手机好些。

在餐桌上，关掉手机或是把手机调到振动状态还是必要的，避免正吃到兴头上的时候被一阵烦人的铃声打断。不要在别人注视自己的时候查看短信。一边和别人说话，一边查看手机短信，是对别人的不尊重。当与朋友面对面聊天时，不要正对着朋友拨打手机，避免发射时高频的电流对他产生辐射，让对方心中不愉快。使用手机时必须牢记"安全至上"，否则不但害人，还会害己。注意不要在驾驶汽车时使用手机或查看寻呼机内容，以防止发生车祸；不要在病房、油库等地方使用手机，免得它们所发出的信号有碍治疗或引发火灾、爆炸；不要在飞机飞行期间使用手机，否则极可能使飞机"迷失方向"，造成严重后果。

另外现在有不少人，特别是年轻人喜欢使用彩铃。有些彩铃很搞笑，或很怪异，与千篇一律的铃声比较起来，确实有独特之处。但是彩铃是给打电话的人听的，如果我们需要经常用手机联系业务，最好不要用怪异或格调低下的彩铃，以免影响自己和单位的形象。

(4) 会发短信。手机短信已成为人们交际活动的一种重要方式。其礼仪主要包括书写发送手机短信礼仪和接收手机短信礼仪。

① 书写发送手机短信礼仪。第一，内容要简单明了；第二，语意要清楚；第三，检查文法和错别字；第四，短信拜年，记得署名。还有一点需要注意：在短信的内容选择和编辑上，应该和通话文明一样重视。不要编辑或转发不健康的、格调不高的短信，特别是一些带有讽刺伟人、名人甚至是革命烈士的短信，更不应该转发。

② 接收手机短信礼仪。第一，接收短信及时回复；第二，及时删除不用短信，保持手机短信容量有一定空余量，以免影响新短信的接收，甚至耽误大事；第三，重要短信及时移至收藏夹。

7. 网络礼仪

1) 网络礼仪的基本规范

(1) 充分尊重他人。当今，在互联网上交流已成为一种重要的交际方式。在互联网上人与人之间的交流，由于各种因素，双方往往难以完全正确理解对方所要表达的意思，这样就很容易使人际关系陷入"言者无心、听者有意"的困境。所以，在网络交往中更要充分尊重他人。

① 记住别人的存在。互联网为来自五湖四海的人们提供了一个交流的空间，这是高科技的优点。但往往也使我们在面对计算机屏幕时忘了自己是在跟其他人打交道，忽略了

其他人的存在，自己的行为也因此容易变得更粗劣和无礼。因此，有些话如果你当面不会说，那么在网络上也不要轻易说出口。现实生活中，有法律法规来约束我们的行为；在虚拟的网络世界里，尽管法律法规没有那么完善，同样有相应的条款来约束我们的行为。

② 尊重他人的隐私。别人与你的电子邮件或私聊的记录应该是隐私的一部分。如果你认识的某个人用笔名上网，在论坛未经同意就不得将其真名公开。如果不小心看到别人打开的计算机上的电子邮件或秘密，不应该到处传播。

③ 尊重别人的时间。在提问题前，自己应先花些时间去搜索和研究。可能同样的问题以前已经被问过多次，现成的答案随手可得，这样可免去别人为你寻找答案而消耗时间和资源。

小故事 12—10

违背网络礼仪的小李

小李的女友小丽向他提出了分手，小李怀恨在心，为泄私愤，他在本市一家有名的网络论坛上发布了一个名为"拜金女被人包养，为钱抛弃初恋男友"的帖子。帖子中虚构了女友贪慕虚荣，主动投入有钱富商怀抱而将初恋男子抛弃的情节，并公布了女友的真实身份，引发网友围观。

经朋友提醒后，小丽在网上发现了该帖子，立刻要求该社区版主删除帖子，并向派出所报了案。民警利用网络侦查手段锁定并找到了小李，对其捏造事实诽谤他人的行为给予了应有的处罚。

(资料来源：佚名. 社交礼仪. [EB/OL].[2018-03-09].
https://max.book118.com/html/2018/0309/156460903.shtml.)

(2) 注意言行举止。特别要注意以下两点。

① 网络留言文明。因为网络的匿名性质无法根据人的外观对其作出判断，网络语言就成为了解一个人的唯一途径。所以，在网络上留言要格外注意文明、礼貌、规范。如果你对某个领域不是很熟悉，就不要贸然开口。发帖前要仔细检查自己的用词和语法，不要说脏话和故意挑衅的话。网络交流不得使用攻击性、侮辱性的语言。对于常用的语言符号，应当熟练掌握，以便理解对方的意思；同时也要谨慎使用语言符号，以免对方不理解而导致交流障碍。

② 注意交流的语气。在谈话中听来有趣和合理的东西，变成书面语就可能会显得咄咄逼人、唐突甚至粗鲁。大多数人写网络信息时，都不像写普通书面文章时那么认真和注意修饰。实际上，在把信息发表到网上之前应该好好地检查一下。与此同时，你也应当认真阅读别人所写的内容，他们真正要表达的也许并不一定是你所理解的那种意思。

(3) 宽容他人错误。任何人上网都有一个从生疏到熟练的过程，作为新手都会有犯错误的时候。所以，当看到别人写错字、用错词，问一个低级问题或者写一篇没必要的长篇大论时，请不要太在意。如果真的想给别人建议，最好用留言私下提出。

(4) 进行合理争论。网络上的争论可以说是一场"没有硝烟的战争"。其实这些争论都属于正常现象，要注意的是争论时要以理服人，不要人身攻击和使用侮辱性的语言。

小知识 12—4

文明上网自律公约

(中国互联网协会 2006 年 4 月 19 日)

自觉遵纪守法，倡导社会公德，促进绿色网络建设；
提倡先进文化，摒弃消极颓废，促进网络文明健康；
提倡自主创新，摒弃盗版剽窃，促进网络应用繁荣；
提倡互相尊重，摒弃造谣诽谤，促进网络和谐共处；
提倡诚实守信，摒弃弄虚作假，促进网络安全可信；
提倡社会关爱，摒弃低俗沉迷，促进少年健康成长；
提倡公平竞争，摒弃尔虞我诈，促进网络百花齐放；
提倡人人受益，消除数字鸿沟，促进信息资源共享。

(资料来源：中国互联网协会. 文明上网自律公约全文[EB/OL]. [2020-05-19].
http://www.pinlue.com/article/2020/05/1915/2710549367206.html.)

2) 电子邮件礼仪

电子邮件又称 E-mail，是通过互联网进行信息交换的一种联络工具。它能够帮人们以非常低廉的价格快速地传递信息，已逐渐成为交际中不可或缺的联络手段。电子邮件礼仪即指在书写和收发邮件时应当遵守的礼仪规范。

(1) 电子邮件的书写礼仪。电子邮件的书写通常应按照纸质信函的格式进行。书写电子邮件时，还应当注意以下礼仪。

① 主题明确。添加邮件主题是电子邮件与纸质信函的主要不同之处。商务人员在撰写电子邮件时，一定要在"Subject(主题)"栏设定一个邮件主题。该主题应明确、具体、提纲挈领，但不宜过长(如"关于洽谈会的准备事宜"等)，以便收件人通过主题快速判断邮件内容的轻重缓急，减轻查找或阅读邮件的负担。

② 内容规范。与纸质商务信函一样，电子邮件也应当用语规范、内容完整。此外，电子邮件的书写还应注意以下两个方面：一是尽量避免使用晦涩难懂的缩略语，且不要使用网络用语和符号表情，以免影响商务信函的专业性和严肃性；二是在英文电子邮件中，切勿使用大写字母书写正文，以免被误解为态度恶劣或强硬。

③ 签名恰当。商务人员可在电子邮件的签名档中列入写信人的姓名、公司、电话、传真、地址等信息，还可列入个人的座右铭或公司的宣传口号等信息，但信息行数不宜过多，一般不超过 4 行。

④ 附件合理。商务人员可以通过电子邮件的附件发送整理成文档形式的文件，还可以发送照片、音频、视频等文件。在使用邮件的附件功能时，应在邮件的正文中对附件进行简要说明，并提示收件人查看附件。

若附件为特殊格式的文件，则应在正文中说明其打开方式，以免影响收件人查看。

还应为附件设定有意义的文件名。当附件的数目较多(多于两个)时，应将其打包成一个压缩文件。

若附件容量较大(超过 25MB)，则应事先确认收件人所使用的邮件服务系统有足够的容量收取，否则，应将附件分割成多个小文件分别发送。

(2) 电子邮件的收发礼仪。在发送和接收电子邮件时，应当注意以下礼仪。

① 及时确认发送状态。发送电子邮件后，一定要及时确认邮件是否已经发送成功。确认邮件发送状态的方法通常有如下两种：一是检查被发送的邮件是否已显示在"已发送"列表中，若该列表中有显示，则表明发送成功；二是邮件发送几分钟后，检查邮箱中有无系统退信，若无系统退信则表明发送成功。

② 通知收件人。在发完电子邮件后，一定要打电话通知收件人查收并阅读邮件，以免耽误重要事宜。

③ 及时回复。收到重要或紧急的电子邮件后，通常应当在 2 小时内回复对方，以示尊重。对于一些不紧急的电子邮件，则可暂缓处理，但一般不可超过24小时。

回复邮件时，最好是将原件中相关的问题抄到回件上，然后附上结构完整的答复内容。若只回复"已知道""对""谢谢""是的"等，则是非常不礼貌的。

小知识 12—5

令人反感的行为

曾有调查结果显示，以下几种行为最受电子邮件接收者反感：①转发伤风败俗的玩笑；②使用大写字母写邮件；③讨论敏感的个人问题；④对工作或老板抱怨不休；⑤就某问题争论不休；⑥不厌其烦地描述自己的不幸；⑦传播不负责任的流言蜚语；⑧随意批评他人；⑨详细谈论自己或者其他人的健康问题。

(资料来源：佚名. 日常事务礼仪[EB/OL]. [2018-11-24].
https://wenku.baidu.com/view/c02fa649905f804d2b160b4e767f5acfa0c7831e.html.)

3) 微博礼仪

微博是近几年兴起的一种网络传播和交流的方式，其实就是一种通过关注机制分享简短信息的广播式的社交网络平台。微博可以相互关注，可以共享信息，可以交朋结友，而且使用起来极为方便和快捷，因而一经问世，立即风靡全网，现在依然是很受欢迎的私媒体和社交平台。

对话，是微博的基本形式。虽然大家在微博上彼此互动却不见其人，但微博绝非一个纯虚拟空间。微博上的一言一行，都能体现出每个用户的不同学识、气质形象与品行素养。而企业的官方微博则更是一个窗口，直接展现着一家企业、一个品牌的内涵。因而，不论是个人的微博，还是企业组织的微博，都应特别注重方法技巧与礼仪规范。

(1) 文明高雅，客观评论。对于个人微博，发布的信息语言一定要文明高雅，内容要清新可读，不可语言粗俗，更不可攻击他人，甚至公开骂人；生气时尽量不发微博，别让自己的心情影响到大家；发送前一定要检查是否有错别字，转发时必须确保自己了解这件事情，评论别人的微博时要了解原文，客观地发表自己的意见，不能信口雌黄，更不能随意骂人，这些都是基本的发微博的礼仪。

(2) 礼尚往来，互相关注。微博也是一个网络社交的平台，在微博上同样讲究礼尚往来，互相关注也是一种礼貌。一般来说我们会优先关注那些已经关注自己的人，那些回复自己消息的人，主要是获得心理的认知，感觉到互联网上有人关注你，体会到受人尊重的感觉。如果你想和一个人交往，你不妨天天围着他的微博转，等到有一天混得脸熟，他会理会你，关注你。如果大家天天来关注你，你一直没有回复，时间久了，就没有人再会理会你。也就是说，如果别人粉你(关注你)，你也应当适时回访，也加上关注，"互粉"才是礼貌的。

(3) 官方微博，注重形象。如果你将来在某企业就职，专门管理企业的微博，那就更需要讲究礼仪，这样才能树立企业的良好形象。因为从某种程度上来说，企业的官方微博就是企业形象的一种展示，甚至就是企业的形象。所以，维护好企业的官微，也就是维护好了企业的形象。虽然微博操作的权限仅属于具体的某一位员工，但操作者必须清楚明白，他的所言所行都是代表一个官方企业账号在公共的平台上互动交流。与公众的关系不再是"我"与"你"，而是直接以企业的形象及相关权限身份与众人的在线会面。因此，在具体操作上应尽量减少和避免微博编辑和客服人员的个人行为，而遵循亲和、干练的职业化水准来进行。企业的官微要对大事件高度敏感，对一些公众最为关心或是当前的热点，不妨多加转发；对于一些公益活动，不妨积极参与并转发；对于企业客户，要全心全意服务，并从服务中提升企业的形象。

(4) 语言文明，灵活互动。微博上的礼仪，大多数都是通过微博的发布、回复、评论及私信得以体现的。发布微博的语言应当文明礼貌、生动、风趣。微博的文明用语，不仅仅有助于培养积极健康的心态，而且是一种热情、亲和、开放合作精神的体现。在微博互动时穿插趣味性、生动性的回复，偶尔与大家开开玩笑，也会收到很好的效果。微博文字中的"小表情"，也可很好地辅助传递情绪，体现人性化的感性内涵。如果一些敏感性问题不适合公开交流的话，那么不妨私信对方，同时要注意，如果没有必要进行私密沟通的事宜，应尽可能不以发私信的形式来处理，以免让对方产生反感，甚至拉黑。

4) 微信礼仪

微信以其信息发布便捷、传播速度快、影响面广、互动性强等特点，在短短几年时间里迅速发展成为目前国内社交用户群体最多的软件。为了正确使用微信，提高沟通效率，树立良好形象，需要我们了解和掌握微信礼仪。

(1) 规范地命名。微信名虽说是网名，但使用时首先应本着利于交往、利于记忆的目的起一个规范、高雅的微信名，而不能随波逐流、标新立异、哗众取宠。有人认为，微信用户名就是网名，起名可以随心所欲。如有些微信用户用党和国家机关名称来命名就很不严肃；有些用外国政要人名来命名，如"特朗普""普金"等；有些把丑当美，视低俗为高尚，如叫什么"非洲小白脸""坐在墙头等红杏""你大爷"；有些名称则让人难记难懂，如用一长串英文字母和数字起名，用看不懂的似汉字非汉字的字当名字，等等。当人们看到这些名字时，虽然没见过本人，但内心会作出怪异、另类的判断，难以留下好的印象。

（2）礼貌加好友。添加他人为好友，要在备注栏里作自我介绍。不作自我介绍就加他人，如果微信名不是自己的真实名字，会让被添加的人感到困惑，有一种"猜猜我是谁"的感觉，更多的时候会被直接忽略掉；即使微信名是自己的真实名字，为体现对被添加人的尊重，作自我介绍也是必要的。添加微信通讯录中的好友入微信群，要事先征得当事人的同意。在现实生活中，我们经常会莫名其妙地收到很多弹出信息，而这些信息大多数是毫无用处的，究其原因，是我们"被"拉入了各种各样的"群"。

（3）对等地沟通。这一方面体现在沟通方式的对等上。沟通信息时，一般应采用文字而尽量不用语音。文字表达直观，语音很多时候不方便听取，有时甚至会因为发音不标准或不清晰而让人产生歧义或误解。一方采用文字，另一方为图省事而进行语音回复，本身就是沟通上的不平等，会使人感觉缺乏修养。表情符号作为一种"非语言的表达方式"，在一定情境下比文字更简练、更形象、更传神、更富有表达力，但是如果作为下级，在回复上级时仅仅使用表情符号是不妥的，表情符号并未设定明确含义，每个人的用法都可能不同，在不同情境下含义也可能不同，由于文化环境的差异同一个表情符号会有不同的理解。另一方面体现在沟通过程的对等上。微信和短信不同，发短信只要对方手机开机就能正常收到信息，微信则需要在手机上网的前提下才能正常发挥功能，所以要事先检查微信是否正常运行，以确保及时回复他人信息，因故未及时回复的要表明歉意。

（4）慎晒"朋友圈"。微信朋友圈不是个人的私人空间，事实上，个人的微信"朋友圈"并非仅仅包括自己的家人和好友，还包括上级、同事，"朋友圈"其实已具有媒体属性，不是私域，而是一个公共场合。既然"朋友圈"是公共场合，因此"晒"什么就要十分慎重。一般来说，应做到三个坚守。一是要坚守政治底线，牢固树立"四个意识"，增强政治敏锐性和政治鉴别力，对重大原则和大是大非问题要有清醒的认识，自觉遵守2017年中共中央宣传部、中共中央组织部、中央网信办《关于规范党员干部网络行为的意见》，不发表违背党的基本路线，否定四项基本原则，歪曲党的政策，或者其他有严重政治问题的文章、演说、宣言、声明等；不妄议中央大政方针，破坏党的集中统一；不丑化党和国家形象，不诋毁、污蔑党和国家领导人，不歪曲党史、国史、军史，不抹黑革命先烈和英雄模范；不制造、传播各类谣言特别是政治类谣言，不散布所谓"内部"消息和小道消息；不制作、传播其他有严重问题的文章、言论、音视频等信息内容。二是要坚守道德底线，坚守高尚的品格，严以修身、严于律己，不断提升道德境界，追求高尚情操，自觉远离低级趣味，自觉抵制歪风邪气，敢于黑脸，敢于亮剑。三是要坚守法律底线，严格执行保密法规和制度，不泄露涉密信息，不传播非法出版物，不宣扬封建迷信、淫秽色情。

（5）恰当地点赞。微信朋友圈的生命力在于其互动性，互动性越强，"晒"的欲望越强。在实践中，常会发现一些不等距、不正常的现象：有的人不看内容先点赞，哪怕发的是令人悲痛的事情，标题看都不看就直接点赞，这种点赞只能引起他人的愤怒，不如不赞；有的人只给领导点赞，其他人一概不点赞，溜须拍马的形象在众人面前表现得淋漓尽致;有的人希望别人多关注,多点赞自己"晒"的内容,但对他人所发所"晒"内容不点赞、不评论;有的人点赞先看人,例如同为一个办公室的同事,只为甲点赞,从不为乙点赞,丝毫不顾及别人感受,人为制造人际关系矛盾……为杜绝上述情况,使用微信点赞时,一是要对同事真诚相待,只有真诚才能获得别人的好感。二是要坚持等距离原则,不厚此薄彼。对上级要尊重而不恭维,不吹捧,不溜须拍马。对同事要保持一视同仁、平等对待,不搞小圈子、小集团。创造团结向上的和谐工作环境。

小知识 *12—6*

微信时代过年新礼仪

(1) 亲朋好友来家里拜年,要及时迎上去告诉 Wi-Fi 密码。不少亲朋远道而来,流量根本不够用,主动告知家里的 Wi-Fi 密码,显得体贴又周到。

(2) 吃年夜饭的时候,不要着急动筷子。因为有人肯定想拍照留念发朋友圈,等大家都拍完了,再等长辈先动筷。

(3) 在朋友圈晒年夜饭的时候,记得要感谢辛苦准备年夜饭的亲人。

(4) 除夕当天,不要在整点发祝福短信。影响别人抢红包就不好了。

(5) 春节祝福微信满天飞,要经常检查手机,是否有祝福消息。再不济也要在 48 小时内回复,否则别人会觉得你不尊重他的祝福。

(6) 如果有人没有及时回你的祝福消息,也要将心比心,对方可能是过节太忙碌,不要太往心里去。

(7) 过年非常开心,有很多信息想发到朋友圈和大家分享,但是不要连续发几条朋友圈刷屏,一天的朋友圈最好控制在 5 条以内。发太多别人会有想屏蔽你的冲动。

(8) 群发的节日祝福显得太没诚意,一条好的祝福信息需要三要素:有称呼、有特定(个性化)祝福语、有发信人落款。

(9) 过年遇到许久不见的亲朋好友,想添加为好友,一定要主动扫长辈的微信,不要让长辈或者女士手忙脚乱地来扫你。

(资料来源: 佚名. 微信时代过年新礼仪,春节前打开看看! [EB/OL].[2019-02-03].
https://www.sohu.com/a/293122320_477652.)

8. 馈赠礼仪

中华民族素来重交情,古代就有"礼尚往来"之说。人们在交往过程中,有时会通过赠送礼物来表达对交往对象的尊重、敬意、友谊、纪念、祝贺、感谢、慰问、哀悼等情感与意愿。成功的馈赠行为,不仅能够恰到好处地向受赠者表达自己的友好、敬重或其他某种特殊的情感,还能让对方产生快感,并留下深刻的印象。但若是不会选择合适的礼品,不懂馈赠的礼仪,就会造成耗费了一定精力和财力送出的礼物,不仅没给贵宾带来快乐,反而引起了贵宾的不满。

1) 馈赠礼物的标准

(1) 情感性。馈赠礼物要重视其情感意义。礼物作为友好的象征物,其意义并不在礼物本身，而在于通过礼物所传达的友好情意，这是馈赠礼物的基本思想，所谓"千里送鹅毛，礼轻情义重"。情义是无价的，情义是无法用金钱来衡量的。"烽火连三月，家书抵万金"。同样说明"情"的价值，丝毫也不夸张。著名作家萧乾当年访问一位美籍华人朋友，特意捎去几颗生枣核。他深深知道：朋友身在异国他乡，年纪越大，思乡越切。送去几颗故乡故土的生枣核，让它在异国他乡生根、开花、结果。果然那位美籍华人朋友一见到那几颗生枣核，立刻勾起了缕缕乡情，他把枣核托在手掌，仿佛它比珍珠玛瑙还贵重。因此选择礼物时，勿忘一个"情"字，应挑选价廉物美、具有一定纪念意义，或具有某些艺术价值，或为受礼人所喜爱的小艺术品，如纪念品、书籍、画册等。

选择礼物的价值要"得体"。并非是价值越昂贵的礼物所表达送礼者的情意越深厚。送礼要与受礼者的经济状况相适合，中国人历来有"礼尚往来"的习俗，若受礼者的经济能力有限，当接到一份过于贵重的礼物时，其心理负担一定会大于受礼时的喜悦。尤其当你有求于对方的时候，昂贵的厚礼会让人有以礼代贿的嫌疑，不但加重了对方接受这份礼物的心理压力，也失去了平衡交流的意义。

小故事 12—11

麦琪的礼物

美国作家欧·亨利在其著名的小说《麦琪的礼物》里讲了这样一个故事：妻子十分想在圣诞节来临时送给丈夫一份礼物，她盼望能买得起一条表链，以匹配丈夫祖上留下的一只表。因为没有钱，于是她把自己秀丽的长发剪下来卖了。圣诞之夜，妻子对丈夫献上了自己的礼物—— 一条精美的表链。丈夫也在惊愕之中拿出了他献给妻子的礼物，竟是一枚精致的发卡。原来，丈夫为给妻子买礼物把自己的表卖了。这时，他们紧紧地拥抱在一起，彼此的爱成为这圣诞之夜唯一的却是最珍贵的礼物。这对夫妻献给对方的礼物，在此时似乎已毫无效用，然而并非如此，它们不仅升华了他们之间的爱，使他们得到了最大的精神满足；而且更激发了他们战胜生活困难、追求幸福生活的决心和意志。有这样的情和爱，世上还有不可克服的困难和不可逾越的生活难关吗？

(资料来源：欧·亨利. 麦琪的礼物[M]. 长沙：湖南文艺出版社，2012.)

(2) 独创性。送人礼物，与做其他许多事情一样，是最忌讳"老生常谈""千人一面"的。选择礼物，应当精心构思，匠心独运，富于创意，力求使之新、奇、特。这就是礼物的独创性。赠送具有独创性的礼物给人，往往可以令其耳目一新，既兴奋又感动，因为这等于是"特别的爱献给特别的你"。真是这样，赠送者在对方心目中往往也会因此"升值"。

小故事 12—12

我的礼物就叫作"一统江山"

电视剧《宰相刘罗锅》里有这样一个情节：乾隆皇帝要过生日，大臣们都在为送什么礼物而头痛。乾隆皇帝富有四海，还有什么东西没见过呢？就在众大臣苦思冥想的时候，刘罗锅却早已心中有数。等乾隆寿辰到来的那天，众臣子都送上了各地的宝物，乾隆皇帝虽然欣然接受，却并没有露出喜色。轮到刘罗锅了，只见他提着一个铁桶，里面装满了鲜姜，走上殿来。皇帝不认识鲜姜，大臣们也不知道刘罗锅葫芦里卖的什么药。刘罗锅说道："我的礼物叫作'一统江山'，铁桶里装的是鲜姜故叫作'一桶姜山'。"乾隆听了，不禁龙颜大悦。

（资料来源：佚名.孩子学习礼仪的第一本书.[EB/OL].[2012-10-09].
http://www.bookdao.com/book/1641646/）

（3）适俗性。挑选礼物时，特别是在为交往不深或外地区人士和外国人挑选礼物时，应当有意识地使赠品与对方所在地的风俗习惯一致，在任何情况下，都要坚决避免把对方认为属于伤风败俗的物品作为礼物相赠，这样才能表明尊重交往对象。如在我国大部分地区，老年人忌讳发音为"终"的钟，恋人们反感于发音为"散"的伞。阿拉伯地区严禁饮酒。在西方药品不宜送人。因此在涉外交往中，要根据不同国家、地区的习惯与个人的爱好做些必要的选择，赠礼问俗是我们不能忽视的，这也是一个重要标准。

小故事 12—13

尼克松的国礼

1972年，尼克松总统准备访华，急于寻求能代表国家的礼物。美国保业姆公司闻讯后，趁此良机，向尼克松总统献上公司生产的一尊精致的天鹅群瓷器珍品，因为瓷器的英文China也具有"中国"的意思。尼克松一见，大喜过望，于是把这尊具有双重意义而且具有很高艺术价值的瓷器珍品带到了中国。

（资料来源：孟红.1972年尼克松访华为何送中方陶瓷制成的天鹅？[EB/OL].[2011-05-06].
http://news.ifeng.com/history/zhongguoxiandaishi/detail_2011_05/06/6216467_0.shtml.）

2）馈赠礼品的场合
在交往中，人们在不同的场合下应选送不同的礼品。
（1）表示谢意敬意。当我们接受他人或某个组织的帮助之后应当表示感谢。如某位医生妙手回春治愈了你多年的顽症；某个组织为你排忧解难等。此时为表示感谢和敬意，可考虑送锦旗，并将称颂之语书写在锦旗上。
（2）祝贺庆典活动。当友人和其他组织适逢庆典纪念之时，如某公司成立二十周年纪念，为表示祝贺，可送贺匾、书画或题词，既高雅别致又具有欣赏保存价值。
（3）公共关系礼品。开展公共关系活动时所送的礼品要与公共关系活动的目标一致，并且送礼的内容与送礼的组织形象要相符。例如，上海大众汽车公司赠给客人的桑塔纳车模型，上海大中华橡胶厂精心设计研制的轮胎外形的钢皮卷尺等。
（4）祝贺开张开业。社会组织开张开业之际，都是宣传自身、扩大影响的好机会，一般来讲，都是要借机大肆宣传一番的。因而适逢有关组织开张开业之际，应送上一份贺礼，以示助兴和祝愿。一般选送鲜花贺篮为多，在花篮的绸带上写上祝贺之语和赠送单位或个人的姓名。

(5) 适逢重大节日。春节、元旦等节庆日都是送礼的旺季，组织可向公众、组织内部的员工等适时地送上一份小小的礼物，对他们给予组织工作的关心和支持表示感谢，并希望继续得到他们的帮助。亲朋好友之间也可通过节日联络感情。此时也可选择适宜的礼品相赠。

(6) 探视住院病人。公司的客人、员工生病或亲友患病住院，均应前去探视，并带上礼品。目前探视病人的礼品也不断地从"讲实惠"转变为"重情调"。以往送营养品、保健品，如今变为用多种水果包装起来的果篮、一束束鲜花。有一位教授住院，学生送他一束鲜花，夹在鲜花中的一张犹如名片大小的礼卡上，写着这样的话语，"尊敬的导师：花香带来温馨的祝福，愿您静心养病，早日康复。您的弟子赠"。字里行间，充满了关切之情和师生之谊。

(7) 应邀家中做客。我们经常会应邀到别人家中做客或者出席私人家宴。为了礼尚往来，出于礼貌，应带些小礼品，如土特产、小艺术品、纪念品、水果以及鲜花等。有小孩的可送糖果、玩具之类。

(8) 遭受不测事件。世上难有一帆风顺之事，一个家庭或组织遇上不测事件之时，及时地送上一份礼物表示关心，更能体现送礼者的情谊。例如，对方遇上火灾、地震等灾难，马上去函或去电表示慰问，也可送上钱款相助。

3) 馈赠礼品的礼仪

(1) 精心包装。送给他人的礼品，尤其是在正式场合赠送于人的礼品，在相赠之前，一般都应当认真进行包装。可用专门的纸张包裹礼品或把礼品放入特制的盒子、瓶子里等。礼品包装就像人穿了一件外衣，这样才能显得正式、高档，而且还会使受赠者感到自己备受重视。

(2) 表现大方。现场赠送礼品时，要神态自然，举止大方，表现适当。千万不要像做了"亏心事"，小里小气，手足无措。一般在与对方会面之后，将礼品赠送给对方，届时应起身站立，走近受赠者，双手将礼品递给对方。礼品通常应当递到对方手中，不宜放下后由对方自取。如礼品过大，可由他人帮助递交，但赠送者本人最好还是要参与其事，并援之以手。若同时向多人赠送礼品，最好先长辈后晚辈、先女士后男士、先上级后下级，按照次序，依次有条不紊地进行。

(3) 认真说明。当面亲自赠送礼品时要辅以适当的、认真的说明。一是可以说明因何送礼，如若是生日礼物，可说"祝你生日快乐"；二是说明自己的态度，送礼时不要自我贬低，说什么"没有准备，临时才买来的""没有什么好东西，凑合着用吧"，而应当实事求是地说明自己的态度，例如，"这是我为你精心挑选的""相信你一定会喜欢"等；三是说明礼品的寓意，在送礼时，介绍礼品的寓意，多讲几句吉祥话，是必不可少的；四是说明礼品的用途，对较为新颖的礼品可以说明其用途、用法。

4) 接受馈赠的礼仪

(1) 受礼坦然。一般情况下，对于对方真心赠送的礼物不能拒收，因此没完没了地说

"受之有愧""我不能收下这样贵重的礼物"这类话是多余的，有时还会使人产生不愉快的感觉。即使礼物不称你心，也不能表露在脸上。接受礼物时要用双手，并说上几句感谢的话语。千万不要虚情假意，推推躲躲，反复推辞，硬逼对方留下自用；或是心口不一，嘴上说"不要，不要"，手却早早伸了过去。

(2) 当面拆封。如果条件许可，在接受他人相赠的礼品后，应当尽可能地当着对方的面，将礼品包装当场拆封。这种做法在国际社会是非常普遍的。在启封时，动作要井然有序，舒缓得当，不要乱扯、乱撕。拆封后还不要忘记用适当的动作和语言，显示自己对礼品的欣赏之意，如将他人所送鲜花捧在身前闻闻花香，然后再插入花瓶，并置放在醒目之处。

(3) 拒礼有方。有时候，出于种种原因，不能接受他人相赠的礼品。在拒绝时，要讲究方式、方法，处处依礼而行，要给对方留有退路，使其有台阶可下，切忌令人难堪。可以使用委婉的、不失礼貌的语言，向赠送者暗示自己难以接受对方的好意，如当对方向自己赠送一部手机时，可以告之："我已经有一部了。"可以直截了当向赠送者说明自己之所以难以接受礼品的原因。在公务交往中，拒绝礼品时此法最为适用，如拒绝他人所赠的大额贵重礼品时，可以说："依照有关规定，你送我的这件东西，必须登记上缴。"

5) 赠花的礼仪

鲜花是美好、吉祥、友谊和幸福的象征。我国早在汉代就有"折柳送别话依依"的诗句，可见在当时已有交际赠花之习俗。当今社交中不论是在欢迎、送别、婚寿庆祝，还是节庆、开业、慰问、吊唁及国际交往中，人们经常赠之以鲜花，言志明心。但由于各地风俗习惯不同，花的含意也不同，送花时必须注意得体，要做到以下几点。

(1) 了解"花卉语"。

当我们用花为媒来传递友谊时，要注意运用正确的"花卉语"，以免出现尴尬。以下是常见的花卉的寓意。

荷花——纯洁、淡泊和无邪；

月季——幸福、光荣；

红玫瑰——爱情；

白菊——真实；

百合——圣洁、幸福、百年好合；

野百合——幸福即将来临；

红罂粟——安慰、慰藉；

红蔷薇——求爱、爱情；

杜鹃——节制、盼望；

康乃馨——健康长寿；

红茶花——天生丽质；

山茶花——美好的品德；

勿忘我——永志不忘、真挚和贞操；

剑兰——步步高升；

松柏——坚强；

梅花——刚毅、坚贞不屈；

文竹——祝贺长寿；

常春藤——结婚、白头偕老；

水仙——尊敬、自尊；

橄榄枝——和平；

牡丹——拘谨、害羞；

牵牛花——爱情；

紫丁香——初恋；

野丁香——谦逊、美好；

黄郁金香——爱的绝望；

红郁金香——宣布爱恋；

蓝色郁金香——诚实；

樱花——心灵的美；

并蒂莲——夫妻恩爱；

万年青——长寿、友谊长存；

红豆——相思；

兰花——优雅；

仙人掌——热心；

竹子——正直、虚心；

美人蕉——坚实……

在不同的国家和地区，同一种花也许会有不同的寓意，如在一些国家，菊花和康乃馨被认为是厄运的象征。垂柳在美国表示"悲哀"，但在法国，柳则是"仁勇"的象征。实际上，同一种类型的花卉，因其不同的颜色，也有不同甚至截然相反的意思。如红色的郁金香是"爱的表示"，蓝色的郁金香象征"诚实"，而黄色的郁金香则象征"无望的恋爱"。因此要恰当运用好"花卉语"。

(2) 不同场合的赠花。

向恋人赠玫瑰花的花语是"我真心爱你"，蔷薇花象征"我向你求爱，小天使"，桂花表示"我挚意爱你"，将这类花卉赠予恋人，可收心有灵犀一点通之效。若将这类花卉赠予其他对象，则不但交际不成，反而有可能引火烧身。

婚礼赠花可以送一束美丽鲜艳的由红玫瑰、吉祥草、文竹等花组成的花束。红玫瑰象征爱情美好；吉祥草祝朋友吉祥如意、生活美满；文竹绿叶葱茏，祝朋友爱情永葆青春。此外并蒂莲表示"恩爱如初，幸福长存"，百合花象征"百年好合"，它们及红色郁金香等都是婚礼上的理想花卉。

慰问病人，送一束黄月季，表示"早日康复"，一束芝兰，象征"正气清运，贵体早康"，或送一束松、柏、梅花，以鼓励他与病魔作斗争"坚贞不屈""胜利属于你"。

庆贺生日赠花，年轻一点的可送其火红的石榴花、鲜红的月季花、美丽的象牙花，祝其前程如火样红烈，青春如红花鲜艳等。对年老者，可赠之以万年青、寿星草、龟背竹等，以示祝福老人健康长寿，快乐幸福。

(3) 赠花的注意事项。

正式场合，如组织开张、纪念、庆典等，大多可送花篮；迎宾、欢送、演出中送给演员，大多数送花环、花束；宴请、招待会等送胸花；参加追悼会时送花圈以示哀悼。

送花一般不能送单一的白色花，因为会被人认为不吉利；送玫瑰花时应送单数，不要送双数，但12除外，不要将红玫瑰送给未成年的小姑娘，不要将浓香型的鲜花送给病人。

送一束花时最好用彩色透明纸将花包装好，再系一根与鲜花颜色匹配的彩带，这样既便于携带，又能使花显得更漂亮。

小知识 12—7

礼 品 禁 忌

在选择、准备礼品的时候，要自觉、主动地避开对方受礼的禁忌。要注意以下几种禁忌情况。

违法、犯规礼品。比如国家公务员在执行公务时，即使关系再特殊，也不要赠送任何礼品。送外国友人礼品的时候，还要考虑到不违反对方所在国家的相关法律等。

坏俗礼品。挑选礼品的时候，特别是要送给交往不深的对象或外地区人士、外国人的时候，就要有意识地使赠品不和对方所在地的风俗习惯相矛盾、相抵触。在任何情况下，都要坚决避免把对方认为属于伤风败俗的物品作为礼品相赠。

私忌礼品。由于种种原因，人们会忌讳某些物品。比如，高血压患者不能吃含高脂肪、高胆固醇的食品，糖尿病患者不能吃含糖量高的食品。如果送私忌礼品给人，对方反而会认为你没有把他放在心上，不尊重他。

有害礼品。有一些东西，对人们的工作、学习、生活以及身体健康、家庭幸福不但无益，反而有害，比如烈酒、赌具以及庸俗低级的书刊、音像制品等。送这些礼物，难免会有存心害人的嫌疑。

广告礼品。轻易不要把带有广告标志或广告语的东西送人。不然，会让对方产生利用廉价劳动力、替你免费宣传的感觉。

除此之外，还要注意礼物的价格标签一定要撕下。否则会使礼物的商业气息太浓，是非常失礼的。还应避免不要把同样的礼物同时送给相识的两个人，那样会让人觉得你在搞"批发"。

第二节 餐 饮 礼 仪

1. 赴宴的礼仪

宾客参加宴会，不论是作为组织的代表，还是以私人身份出席，从入宴到告辞都应注

重礼节规范。这既是个人素质与修养的表现，又是对主人的尊重。

1) **认真准备**

接到邀请，能否出席应尽早答复对方，以便主人做出安排。应邀后不要随意改动，万一遇到特殊情况不能出席时，尤其是作为主宾，要尽早向主人解释、道歉，甚至亲自登门表示歉意。应邀出席一项活动之前，要核实宴请的主人，活动举办的时间、地点，是否邀请配偶以及主人对服饰的要求。

出席宴会前，一般应梳洗打扮。女士要化妆，男士应梳理头发并剃须。衣着要求整洁、大方、美观。这将给宴会增添隆重热烈的气氛。

若参加家庭宴会，可给女主人准备一定的礼品，在宴会开始前送给主人。礼品价值不一定很高，但要有意义。

2) **按时抵达**

按时出席宴会是最基本的礼貌。出席宴请活动，抵达时间的迟早、逗留时间的长短，在一定程度上反映出对主人的尊重程度，应根据活动的性质和当地习俗掌握。迟到、早退、逗留时间过短均被视为失礼或有意冷落。身份高者可略晚些到达，一般客人宜略早些到达。出席宴会要根据各地习惯，正点或晚一两分钟抵达；我国则是正点或提前一、两分钟抵达。出席酒会可以在请柬注明的时间内到达。抵达宴会活动地点后，先到衣帽间脱下大衣和帽子，然后前往迎宾处，主动向主人问候。如果是庆祝活动，应表示祝贺。对在场的其他人，均应点头示意，互致问候。

3) **礼貌入座**

应邀出席宴会活动，应听从主人安排。进入宴会厅之前，先掌握自己的桌次和座位。入座时注意桌上座位卡是否写有自己的名字，不可随意入座。如邻座是长者或女士，应主动协助他们先坐下。入座后坐姿要端正，不可用手托腮或将双臂肘放在桌上。坐时应把双脚踏在本人座位下，不可随意伸出，影响他人。不可玩弄桌上的酒杯、盘碗、刀叉、筷子等餐具，不要用餐巾纸擦餐具，以免使人认为餐具不洁。

在社交场合，无论天气如何炎热，不可当众解开纽扣，脱下衣服。小型便宴时，若主人请宾客宽衣，男宾可脱下外衣搭在椅背上。

4) **注意交谈**

坐定后，如已有茶，可轻轻饮用。无论作为主人、陪客或宾客都应与同桌的人交谈，特别是左邻右座，不可只与几位熟人或一两人交谈。若不相识，可作自我介绍。谈话要掌握时机，要视交谈对象而定。不可只顾自己一人夸夸其谈，或谈些荒诞离奇的事而引人不悦。交谈时宜选择轻松、愉快的话题并遵守交谈礼仪，不要高声大笑或窃窃私语，不谈论隐私及过于严肃的话题。交谈时务必用餐巾拭嘴，以免食物残留唇边，影响个人形象。商务宴请中一些安全的话题以及应避开的话题见表12-3。

5) **文雅进餐**

出席宴会，并不是一件轻松的事情。在觥筹交错之际，我们的"吃相"正向人们昭示着自己的修养与品格。古往今来，餐桌都是社会交际的重要场所，因而餐桌礼仪历来为人们所重视。在餐桌上最要紧的是要检点自己的"吃相"。有人总结了如下口诀：取菜文

雅，注意礼让；文明用筷，举箸得当；闭嘴细嚼，不发声响；嚼食不语，唇不留痕；骨与秽物，切莫乱扔；禁烟少酒，用餐文明；使用公筷，讲究卫生；席间交谈，增进感情。

表 12-3　商务宴请中安全的话题以及应避开的话题

安全的话题	应避开的话题
天气	自己的健康状况
交通	他人的健康状况
体育	物品的价格、收入
无争议的新闻，如奥斯卡奖	个人的不幸
旅游	有争议的兴趣爱好
环境问题	低级笑话
对会址或城市的赞美	小道消息
共同的经历	宗教
书籍	争议性很大的问题，如堕胎等
文学、艺术	有关私生活的细节

宴会开始时，一般是主人先致祝酒词。此时应停止谈话，不可吃东西，注意倾听。致辞完毕，主人招呼后，即可开始进餐。

用餐前应先将餐巾打开铺在腿上。用餐完毕叠好放在盘子右侧，不可放在椅子上，亦不可叠得方方正正而被误认为未使用过。餐巾只能擦嘴，用时一手捏住一面的上端，另一手相助。餐巾不能用于擦面、擦汗。服务员送的香巾是用来擦面的，擦完后要放回原盛器内。

古语说："主不请，客不尝。"上菜后，待主人说"请"，再动手夹菜。取菜要适量，不要显得过于贪婪。如主人向客人敬酒，应起立回应，喝过酒后再开始吃菜。吃东西时应小口小口地吃，咀嚼要闭嘴不要发出声来，吧唧嘴会令人讨厌，也不要一边咽食一边说话。喝汤时，汤匙应由身边向外舀出，喝汤不要吸，也不要左手拿匙、右手拿筷"双管齐下"。进餐过程中，嘴里的骨头和鱼刺应用筷子夹放在垫盘上，吃剩的菜、用过的勺，也应放在垫盘内。在就餐的整个过程中，都要注意礼让，注意关照邻座的宾客，不要见到自己喜欢吃的就"埋头苦干"，不理别人。男士不要戴着帽子进餐。为了避免酒后失礼，饮酒应留有余地。也不要边吃边饮边抽烟。

若遇本人不能吃或不爱吃的菜品，当服务员或主人夹菜时，不可打手势，不可拒绝，可取少量放入盘中，并表示"谢谢，够了"。对不合口味的菜，勿显出难看的表情。我方作为主人宴请时，席上不必说过分谦虚的话。对来华时间过长的外国人，不必说这是中国的名酒名菜。在给宾客让菜时，要用公用餐具主动让，切不可用自己的餐具让菜。

冷餐酒会，服务员上菜时，不可抢着去取，待送至本人面前时再取。周围的人未取到第一份时，自己不可急于去取第二份。勿围在菜台旁，取完即离开，以便让别人取食。

吃食物要讲究文雅，要微闭着嘴咀嚼，不可发出声响。要将食物送进口中，不可伸口去迎食物。食物过热时，可稍凉后再吃，切勿用嘴吹。鱼刺、骨头、菜渣等不可直接往外

吐，要用餐巾掩嘴，用筷子取出，或轻吐在叉匙上，放在碟中。嘴里有食物时不可谈话。尽量不要剔牙，更不可边走动边剔牙。吃剩的菜、用过的餐具等应放在碟中，勿放置在桌上。

6）学会敬酒

敬酒也叫祝酒，是现代商务宴会必不可少的程序，是向对方表达敬意的良好方式。如果时间把握合适，祝酒词恰到好处，敬酒可以给整个聚餐营造一种良好的气氛。

（1）斟酒。敬酒之前需要斟酒。按照规范来说，除主人和服务人员外，其他宾客一般不要自行给别人斟酒。如果主人亲自斟酒，应该用本次宴会上最好的酒斟，宾客要端起酒杯致谢，必要的时候起身站立。如果是大型的商务用餐，应该由服务人员来斟酒。斟酒一般要从位高者开始。如果你不想喝了，可把手挡在酒杯上，说声"谢谢，不用了"。中餐里，别人斟酒的时候，也可以回敬以"叩指礼"。特别是自己的身份比主人高的时候，即以右手拇指、食指、中指捏在一起，指尖向下，轻叩几下桌面表示对斟酒的感谢。酒倒多少才合适呢？白酒和啤酒可以斟满，而其他洋酒就不用斟满。

（2）敬酒的时机。敬酒应该在特定的时间进行，并以不影响来宾用餐为首要考虑。敬酒可分为正式敬酒和普通敬酒。正式的敬酒，一般是在宾主入席后、用餐前开始敬。而普通敬酒，只要注意是对方不咀嚼食物的时候，认为对方可能愿意接受你的敬酒就可以敬。而且，如果向同一个人敬酒，应该等身份比自己高的人敬过之后再敬。

（3）敬酒的顺序。敬酒按什么顺序呢？一般情况下应按年龄大小、职位高低、宾主身份的顺序，敬酒前一定要充分考虑好敬酒的顺序，分清主次，避免出现尴尬的场面。即使你分不清或职位、身份高低不明确，也要按统一的顺序敬酒，例如先从自己身边按顺时针方向开始敬酒，或是从左到右、从右到左进行敬酒等。

（4）敬酒的举止。不论是主人还是来宾，如果是在自己的座位上向集体敬酒，就要先站起身来，面含微笑，手拿酒杯，面朝大家。当主人向集体敬酒、说祝酒词的时候，所有人应该一律停止用餐或喝酒。主人提议干杯的时候，所有人都要端起酒杯站起来，互相碰一碰。按国际通行的做法，敬酒不一定要喝干。但即使平时滴酒不沾的人，也要拿起酒抿上一口装装样子，以示对主人的尊重。除了主人向集体敬酒，来宾也可以向集体敬酒。来宾的祝酒词可以说得更简短，甚至一两句话都可以。例如，"各位，为了以后我们的合作愉快，干杯！"平时涉及礼仪规范内容更多的还是普通敬酒。普通敬酒就是在主人正式敬酒之后，各个来宾和主人之间或者来宾之间可以互相敬酒，同时说一两句简单的祝酒词或劝酒词。别人向你敬酒的时候，要手举酒杯到双眼高度，在对方说祝酒词或"干杯"之后再喝，喝完后，手拿酒杯和对方对视一下，这一过程才能结束。

对我国来说，敬酒的时候还要特别注意，敬酒不论是敬的一方还是接受的一方，都要注意因地制宜、入乡随俗。我们大部分地区特别是东北、内蒙古等北方地区，敬酒的时候往往讲究"端起即干"。在他们看来，这种方式才能表达诚意、敬意。所以，在具体的应对上就应注意，自己酒量欠佳应该事先诚恳说明，不要看似豪爽地端着酒去敬对方，而对方一口干了，你却只是"意思意思"，这样往往会引起对方的不快。另外，对于敬酒的一方来说，如果对方确实酒量不济，没有必要去强求。喝酒的最高境界，应该是"喝好"

而不是"喝倒"。

在中餐里,还有一个讲究,即主人亲自向你敬酒干杯后,要回敬主人,和他再干一杯。回敬的时候,要右手拿着杯子,左手托底,和对方同时喝。干杯的时候,可以象征性地和对方轻碰一下酒杯。不要用力过猛,非听到响声不可。出于敬重,可以使自己的酒杯较低,低于对方酒杯。如果和对方相距较远可以以酒杯杯底轻碰桌面表示碰杯。

和中餐不同的是,西餐用来敬酒、干杯的酒,一般都用香槟。而且,只是敬酒不劝酒,只敬酒而不真正碰杯。还不可以越过自己身边的人和相距较远者祝酒干杯,尤其是交叉干杯。

(5) 拒酒的礼仪。宴会上,特别是在中式宴会上,要适当拒酒,这不仅是自我保护的需要,还是营造良好、健康气氛的需要,可以有效避免过量喝酒引起的失态,甚至彼此间的不愉快。无论是生活习惯、健康或是工作需要等原因而不能喝酒,不能直接给予拒绝,这样会让敬酒者陷入尴尬的境地,这就需要礼貌、大方的拒酒技巧。一是客观、诚恳地申明不能喝酒的原因。二是主动以其他饮料代酒。三是委托同事、部下代喝。千万不要在别人给自己斟酒的时候,躲躲藏藏,显得特别小气。乱推酒瓶,敲击杯口,倒扣酒杯,偷偷倒掉,或者把自己的酒倒入别人的杯中,尤其是将自己喝了一点的酒倒进别人杯中,都是不礼貌的表现。

(6) 敬酒的误区。主要包括:第一,不要强人所难。平时嗜酒如命,必须有所收敛。不胜酒力的,不一定要喝酒,喝水、喝饮料也行,关键有这个想法就可以了。第二,西餐里,如果你是重要的客人或是主宾,要回敬主人一杯。你可以在主人敬酒时立即回敬。一般情况下,别人给你敬酒的时候,不要同时给对方敬酒。第三,没必要非得碰杯,尤其是使用玻璃器皿的时候。第四,主人应该是第一个敬酒的人,不要越俎代庖。第五,不要敲杯子以吸引大家的注意。

7) 告辞致谢

正式宴会一般吃水果后宴会即结束,此时,一般先由主人向主宾示意,请其做好离席的准备,然后从座位上站起,这是请全体起立的信号。一般以女主人的行动为准,女主人先邀请女主宾离席退出宴会厅。告辞时应礼貌地向主人道谢。通常是男宾先向男主人告辞,女宾先向女主人告辞,然后交叉,再与其他人告辞。

席间一般不应提前退席。若确实有事需提前退席,应向主人打招呼后轻轻离去,也可事前打招呼到时离去。退席时要有礼貌。退席理由应当尽量不使主人难堪和心中不悦。从宴会结束到告辞前不可有任何不耐烦的表示。

对主人的致谢,除了在宴会结束告辞时表达谢意之外,若正式宴会,还可在两至三天内以印有"致谢"或"P.R"字样的名片或便函表示感谢。有时私人宴请须致谢,名片可寄送或亲自送达。首先致谢女主人,但不必说过谦的话。

2. 吃西餐的礼仪

西餐是西方国家的一种宴请形式。由于受民族习俗的影响,西餐的餐具、摆台、酒水菜点、用餐方式、礼仪等都与中餐有较大差别。目前由于我国对外交往活动的不断增多,西

餐业已成为我国招待宴请活动的一种方式。因此，了解西餐的一般常识和礼仪十分重要。

西餐的餐具多种多样，常见的有叉、刀、匙、杯、盘等。

摆台是西餐宴请活动中的一项专门的技艺，也是必不可少的一个礼仪程序。它直接关系到用餐过程、民族习俗和礼仪规范等。西餐的摆台因国家的不同也有所不同，常见的有英美法式和国际式西餐摆台。这里我们介绍一下国际式西餐摆台。

国际上常见的西餐摆台方法是：座位前正中是垫盘，垫盘上放餐巾(口布)，盘左放叉，盘右放刀、匙，刀尖向上、刀口朝盘，主食靠左，饮具靠右上方(见图 12-2)。正餐的刀叉数目应与上菜的道数相等，并按上菜顺序由外至里排列，用餐时应从外向里依序取用。饮具的数目、类型应根据上酒的品种而定，通常的摆放顺序是从右起依次为葡萄酒杯、香槟酒杯、啤酒杯(水杯)。吃西餐时，应注意掌握以下几个方面的礼仪。

图 12-2　西餐餐具的摆放

1)　上菜顺序

西餐上菜的一般顺序是：①开胃前食；②汤；③鱼；④肉；⑤沙拉；⑥甜点；⑦水果；⑧咖啡或茶等。菜肴从左边上，饮料从右边上。

2)　餐巾的使用

入座后先取下餐巾，打开，铺在双腿上。如果餐巾较大，可折叠一下，放在双腿上，切不可将餐巾别在衣领上或裙腰处。用餐时可用餐巾的一角擦嘴，但不可用餐巾擦脸或擦刀叉等。用餐过程中若想暂时离开座位，可将餐巾放在椅背上，表示还要回来；若将餐巾放在餐桌上表示已用餐完毕，服务员则不再为你上菜。

3)　刀叉的使用

吃西餐时，通常应左手持叉、右手持刀，用叉按住食物，用刀子切割，然后用叉子叉起食物送入口中，切不可用刀送食物入口。如果只使用叉子，也可用右手使用叉子。使用刀叉时应避免发出碰撞声。用餐过程中，若想放下刀叉，应将刀叉呈"八"字形放在盘子上，刀刃朝向自己，表示还要继续吃(见图 12-3)。用餐完毕，则应将叉子的背面向上，刀的刀刃一侧应向内与叉子并拢，平行放置于餐盘上。尽量将柄放入餐盘内，这样可以避免由于碰触而掉落，服务员也容易收拾(见图 12-4)。

4)　用餐礼节

当全体客人面前都上了菜，切不可自行用餐，主人示意后方可开始；喝汤时不要发出

声响;面包要用手去取,不可用叉子去取,也不可用刀子去切,更不能用手掰着吃;吃沙拉时只能使用叉子;用餐过程中,若需用手取食物,要在西餐桌上事先备好的水盂里洗手(沾湿双手拇指、食指和中指),然后用餐巾擦干,切不可将水盂中的水当成饮用水喝掉;最好避免在用餐时剔牙,若非剔不可,必须用手挡住嘴;当服务员依次为客人上菜时,一定要等其走到自己的左边时才能取菜,如果在右边,不可急着去取;吃水果不可整个咬着吃,应先切成小瓣,用叉取食;若不慎将餐具掉在地上,可由服务员更换;若将油水或汤菜溅到邻座身上,应表示歉意,并由服务员协助擦干。

图 12-3　刀叉呈"八"字形

图 12-4　用餐完毕

3．冷餐会礼仪

冷餐宴是一种比较自由的宴请形式,一般不设座,食品集中放在餐厅中央或两侧桌上,由客人按顺序自动取食,不要抢先;取食后可找适当位置坐下慢慢进食,也可站立与人边交谈边进食;所取食物最好吃完;第一次取食不必太多,若需添食,可再次或多次去取。冷餐会可招待较多的客人,客人到场或退场比较自由。客人一面做好就餐的准备,一面可以和同席的人随意进行交谈,以创造一个和谐融洽的用餐气氛。不要旁若无人,兀然独坐;更不要眼睛骨碌碌地盯着餐桌上的冷盘等,或者下意识地摸弄餐具,显出一副迫不及待的样子。

当开始用餐时,特别要注意以下几点:一是主人举杯示意开始时,客人才能开始;二是客人不能抢在主人前面;三是要细嚼慢咽,这不仅有利于消化,也是餐桌上的礼仪要求,绝不能大块往嘴里塞,狼吞虎咽,这样会给人留下贪婪的印象;四是不要挑食,不要只盯着自己喜欢的菜吃,或者急忙把喜欢的菜堆在自己的盘子里;五是用餐的动作要文雅,夹菜时不要碰到邻座,不要把盘里的菜拨到桌上,不要把汤碰翻;六是不要发出不必要的声音,如喝汤时"咕噜咕噜",吃菜时嘴里"叭叭"作响,这都是粗俗的表现。用餐结束后,可以用餐巾、餐巾纸或服务员送来的小毛巾擦嘴,但不宜擦头颈或胸脯;餐后不要不加控制地打饱嗝或嗳气。

4．鸡尾酒会礼仪

鸡尾酒会也称酒会,是一种自由的社交活动。酒会上备有多种饮料和少量小食品,一般多在下午或晚上举行,不设座,时间短,客人到场或退场自由。中途离开的客人,应向主人道别,但出席酒会不能太迟或到达不久就立即离去。

鸡尾酒会形式活泼、简便，便于人们交谈，招待品以酒水为重，略备一些小食品，如点心、面包、香肠等，放在桌子、茶几上或者由服务生拿着托盘，把饮料和点心端给客人，客人可以随意走动。举办的时间一般是下午 5 点到晚上 7 点。近年来，国际上各种大型活动前后往往都要举办鸡尾酒会。

在这种场合下，最好手里拿一张餐巾，以便随时擦手。用左手拿着杯子，好随时准备伸出右手和别人握手。吃完后不要忘了用纸巾擦嘴、擦手。用完了的纸巾丢到指定位置。

5．喝咖啡的礼仪

咖啡可以自己磨好咖啡豆以后用咖啡壶煮制，也可以用开水冲饮速溶的。人们一般认为自制的咖啡档次比较高，而速溶的咖啡不过是可以节省时间罢了。

饮用时可以加入牛奶和糖，称为牛奶咖啡。也可以不加牛奶和糖，称为清咖啡或黑咖啡。在西餐中，饮用咖啡是大有讲究的。

1）杯的持握

供饮用的咖啡，一般都是用袖珍型的杯子盛出。这种杯子的杯耳较小，手指无法穿过去。但即使用较大的杯子，也不要用手指穿过杯耳端杯子。正确的拿法应是用右手的拇指和食指握住杯耳，轻轻地端起杯子，慢慢品尝。不能双手握杯，也不能用手端起碟子去吸食杯子里的咖啡。用手握住杯身、杯口，托住杯底，也都是不正确的方法。

2）杯碟的使用

盛放咖啡的杯碟都是特制的。它们应当放在饮用者的正面或右侧，杯耳应指向右方。咖啡都是盛入杯中，放在碟子上一起端上桌子的。碟子是用来放置咖啡匙，并接收溢出杯子的咖啡的。喝咖啡时，可以用右手拿着咖啡的杯耳，左手轻轻托着咖啡碟，慢慢地移向嘴边轻啜。不要满手把握咖啡杯大口吞咽，也不要俯首去就咖啡杯。如果坐在远离桌子的沙发上，不便用双手端着咖啡饮用，此时可以做一些变通。可用左手将咖啡碟置于齐胸的位置，用右手端着咖啡饮用，饮毕应立即将咖啡杯置于咖啡碟中，不要让二者分家；如果离桌子近，只需端起杯子，不要端起碟子。添加咖啡时，不要把咖啡杯从咖啡碟中拿起来。

3）匙的使用

咖啡匙是专门用来搅咖啡的，如果咖啡太热也可用匙轻轻搅动，使其变凉。饮用咖啡时应当把咖啡匙取出来，不要用咖啡匙舀着咖啡喝，也不要用咖啡匙来捣碎杯中的方糖。不用匙时，应将其平放在咖啡碟中。

4）咖啡的饮用

饮用咖啡时，不能大口吞咽，更不可以一饮而尽，而要一小口一小口地细细品尝，切记不要发出声响，这样才能显示出品位和高雅。如果咖啡太热，可以用咖啡匙在杯中轻轻搅拌使之冷却，或者等自然冷却后再饮用。用嘴试图去把咖啡吹凉，是很不文雅的动作。

5）给咖啡加糖

给咖啡加糖时，砂糖可用咖啡匙舀取，直接加入杯内；也可先用糖夹子把方糖夹在咖啡碟的近身一侧，再用咖啡匙把方糖加入杯子里。如果直接用糖夹子或手把方糖放入杯

内，有时可能会使咖啡溅出，从而弄脏衣服或台布。

6) 用甜点的要求

有时喝咖啡可以吃一些点心，但不要一手端着咖啡杯，一手拿着点心，吃一口、喝一口地交替进行，这样的行为是非常不雅观的。饮咖啡时应当放下点心，吃点心时则应放下咖啡杯。

在咖啡屋里，举止要文明，不要盯视他人。交谈的声音越轻越好，千万不要不顾场合，高谈阔论，破坏气氛。

小知识 12—8

咖啡的种类

依据饮咖啡时添加的配料不同，咖啡可分为多个品种。其中最常见的有以下 6 种。

(1) 黑咖啡。黑咖啡指的是既不加糖，也不加牛奶的纯咖啡。

(2) 白咖啡。白咖啡是指饮用之前加入牛奶、奶油或特制的植物粉末的咖啡。

(3) 浓黑咖啡。浓黑咖啡的全名叫意大利式浓黑咖啡。它以特殊的蒸汽加压方法制作，极黑浓，不宜多饮。

(4) 浓白咖啡。浓白咖啡的全名叫意大利式浓白咖啡。其制作方法基本上与浓黑咖啡相类似，只是加入了用牛奶打制出来的奶油或奶皮，故此显得又稠又浓，口味甚佳。

(5) 爱尔兰式咖啡。爱尔兰式咖啡的最大特点是，在饮用咖啡之前不加入牛奶，而是加入一定数量的威士忌酒。

(6) 土耳其式咖啡。土耳其式咖啡大致与白咖啡类似，在咖啡之中可以酌情加入适量的牛奶。但是与其他种类所不同的是，它的咖啡渣并未除去，而是被装入杯中与咖啡一起上桌，供人饮用。

(资料来源：李翠萍. 国家交往礼仪与文化[EB/OL]. [2020-05-20]. https://wenku.baidu.com/view/7cf41f899cc3d5bbfd0a79563c1ec5da51e2d610.html.)

6. 饮茶的礼仪

中国是茶的故乡，制茶、饮茶已有几千年的历史，名品荟萃，主要品种有绿茶、红茶、乌龙茶、花茶、白茶、黄茶等。茶有健身、治疾之药物疗效，又富欣赏情趣，可陶冶情操。品茶待客是中国人高雅的娱乐和社交活动，坐茶馆、茶话会则是中国人社会性的群体茶艺活动。中国茶艺在世界享有盛誉，在唐代就传入日本，形成日本茶道。

茶是中国人最喜欢的饮料，同时也为外宾所乐于接受。在商务交往中，经常有专门举行茶会招待来宾的。茶水虽然物美价廉，但饮茶却是一种文化。

为客人沏茶之前，首先要清洗双手，并洗净茶杯或茶碗。要特别注意茶杯或茶碗有无破损或裂缝，残破的茶杯或茶碗是不能用来招待客人的。还要注意茶杯或茶碗里面有无茶迹，有的话一定要清洗掉。茶具以陶瓷制品为佳。不能用旧茶或剩茶待客，必须沏新茶。在为客人沏茶前可以先征求其意见。就接待外国客人而言，美国人喜欢喝袋泡茶，欧洲人

喜欢喝红茶，日本人喜欢喝乌龙茶。

茶水不要沏得太浓或太淡，每一杯茶斟七成满就可以了。主人在陪伴客人饮茶时，要注意客人杯、壶中的茶水残留量，一般用茶杯泡茶，如已喝去一半，就要添加开水，随喝随添，使茶水浓度基本保持前后一致，水温适宜。正规的饮茶讲究把茶杯放在茶托上，一同敬给客人。茶杯把要放在左边。要是饮用红茶可准备好方糖，请客人自取。喝茶时，不允许用茶匙舀着喝。

上茶时，可由主人向客人献茶，或由服务人员给客人上茶。主人给客人献茶时，应起立，并用双手把茶杯递给客人，然后说"请"。客人也应起立，以双手接过茶杯，说"谢谢"。添茶水时，也应如此。

由服务人员上茶时要先给客人上茶，而不允许先给主人上茶。如果客人较多，应先给主宾上茶。上茶的具体步骤是：先把茶盘放在茶几上，从客人的右侧递过茶杯，右手拿着茶托，左手扶在茶托旁边。要是茶托无处可放，应以左手拿着茶盘，用右手递茶。注意不要把手指搭在茶杯边上，也不要让茶杯撞击到客人的手上，或洒了客人一身。妨碍了客人的工作或交谈的话，要说一声"对不起"。客人对服务人员的服务应表示感谢。在往茶杯里倒水、续水时，如果不便或没有把握一并将杯子和杯盖拿在左手上，可把杯盖翻放在桌子或茶几上，只是端起茶杯来倒水。服务员在倒、续完水后要把杯盖盖上。注意，切不可把杯盖扣放在桌面或茶几上，这样既不卫生，也不礼貌。如发现宾客将杯盖扣放在桌面或茶几上，服务员要立即斟换，用托盘上，将杯盖盖好。

如果用茶水和点心接待客人，应先上点心，点心应给每个人上一小盘，或几个人上一大盘。点心盘应用右手从客人的右侧送上。待其用毕，即从右侧撤下。

在饮茶时，不应大口吞咽茶水，或喝得咕咚咕咚直响，应当慢慢地一小口一小口地仔细品尝。遇到漂浮在水面上的茶叶，可用杯盖拂去，或轻轻吹开，切不可用手从杯里捞出来扔在地上，也不要吃茶叶。我国旧时有以再三请茶作为提醒客人应当告辞了的做法，因此，在招待老年人或海外华人时要注意，不要一而再再而三地劝其饮茶。西方常以茶会作为招待宾客的一种形式，茶会通常在下午 4 点左右开始，设在客厅之内，准备好座位和茶几就行了，不必安排座次。茶会上除饮茶之外，还可以上一些点心或风味小吃。

第三节　接 访 礼 仪

接待与拜访是日常交际活动中的重要内容，现代人必须掌握接待与拜访的基本礼节，赢得他人的信任和支持，展示自身美好的个人形象，取得事业的成功。

一、接待的礼仪

1. 接待前的准备

1）　接待前的心理准备

首先，要待客诚恳。公关人员在对待客人时，要以自己最大的诚心、热情和耐心去面对一切问题。不论是预约的客人还是没有预约的，不论是通情达理的客人还是脾气暴躁

的，都要让对方感到自己是受欢迎的、得到重视的。接待客人时要有一种"欢迎光临""感谢惠顾"的心理。其次，要善于合作。当看到同事招待客人比较忙碌，要主动帮助同事做一些力所能及的事情。另外，即使不是负责接待工作的部门员工，见到来客时也要态度诚恳，尽量帮忙，因为同是一家公司的员工，这样做能营造一种协作精神、一种真诚的友谊、一种企业的氛围，让客人感受到这是一个团结合作、奋发向上、有集体荣誉感的团队，有助于提升企业形象。

2）接待前的物质准备

首先，是环境准备。为了使接待活动给来宾留下美好印象，要充分布置好活动地点及周边的环境。接待环境应该清洁、整齐、明亮、美观、无异味。可以在前台、走廊、会客室等地放置一些花束或绿色植物，使客人产生好感。其次，是办公用品准备。让客人站着是不礼貌的，所以，前厅要准备沙发或座椅，样式要线条简洁流畅，摆放要整齐舒适。会客室里的桌椅要摆放整齐，桌面清洁。茶具、茶叶、饮料应该事先准备好，茶杯要干净，不可有污渍，不可有缺口。会议室的墙上可以挂一些雅致的壁画，让人一进门就觉得清静雅致，身心愉悦。再次，是了解来宾的基本情况。公关人员在接待来宾之前，要准确地掌握对方的基本情况。对于对方主宾的基本信息，如姓名、性别、年龄、籍贯、民族、单位、职务，以及文化程度、宗教信仰、生活习惯、家庭状况等，都要一清二楚。对来宾的具体人数、性别概况、组团情况也要给予一定的关注。对于来宾正式抵达的时间，如具体日期、具体时间，以及相关的航次、车次、地点等，接待人员必须充分掌握。

3）制定接待流程

一般性的接待活动，特别是需要举行专门仪式的接待活动，都必须事先制定接待流程，以保证接待事务循序而行、井井有条。

(1) 确定接待规格。接待人员要在接待之前确定接待规格，这关系到由哪位管理人员出面接待、陪同，以及接待用餐、用车、活动安排等一系列接待活动的规格。接待规格主要取决于接待方主陪人的身份。高规格接待，就是主陪人比主宾的职务高的接待方式；对等规格接待，就是主陪人与主宾的职务相当的接待方式；低规格接待，就是主陪人比主宾的职务低的接待方式。

(2) 拟定日程安排。为了让所有有关人员都准确地知道自己在此次接待活动中的任务，可制定两份表格，印发给各有关人员。第一是人员安排表，包括时间、地点、事项、主要人员、陪同人员。第二是日程安排表，包括日期、活动时间、地点、内容、陪同人员等。

(3) 注意细节。在接待宾客的具体活动中，接待人员既要事事从大局着眼，又要处处从小事着手，关注具体的细节问题。

在准备中，要时时关注天气的变化情况，掌握当地的天气变化规律，针对可能产生天气变化的情况制定应急方案。同时，还要注意交通状况，树立"安全第一"的观念。

2. 具体的接待礼仪

1）迎候礼仪

迎接宾客，要体现出主人应有的主动和热情。对于远道而来的客人，要派专人提前到

机场、码头或车站去等候迎接。在人声嘈杂的迎候地点迎接素不相识的客人时，为了方便客人识别，可试用以下方法。

(1) 使用接站牌。接站牌上可以写上"热烈欢迎某某同志"或者"某单位接待处"。

(2) 悬挂欢迎条幅。在迎接重要客人或众多客人时，这种方法最适合。

(3) 佩戴身份胸卡。迎宾人员佩戴供客人确认身份的标志性胸卡，其内容主要为本人姓名、工作单位、所在部门及现任职务等。

2）见面礼仪

在接待宾客时，要注意正确使用日常见面礼仪。接待人员要品貌端正，举止大方，服饰要整洁、端正、得体、高雅。当宾客到达后，要主动迎上去，热情地与对方握手，并有礼貌地询问和确认对方的身份，如"您好，请问您是从某某公司来的吗？"对方认可后，接待人员应作自我介绍，如"您好，我是某某公司的秘书，我叫张某某"。然后把迎客方的成员按一定顺序——介绍给客人。如果客人递送名片，应双手接住，认真仔细地看一看，然后很郑重地把名片放入名片夹中，或放进上衣上部口袋中。

3）乘车礼仪

对方如有行李，接待方应主动帮客人把行李提到车上。上车时，最好让客人从右侧门上，主人从左侧门上。安排座位要符合规范。轿车的座次尊卑一般是右高左低，前高后低。在公务接待中，轿车前排副驾驶座通常为"随员座"，唯独在主人亲自驾驶时，主宾应坐在副驾驶座上，与主人"平起平坐"。

4）引导礼仪

当客人到达公司时，要引导客人进入会客室。引导要注意以下一些礼仪，在走廊上时，引导人员应走在访客左前方 2～3 步，当访客走在走廊正中央时，接待人员要走在走廊的一旁，偶尔向后望，确认访客跟上了，当转弯时，接待人员要说："请往这边走。"

在楼梯上时，接待人员先说一声："在某某楼层。"然后引领访客到楼上。一般来说，高的位置代表尊贵。上楼时应该让访客先走，下楼时让客人后行，在上下楼梯时，不应并排行走，而应当右侧上行，左侧下行。

上电梯时，接待人员要先按电梯按钮，让客人先进。若客人不止一人时，接待人员可先进电梯，一手按住"开"按钮，对客人礼貌地说："请进！"到目的地后，接待人员要一手按"开"按钮，一手做请出的动作，并说道："到了，您先请！"客人走出电梯后，接待人员应立即走出电梯，在客人前面引导方向。到达会客室开门时，接待人员要把住门把手，站在门旁让客人先进。

5）座次礼仪

客人进入会客室后，接待人员要请客人入座。招待客人入座时，要讲究座次礼仪。具体内容请参考本章"拓展阅读"的相关内容。

6）端茶倒水礼仪

当客人入座后，接待人员要主动及时地给客人斟茶。以茶待客是最具中国特色、最受中国人欢迎的待客方式。若来访的客人较多，上茶的顺序一定要慎重。合乎礼仪的做法是：先为客人上茶，后为主人上茶；先为主宾上茶，后为次宾上茶；先为女士上茶，后为

男士上茶；先为长辈上茶，后为晚辈上茶。

标准的上茶步骤是：双手端着茶盘进入客厅，首先将茶盘放在邻近客人的茶几上或备用桌上，然后右手拿着茶杯的杯托，左手附在杯托附近，从客人的左后侧双手将茶杯递上去，并置于客人右前方。茶杯放置到位后，杯耳应朝向右侧。有时，为了提醒客人注意，可在为之上茶的同时，轻声告之："请您用茶。"若对方向自己道谢，不要忘记答以"不客气"。如果自己的上茶打扰了客人，则应对其道一声"对不起"。

7) 送客礼仪

当接待人员与来访者交谈完毕或领导与来访客人会见结束时，接待人员一般都应礼貌地送别客人。"出迎三步，身送七步"是接待宾客最基本的礼仪。接待宾客要善始善终，所以，送别客人是必不可少的环节之一。接待工作是否圆满，在很大程度上体现在送别来宾这一环节上。

送别来宾时，有很多方面要注意。首先，不要在客人面前看表，否则会给客人带来要下"逐客令"的感觉，所以，在会客的时候，接待人员不应总是看时间。其次，当客人提出告辞时，要等客人起身后再站起来相送，切忌没等客人起身，自己先于客人起立相送。更不能嘴里说再见，而手中却还忙着自己的事，甚至连眼神也没有转到客人身上。最后，当客人起身告辞时，应马上站起来，主动为客人取下衣帽，与客人握手告别，同时选择最合适的言辞送别，如"希望下次再来"等礼貌用语。尤其对初次来访的客人更应热情、周到、细致。

(1) 送别本地客人。对本地客人，一般陪同送至单位楼下或大门口即可。客人带有较多或较重东西时，送客时要主动帮客人提重物。出办公室时，要轻轻关门，不可将门"砰"地关上，这样极不礼貌。在门口告别时，接待人员要与客人握手，帮客人拉开车门，待其上车后轻轻关上车门，挥手道别，目送客人离开。要以恭敬真诚的态度，笑容可掬地送客，不要急于返回，应挥手致意，待客人移出视线后，才可结束告别仪式。

(2) 送别外地客人。首先，要确定时间。对于远道而来的客人，负责送别来宾的接待人员必须重视，一定要提前与对方商定双方会合的时间和地点。对于送别的具体时间，双方不仅要事先商定，而且通常要讲究主随客便。接待人员在安排有关送别活动的时间表时，要留有一定的时间幅度。要在执行上留有适当的余地，即送别人员在执行送别任务时，应当提前到场、最后离场，并且在特殊情况发生时见机行事。其次，要充分准备。具体从事来宾接待工作时，接待人员必须高度重视送别工作，并悉心应对。在送别时，接待人员要注意以下两点：一是限制送别的规模。目前要求简化接待礼仪，所以，有必要对送别规模加以限制。在组织活动时，应突出实效、体现热情，但在实际操作上则应务实从简，在参加人数、主人身份、车辆档次与数量上严格限制，不搞前呼后拥、人海战术；二是在力所能及的情况下，送别来宾所使用的交通工具应由主办方负责提供。对于主办方来说，一定要保证交通工具的数量能够满足要求，以备不时之需。再次，要热情话别。为客人送行，应使对方感受到自己的热情、诚恳、礼貌和修养。接待方应提前为客人订返程的车票、船票或机票。一般情况下，公务接待人员应专程陪同来宾乘车前往车站、码头或机场，亲自为来宾送行。有必要时，可在贵宾室与来宾稍叙友谊，或举行专门的欢送仪式。

在宾客临上火车、轮船或飞机之前，送行人员应按一定顺序同来宾一一握手话别，祝愿客人旅途平安并欢迎再次光临。火车、轮船开动之时或飞机起飞之后，送行人员应向宾客挥手致意，直至他们在视野中消失。

二、拜访礼仪

拜访是公务、商务等社会活动中一件经常性的工作，是最常见的社交形式。同时，也是联络感情、增进友谊的一种有效方法。要使拜访做得更得体、更有效，即更好地达到拜访的目的，就要重视和学习拜访的礼仪。

1. 约好时间

拜访前，应事先联络妥当，尽可能事先告知，最好是和对方约定一个时间，以免扑空或打乱对方的日程安排，即使是电话拜访也不例外，不告而访是非常失礼的行为。如果双方有约，应准时赴约，不能轻易失约或迟到。但如果因故不得不迟到或取消访问，一定要设法在事前立即通知对方，并表示歉意。拜访应选择适当的时间，选择一个对方方便的时间。做客拜访一般可在平时晚饭后或假日的下午，要避免在吃饭和休息的时间登门造访。

2. 做好准备

(1) 明确拜访目的。不论是初次拜访还是再次拜访，都要事先明确拜访的主要目的。

(2) 准备有关资料。商务拜访，比如客户拜访，要准备的资料就包括公司及业界的资料、相关产品资料、客户的相关信息资料、销售资料及方案、针对可能出现的情况事先拟订的解决方案或应对方案、一些小礼品等。此外，名片、电话号码簿等也要事先准备好。

(3) 设计拜访流程。要针对拜访环节准备好最稳妥、最得体的称呼和开场白，选择好话题材料，确定话题范围等。

(4) 电话预约确认。出发前应致电被拜访者，再次确认本次拜访人员、时间和地点等事宜。

(5) 注意礼仪细节。到达前，最好先稍事整理服装仪容。如果是重要的拜访对象，要事先关掉手机，这体现了对拜访对象的尊敬，对访问事宜的重视。

3. 上门有礼

到达拜访地点后，如果对方因故不能马上接待，可以在对方接待人员的安排下在会客厅、会议室或在前台，安静地等候。如果等待时间过久，可以向有关人员说明，并另定时间，不要显出不耐烦的样子。有抽烟习惯的人，要注意观察该场所是否有禁止吸烟的警示。即使没有，也要问问工作人员是否介意抽烟。如果接待人员没有说"请随便看看"之类的话，就不要随便东张西望，到处窥探，那是非常不礼貌的。到达被访人所在地时，一定要事先轻轻敲门，进屋后等主人安排后再坐下。后来的客人到达时，先到的客人应站起来，等待介绍或点头示意。对室内的人，无论认识与否，都应主动打招呼。如果与对方是第一次见面，应主动递上名片，或作自我介绍。对熟人可握手问候。如果你带其他人来，要介绍给主人。进门后，应把随身带来的外套、雨具等物品搁放到对方接待人员指定的地

方，不可任意乱放。接茶水时，应从座位上欠身，双手捧接，并表示感谢。吸烟者应在主人敬烟或征得主人同意后，方可吸烟。和主人交谈时，应注意掌握时间。有要事必须与主人商量或向对方请教时，应尽快表明来意，不要不着边际，浪费时间。

4. 礼貌告辞

拜访结束时彬彬有礼地告辞，可给对方留下良好的印象，同时也给下次的拜访创造良好氛围和机会。所以，及时告辞、礼貌告辞这一环节相当重要。拜访时间长短应根据拜访目的和主人意愿而定，通常宜短不宜长，应适可而止。当接待者有结束会见的表示时，应立即起身告辞。告辞时要同主人和其他客人一一告别。如果主人出门相送，应请主人留步并道谢，热情地说声"再见"。中途因特殊情况不得不离开时，无论主人在场与否，都要主动告别，不能不辞而别。

5. 拜访过程应注意的礼仪

(1) 准时到达。让被拜访者无故等候无论何种原因都是严重失礼的事情。如果是对方要晚点到，要安静等待。可充分利用剩余的时间，检查准备工作。

(2) 控制时间。谈话时要开门见山，不要海阔天空，浪费时间。最好在约定时间内完成访谈，如果客户表现出有其他要事的样子，千万不要再拖延，如为完成工作，可约定下次拜访时间。

(3) 注意言谈举止。要以优雅得体的言谈举止体现素质、涵养和职业精神，赢得对方的好感和敬重。即便与接待者的意见相左，也不要争论不休。要注意观察接待者的举止神情，当有不耐烦或有为难的表现时，应转换话题或口气。总之，要避免出现不愉快或尴尬的场面。

(4) 处理好"握手"与"拥抱"的关系。必须事先搞清对方人员的真实身份，根据主次或亲疏的关系，处理好见面时的礼仪关系。

(5) 尊重对方的习惯。被拜访者的国别、民族、年龄、性别以及爱好、兴趣、习惯各有不同，事先要了解清楚，并给予充分的尊重。

(6) 讲究服饰。服饰事关拜访者自身的职业形象和所代表的机构形象，也体现对被拜访者的尊重。所以，拜访前对服饰的选择和斟酌马虎不得。

(7) 及时致谢。对拜访过程中接待者提供的帮助要及时适当地致以谢意。

(8) 事后致谢。若是重要约会，拜访之后可给对方寄一封谢函或留一条短信，这会加深对方的好感。

第四节　职场礼仪

人人都希望自己有一个愉快的工作环境，愉快的工作环境有助于事业的成功。美国著名成功学大师卡耐基曾说过："一个人事业上的成功等于15%的专业技术加上85%的人际关系和处世技巧。"可见，现代人在职场中掌握良好的交往艺术是多么重要。

一、办公室礼仪

办公室礼仪最能体现一个人是否具备良好的素质和个人修养。因为办公室是日常工作的地方，同事们在这里朝夕相处，很多礼仪需要我们去注意，良好的礼仪不仅能树立个人和组织的良好形象，也关系到一个人的个人前程和事业发展。

1. 办公室的基本礼仪规范

(1) 不要随便打电话。有些公司规定办公时间不要随便接听私人电话，一般在外国公司里用公司电话长时间地经常性地打私人电话是不允许的。私人电话顾名思义只能私人听，但在办公室里打，则难免会被人听到，即使公司允许用公用电话谈私事，也应该尽量收敛一些，不要在电话里与自己的家人、孩子、恋人等说个没完，这样会让人感觉不舒服，也有损于你的职业形象。有的办公室里人很多，要是听到有人在打私人电话，最好是佯装没有听见。

(2) 要守时，不迟到或早退。上班时间要按时报到，遵守午餐、上班、下班时间，不迟到早退，否则会给公司留下一个懒散、没有时间观念的印象。另外，要严格遵守上班时间，一般不能在上班时间随便出去办私事。国外一个著名企业老板，针对商务白领归纳出13 条戒律，其中一条就是没有守时的习惯，经常迟到早退。

(3) 做错了事勇于承认。如果有些小的事情办错了，当上司询问起来时，如果这事与自己有关，即使别的同事都有一些责任，你也可以直接替大家解释或道歉；如果是自己做错了事，更要勇于承担责任，绝不可以诿过于别人。

(4) 主动帮助别人。当看到同事有需要帮忙的事情，一定要热心地帮助解决。在任何一个工作单位里，热心助人的人都是有好人缘的。

(5) 不要随便打扰别人。当你已经将手头的活儿干完时，一定不要打扰别人，不要与没有干完活的人交谈，这样做是不礼貌的。

(6) 爱惜办公室的公共用品。办公室的公用物品是大家在办公室的时候用的，不要随便把它拿回家去，也不要浪费公用物品。

(7) 中午午睡关好门。许多人有中午午睡的习惯，略微休息一下，午睡要关好门。如果你有急事必须进出门时，记住每次进出门后必须带上门。不要怕有关门声而将门半开或虚掩，这样不礼貌。因为关好门能给午睡者安全感，使其心里更踏实，关门声的吵扰相对可以忍受。

2. 办公室环境礼仪

当人们走进办公区的情绪是积极的、稳定的，就会很快进入工作角色，不仅工作效率高，而且质量好；反之，情绪低落，则工作效率低，质量差。如果办公区内呈现出整洁、明亮、舒适的工作环境，就会使员工产生积极的情绪，充满活力，工作也会卓有成效。

随着现代化进程的加快，人们的办公"硬件"水平在逐渐提高，办公环境也在不断发展，人们的工作效率也应该相应地提高。

1) 办公室桌面环境

办公室的桌椅及其他办公设施，都需要保持干净、整洁、井井有条。正如鲁迅先生所说，"几案精严见性情"，心理状态的好坏，必然会在几案或其他方面体现出来。

从办公桌的状态可以看到当事人的状态，会整理自己桌面的人，做起事来肯定也是干净爽快。他们为了更有效地完成工作，桌面上只摆放目前正在进行的工作文件；在休息前应做好下一项工作的准备；用餐或去洗手间暂时离开座位时，应将文件覆盖起来；下班后的桌面上只能摆放计算机，而文件或是资料应该收放在抽屉或文件柜中。

随着办公室改革的推进，有的公司已废掉了个人的专用办公桌，而是用共享的大型办公桌，为了下一个使用者，对共享的办公桌应更加爱惜。

2) 办公室心理环境

"硬件"环境的发展仅仅是提高工作效率的一个方面，而更为重要的往往是"软件"条件，即办公室工作人员的综合素质之一的心理素质。这个观点正在为越来越多的"白领"们所接受。

在日常工作中，人际关系是否融洽非常重要。互相之间报以微笑，体现友好、热情与温暖，就会和谐相处。工作人员在言谈举止、衣着打扮、表情动作的流露中，都可以体现出其是否拥有健康的心理素质。

总之，办公室内的软件建设是需要在心理卫生方面下一番工夫的。因为"精神污染"从某种意义上说要比大气、水质、噪声的污染更为严重，它会涣散人们工作的积极性，乃至影响工作效率、工作质量。为此，在办公室内需要不断提高心理卫生水平，而提高心理卫生水平应从以下几个方面努力。

学会选择适当的心理调节方式，使工作人员不被"精神污染"。领导应主动关心员工，了解员工的情绪周期变化规律，根据工作实际，采取放"情绪假"的办法。工作之余多组织一些文娱体育活动，既可丰富文化生活，又可运用这种方式宣泄不良情绪。有条件的可以建立员工心理档案，并定期组织"心理检查"，这样可以"防微杜渐"，避免严重心理问题的产生。经常组织一些"健心活动"，使工作人员能够经常保持积极向上、健康稳定的情绪，掌握协调与控制情绪的技巧与方式。

3. 办公室里谈话的注意事项

1) 一般不要谈薪金等问题

在美国、日本等国家一般最忌讳谈论薪金问题，不论是你问别人的薪水，还是别人问你的薪水，都会让人难以回答。因为在很多公司里，每一个人的工作不一样，得到的报酬也不一样。如果你说出你的薪水比别人高时，容易引起一些麻烦事。

2) 不要谈私人生活和反映你个人不愉快的消极话题

不要谈论你的私人问题，也不要在办公室讨论你遇到的不好的事情和现在的不好心情，因为这会影响别人的情绪，或者引起别人对你不好的看法。不要将自己的私人生活全部暴露在同事面前，保留一点神秘感对你是有好处的，让人认为你是一个有魅力的人，一个能处理好自己生活的人，因为一个连自己的生活都处理不好的人是没有可能将公司的重

任担当起来的。如果不注意，不但会影响你的形象，也会影响你的前途。

3）　不要评论别人

在办公室里最忌讳的是谈论别人的是是非非，正如中国有句古话：当面少说好话，背后莫议人非。当有人在评论别人时，你不要插嘴，也不要充当谣言的传播者。

4）　在谈论自己和别人时注意别人的反应

在谈论自己和别人时不要滔滔不绝，而要观察别人的反应来决定谈话是不是继续进行。因为当别人对你所谈论的话题不感兴趣时，就应该转向别的话题。否则，这样的谈话，就会成为大家的负担，而不是一种快乐。

二、工作交往艺术

1. 与上司的交往

在一个工作单位里，最重要的人际关系是与上级的交往，因为他(她)可以提拔自己也可能处分自己。为了自己的事业有良好的发展空间，员工一定要学会与上级交往的艺术。

1）　日常交际礼仪

员工在日常工作中，见到上司要主动打招呼。如果距离较远，不方便呼叫，可注视之，目光相遇，点头示意即可。近距离时，则用礼貌用语问候上司，如"王经理，您好"。进上司办公室时，应先敲门，通报姓名，得到上司允许方可入内。与上司在一起时，言谈举止都要表现出应有的尊重和礼节。如与上司在谈话时，如果自己是坐着的，而上司是站着的，就应该站起来，请上司就座，而不应该毫不在乎地坐在那里。

2）　工作方面礼仪

工作中与上司的交往礼仪主要表现在汇报工作与日常工作上。在汇报工作时要注意自己的仪态，表情应该自然，彬彬有礼，语速、音量都要适中，要让领导轻松而又清楚地听到自己的汇报内容，汇报的语气中要充分表现出对上司的尊重。在上司发表意见时，不要插嘴，不要显得不屑一顾。

在听领导布置工作时，一定要专心致志，不能目无领导。当工作无法完成时，或出现比较棘手的问题时，要及时通报，并说明缘由。工作中做错了事，要学会自我检讨，不要找借口，推诿责任。

3）　与上司沟通的技巧

首先，要让上司认可。上级最信得过的下级是爱岗敬业、忠于职守、勤勤恳恳的人，所以，作为一个下级，要乐于"鞠躬尽瘁，死而后已"，要尽职尽责、积极主动、出色地做好本职工作，不可故作姿态，光说不练。要以自己的精明实干和出色的工作能力奠定和上司交往的基础。

其次，要虚心接受上司批评，巧妙指出上司的错误。谁都可能出错，面对上司的批评，一定要调整好心态，虚心接受批评。要有一定的组织观念，上司并不是在找碴儿，他是在履行他的职责。要尊重上级的意见，上级的意见与自己的想法不一致时，如果他的意见没有失误，应按上级的安排去做；如果上级的意见确实不妥，也不要当面顶撞，而应该巧妙地指正上级。

最后，要注意不要到处表现自己。在上司面前，下级应表现得谦虚、朴实。正如一位西方教授所说，人们最迫切的愿望就是希望自己受到重视，尊重上司就会赢得上司。同时，不要忘记赞扬的作用，真心的赞扬是对他人的一种尊重和肯定。这样不但可以满足上司的自尊心，还能赢得上司的好感与信任。还要记住，当自己在工作中有了功劳，不要到处去宣扬，以免让上司感到你是个居功自傲的人。遇到棘手的问题时，也要谦虚请教上司，不要越级去见别的上司。

2. 与同事交往的艺术

在一天的工作当中，大部分时间是和同事在一起的。同事之间相处得如何，直接关系到自己的工作、事业的进步和发展。同事之间关系融洽、和谐，人们就会感到心情愉快，有利于工作的顺利进行。而如果同事之间存在既合作又有竞争的关系，就会使同事关系更加微妙复杂，处理这种同事关系，需要讲究方式、方法。因此学会同事间的交往艺术，对自己的工作和生活都有很大帮助。

1) 互相尊重

孟子云："爱人者，人恒爱之；敬人者，人恒敬之。"要处理好复杂的同事关系，必须懂得尊重他人。尊重同事，就要尊重同事的隐私。隐私是关系到个人名誉的问题。背后议论别人的隐私，会损害其名誉，可能造成同事间关系的紧张。当同事在写东西、阅读书信或打电话时，应避开，做到目不斜视、耳不旁听。尊重同事，还在于不轻易翻动同事的东西。如果要找同事的东西，要请同事代找；如果他本人不在，要先征得同事的同意。

2) 真诚待人，互相帮助

办公室是一个小社会，也是一个小集体。同事间要真诚相待，相互帮助，相互理解，相互宽容。这样的集体才能成为一个团结战斗的集体，才能成为一个有凝聚力，使人心情舒畅的大家庭。同事有困难时，应主动询问，伸出援助之手，给他以人力、物力帮助；当某位同事受挫时，应给予诚恳的安慰，要热情地鼓励他，帮助他走出困境；当同事间发生误会时，要有度量，应主动道歉，说明情况，取得对方的谅解，这样会增进双方的感情，使关系更加融洽。对同事的错误和误解要能包容，"宰相肚里能撑船"，不可"小肚鸡肠"、耿耿于怀。

3) 经济往来要一清二楚

同事之间可能有相互借钱、借物、馈赠礼品或请客吃饭的往来，但不能大意忘记。每一项都要清楚明白，即使是小款项也应记在备忘录上，以提醒自己及时归还。向同事借东西如不能及时归还，应每隔一段时间向对方说明一下情况。总之，同事间的物质经济往来要弄得清楚明白，无论是有意或无意地占人便宜都会令对方感到不快，也会影响同事之间的关系。

4) 透明竞争，权责分明

同事之间既有合作也避免不了竞争。与同事共处应遵守尊重、配合的原则，明确权责，尽量施展自己的才华，绝不轻率地侵犯同事的业务领域。应在透明、公平竞争中，各自施展自己的才华并求得发展。不要过分表现自己，免得落得孤芳自赏的名声，最后只是

孤家寡人一个。但是也不可组建自己的小团伙，制造流言蜚语中伤某位竞争对手。同时做事要尽力而为，量力而行，踏踏实实做好自己的本职工作，不让别人有诋毁自己的机会，努力创造更多与同事沟通的机会，增进同事间的感情，消除彼此间的隔膜，在合作中良性竞争。

5) 言谈要得体

与同事交谈时，一定注意语言要有分寸、要得体。工作场合中要保持高昂的情绪，即使遇到挫折、饱受委屈、得不到上级的信任时，与同事交谈也不要牢骚满腹、怨气冲天。不要把痛苦的经历当作谈资一谈再谈，这样会让人退避三舍。谈论自己和别人时，不要滔滔不绝，要观察对方的反应来决定谈话应不应该继续进行。在工作场合，不要说悄悄话，耳语就像噪声，不仅会影响人们的工作情绪，也会引起同事的反感。在与同事相处中，不要得理不饶人。有些人总喜欢嘴巴上占便宜，争上风。他们喜欢争辩，有理要争，没理就更要争三分，这样会使同事们感到烦闷，不利于同事之间的交往。要知道，一个好的倾听者，就是一个好的谈话者。善于倾听别人言谈，能表现出自己对对方的关心与尊重，使对方获得满足感，从而愿意与自己交流。同事之间，善于倾听的人能拥有最多的朋友。

3. 与下级交往的艺术

孔子认为"君使臣以礼"，领导对下属应以礼相待。礼贤下士的观念在中国已经存在了近两千年，像中国古代的点将台、拜将台，都是礼遇下属的体现。作为领导者，应该以礼对待员工，积极与员工进行有效的沟通。

1) 待人要公平、公正

《孙子兵法》中所言"上下同欲者胜"。只有上下同心，企业才会得到发展。要做到这一点，领导者必须尽力做到公平、公正。因此，上级应该客观、公正地对待下级，不要受情绪的影响。要学会做一个好的倾听者，站在下属的角度去考虑问题。身为领导者，要能听出下属的弦外之音、言外之意，对于下属的情绪和处境要多加理解，抛开自己的情绪。

作为领导，待人不能受偏见的影响，应该平等待人。有些人对某人向来印象不好，无论那个人有多么好都会视而不见、听而不闻，领导者不应该被各种各样的偏见蒙蔽了心智。同时，身为领导者也不应该太偏激独断，能够听取别人意见才能与员工建立起融洽的关系。

"经营之神"松下幸之助就是一位善于倾听、待人公正的企业家。他经常问他的下属："说说看你对这件事是如何考虑的？""如果是你干的，你会怎么办？"他一有时间就到工厂里转转，以便于听取工人的意见和建议。

2) 尊重理解下属

一个成功的领导者应该尊重和理解他的下属，为工作营造一种良好的氛围。上级要尊重下属的人格，尊重他们的意见和建议，让每个人都感受到自己是团队的一员。当下属的工作没有按预定目标完成时，要学会换位思考，理解他们的难处，不能把责任都推到他们头上。领导者要有宽容人的度量，在与下属沟通时，不可分亲疏远近，也不能因顾及面子

而冷落了才智之士奋发向上的心,而要以开阔的心胸容纳别人,原谅别人的过错。一个好的上司,要在尊重理解员工之时,宽以待人,严于律己。遇事先从自己身上找原因,这样才能博得下属的爱戴和敬重。

3) 拿捏好批评和表扬分寸

表扬和批评相结合是人类自古以来形成的一种管理方法。对于领导者,批评和表扬下属是激励他们继续努力工作必不可少的手段。但是生活中却常能听到对员工大呼小叫、颐指气使的领导和如此抱怨的员工,这就说明批评和表扬需要一定的技巧,才会获得良好的效果。

批评是需要理由的。而很多领导会不知不觉地把批评下属当作是发泄情绪或证明自己权威的一种手段。一个优秀的领导者应该在工作中建立明确的奖惩制度,并且贯彻落实、奖罚有度,这样才能树立自己的威信。

批评下属时可以先表扬后批评。因为想让别人顺从地听取批评的意见不是一件容易的事。所以,在进行批评时,可以先从正面肯定开始,这样才不会被看成在搞个人针对,会让人更容易接受。同时,可以提出一些好的建议和忠告来帮助他们改进自己的工作。

批评下属的时候要就事论事。在对员工进行批评的时候,要尽量避免使用一些会使问题扩大化的词语。如男性主管不可以对女职员说"你们女人就是这样"。

批评下属的时候也要选对场合。一般情况下,不要在众人面前批评员工,这样虽然会起到杀一儆百的作用,但会伤害到被批评者的自尊,同时对领导者的形象和涵养也会产生不好的影响。尤其值得注意的是,不能当着某部门员工的面批评此部门的领导,这样会让这个受批评的领导尴尬,也会给他以后的工作带来不好的影响。

批评的态度要宽容。批评是帮助员工发现自己的缺点并加以改正和完善的一种手段,而不是彻底毁灭一个人的自信心。所以,领导者在批评下属的时候,语气要温和,不能大动干戈、咄咄逼人。

表扬的技巧在前面的"学习情境"中有详细叙述,这里不再赘述。

4. 与异性交往的艺术

1) 异性交往中女性的礼仪修养

女性在工作中,首先要注意自己的个人形象。职业女性发型应以保守为佳,妆容以淡妆为好。办公室女性着装应该庄重、大方,能够体现职业女性的专业素质。同时,职业女性还要注意自己的举止应该端庄、自然、优雅,不要风风火火、慌慌张张,也不要扭捏作态、装腔作势。

女职员在工作中要注意时间效率。尤其在打电话时,最好少打 5 分钟以上时间的电话,如果表述事件不够概括,交代事宜重复啰唆,就会使人怀疑其工作能力。

女性要公私分明。在工作时间内应专心致志地办理公务,不要在工作时间处理私事,要不断提高自身的素质,培养事业心和责任感。

女性在与异性同事交往时得到男性的照顾是很自然的事情,但是要保持清醒的头脑,弄清楚男性是出于礼貌还是另有其他目的,再根据情况恰当处理。

2） 异性交往中男性的礼仪修养

男性在工作交往中，不必过分追求外表的光鲜，给人以稳重干净的感觉就可以。男性要讲信誉，说话算数，一言九鼎，正如俗话所说"大丈夫一言既出，驷马难追"。男性只有言出必果，工作认真，办事负责，对女性谦虚和气、有礼貌才能取得女性的信任。

在与异性交往中，男性要有度量，从大处着眼，目光远大，胸怀大志，不计较是非小事，宽厚待人，这样才能获得女性的赞赏。

3） 异性交往的礼仪原则

首先，要坦然交往。工作中男女同事完全可以堂堂正正地交往。有些人在与异性交往时表现得过分矜持、紧张或扭扭捏捏，这是一种不自信的表现，更是对别人的一种伤害，因为这会让对方觉得受冷落。现代社会，尤其是女性应摒弃封建社会的陈规陋习，坦然、大方、开朗地与男性同事交往。因为生理原因，男性在工作的某些方面会比女性有优势，与男性同事关系相处好，可以在工作中获得一些帮助。

其次，要注意分寸。"男女授受不亲"的时代虽然已成历史，但是在办公室中，异性之间的交往无论国内国外，还是有一定的度的，这就是说要注意一定的分寸。异性在工作交往中要保持一定的距离。彼此说话要注意分寸场合，不能含有挑逗性的语言，以免引起误会；女性在男性面前的动作也要有所注意，不能在男性面前梳理头发、抚摸自己的皮肤，不能过度地扭动自己的臀部和腰肢，以免发出错误的信号；异性同事之间最好不要过多倾诉婚姻上的不如意；女性在与异性上司的交往中也应注意分寸，要保持适当的距离，这既是对上司的尊重，也是异性交往中必须做到的。女性在工作之余，不能参与到上司的私生活中，以免陷入工作之外的纷争。总之，保持适当的距离，出色完成本职工作，才是打动上司的最佳途径，也是保住自己工作岗位最得体的方法。

三、求职面试礼仪

现代社会在对每个人提出了种种挑战的同时，也提供了各种各样难得的机遇，如何在竞争激烈的人才市场中力挫群雄，一举应聘成功，在具备良好的专业素养的前提下，掌握必要的技巧也不容忽视，尤其是求职面试中的礼仪礼节，它往往起着举足轻重的作用。

1. 面试前的心理准备

不论是刚从学校毕业的新人，还是谋求新职的人，都必须面临求职面试这一关。每一个求职的人，都希望在面试时留给主考官一个好印象，从而增大录取的可能性。所以，事先了解面试时的一些必要的礼节是非常重要的。可以说，这是求职者迈向成功的第一步。中国有句古话："知己知彼，百战不殆。"面试就如同一场试探性的战斗，战斗的双方就是面试单位的主考官和参加面试的自己。心理准备包括如下几点。

1） 研究主考官

应聘者"研究主考官"，这里所说的"研究"是要试想一下主考官会从哪些方面来考察、评价面试者。综合起来，有以下几个方面：主考官可能会先评价一下应聘者的衣着、外表、仪态和行为举止；主考官会对应聘者的专业知识、口才、谈话技巧作整体的考核；

主考官可能会从面谈中来了解应聘者的性格和人际关系，并从谈话过程中了解应聘者的情绪状况以及人格成熟的程度；主考官会在面试时，观察应聘者对工作的热情程度和责任心，了解应聘者的人生理想、抱负和上进心。

2) 研究自己

认识自己，了解自己的长处、兴趣、人生目标、就业倾向等。许多学校都会为毕业生就业求职开设一些辅导课程，以帮助毕业生分析个人的专业和志向。作为毕业生的自己，可以充分利用这个渠道，为求职预先做好准备。听取家人和有社会经验的亲友的意见和建议，修正个人的志愿，也是很有必要的。

搜集招聘公司的相关资料，了解该公司目前的经营状况、企业文化、未来的发展等情况，这项工作可以使自己更能把握现有情况，增强面试时的信心。

事前的演练可以帮助应聘者发现问题，放松紧张的精神。

参加面试一定要抱着谨慎的态度，不浪费每一次机会，并把每一次面试当作重要的经验积累起来，千万不要有随便或侥幸的心理。人与人的作用是相互的，你若是郑重其事，对方也自然会更重视。

对于一个大学毕业生来说，毕业工作意味着社会角色的转变，求职是参加工作的第一步，穿着一定要符合新的社会角色。对男士来讲，拥有一套合身、穿着舒服但不用很昂贵的西装是非常有必要的。对女士来讲，暂时把时装收起来，身着职业套装会平添几分成熟的韵味。

2. 撰写简历

简历主要是针对应聘，因此应将相关经验、业绩、能力、性格等简要地列举出来，以达到推荐自己的目的。由于毕业生就业推荐表栏目和篇幅限制，多数毕业生更希望有一份个性突出、设计精美、能给用人单位留下深刻印象的简历。

1) 简历的设计原则

真实、简明、无错是简历设计的三个原则。真实原则就是指简历从内容上讲必须真实，如选了什么课就写什么课，如果没有选，就不要写。兼职工作更是如此，做了什么，就写什么，不要做了一，却写了三或四。因为在面试时，简历就是面试官的靶子，他会就简历上的任何问题提出疑问。如果我们自己学过或做过，就能答上来，否则自己和考官都会很尴尬，自己在考官眼里的信誉也就没有了，这是很不利的。讲真话，不要言过其实，相信自己的判断力是十分重要的。

如果自己没有参加任何兼职工作可以不写，因为主考官知道你是刚刚毕业的学生，而学生的本职工作就是学习。或许你就是重点地学了本专业，没有顾上其他；或许你在学习本专业的同时选择了第二专业或辅修专业；或许你虽然没有在校外兼职，但在校内系里或班里做了大量社会工作。总之，你会有自己的选择，也会珍惜自己的选择，并为自己的选择骄傲。这样就没有必要为没有兼职工作而苦恼或凭空捏造。请记住，主考官都是从学生过来的，他们会尊重你的选择。

简历最好简单明了。如果简历内容过多，又缺乏层次感，会给人以琐碎的感觉。必要

信息如姓名、性别、出生年月、联系电话和地址等一定要写上。相比之下，身高、体重、血型、父母甚至兄弟姐妹做什么工作并不是非常重要的，这些内容纯属辅助信息，可要可不要，至少不应占据重要位置。可以将自己认为重要的信息全部浓缩到第一页上，然后把认为次要的信息，诸如每学期成绩单、获奖证书复印件等都当作附件。这样的简历主考官只看一页就清楚了，主次分明，非常有效，主考官如果感兴趣，可以继续看附件里的内容。

无错原则是指简历应该没有错误，尽可能在寄出简历之前，一个字一个字地检查一遍，标点符号也不能落下。否则会被认为是一个粗心的人，在激烈的竞争中就可能被淘汰。

2)　简历的内容

简历并没有固定格式，对于社会经历较少的大学毕业生，一般包括个人基本资料、学历、社会工作及课外活动、兴趣爱好等，其内容大体包括以下几方面。

(1)　个人基本资料。主要指姓名、性别、出生年月、家庭住址、政治面貌、身高、视力等，一般写在简历最前面。

(2)　学历。用人单位主要通过学历情况了解应聘者的智力及专业能力水平，一般应写在前面。习惯上书写学历的顺序是按时间的先后，但实际上用人单位更重视现在的学历，最好从现在开始往回写，写到中学即可。学习成绩优秀，获得奖学金或其他荣誉称号是学习生活中的闪光点，可一一列出，以加重分量。

(3)　实习经历、科研成果和毕业论文及发表的文章。这些材料能够反映自己的工作经验，展示专业能力和学术水平，将是简历中一项有力的参考内容。

(4)　社会工作。近几年来，越来越多的用人单位渴望招聘到具有一定应变能力、能够从事各种不同性质工作的大学毕业生。学生干部和具备一定实际工作能力、管理能力的毕业生颇受青睐。社会工作对于仍在求学的毕业生来说，主要包括社会实践活动和课外活动，这对应聘者相当重要。

(5)　勤工助学经历。即使勤工助学的经历与应聘职业无直接关系，但也能够显示出应聘者的意志，并给人留下努力、勤奋、负责、积极的好印象。

(6)　特长、兴趣爱好与性格。兴趣爱好与性格特点能够展示品德、修养、社交能力及团队精神，它与工作性质关系密切，所以用词要贴切。

(7)　联系方式。千万不要忘记写联系地址、电话和邮政编码，以免用人单位因联系不到而失去择业机会。

在按要求完成上述内容的基础上，也别忘了给自己的简历设计一个完美的封面。

3. 面试时的礼仪

面试时首先考虑的就是究竟应何时到达面试地点较为恰当。是准时抵达还是提前到达？若是早到又应以几分钟为宜？在等待的时间中应该注意什么？由于目前的交通状况不甚良好，令人无法预计准确的车程时间，所以最好提早出门，比原定时间早 5～10 分钟到达面试地点，所谓"赶早不赶晚"。早到可先熟悉这家单位附近环境并整理仪容。但如果早到 10 分钟以上，千万别在接待区走来走去。因为这样会打扰上班的职员，有损他人对自己的第一印象，对后面的面试一点好处也没有。所以此时可向别人询问盥洗室，在那里

可再一次检查自己的服装仪容。接下来轮到自己上场面试时，须掌握以下要点。

1) 入座的礼仪

进入考官办公室时，必须先敲门再进入，之后应等主考官示意坐下才可就座。如果有指定座位，则坐在指定的位置；但如觉得座位不舒适或光线正好直射，可以对主考官说"有较强光线直接照射我的眼睛，令我感觉不舒服，如果主考官不介意，我是否可换个位置？"若无指定位置时，可以选择主考官对面的位置坐定，如此方便与主考官进行面对面交谈。

2) 自我介绍的分寸

当主考官要求作自我介绍时，因为一般情况都已事先附在自传上，所以不要像背书一样地发表长篇大论，那样会令主考官觉得冗长无趣。记住将重点挑出稍加说明即可，如姓名、毕业学校名称、主修科目、专长等。如主考官想更深入了解家庭背景及成员，则再简单地加以介绍即可。"时间就是金钱"，通常主考官都是公司的高级主管，时间安排相当紧凑，因而说明越简洁有力越好，若是说得过于繁杂会显不出重点所在，效果反倒不好。

3) 交谈的礼节

交谈是求职面试的核心。面试是与面试官交谈和回答问题的过程，在这个过程中要根据自我介绍和交谈内容控制音量的大小、语速的快慢、语调的委婉或坚定、声音的和缓或急促，在抑扬顿挫之中表现出坚定和自信。如果装腔作势，会给人一种华而不实、正在演戏的感觉。

回答问题是面试交谈的重要方面，得体地回答面试官提出的问题是取得成功的关键，面试者要对面试官可能提到的问题有充分的准备。

4) 拥有职业化举止

一家医疗机构为了选拔护士长进行了一次面试。一位应试者在笔试中是佼佼者，但在面试过程中，她不但拍桌子，脚不断地敲打地板，身体还时不时地扭动。她认为自己很有希望，但结果却落选了。她为什么会落选呢？原因就是她缺乏职业化的举止。

许多面试者往往只注重衣着和话语，而忽略了胜过有声语言的形体语言。职业化的举止，就是一种无声胜有声的形体语言。形体语言是指人的动作和举止，包括姿态、体态、手势和表情。

在面试中，面试者应该特别注意自己的站姿、坐姿、走姿、握手和表情等。

站姿给人的印象非常重要。人们往往认为其简单而忽略了它的重要性。站立应当身体挺直、舒展、收腹，眼睛平视前方，手臂自然下垂。这样的站姿能给人一种端正、庄重、稳定、朝气蓬勃的感觉。如果站立时歪头、扭腰、斜伸着腿，会给人留下轻浮、没有教养的印象。

面试时的坐，不要贪图舒服。许多人养成了瘫坐的习惯，在面试时一下子就表现出来了。正确的坐姿从入座开始，入座的动作要轻而缓，不要随意拖拉椅子，身体不要前后左右晃动，背部要与椅背平行，沉着安静地坐下。落座后，上身要保持直立状态，既不前倾，也不后仰。双手自然下垂，肩部放松，五指并拢。男女的坐姿还有一定的区别：男士

可以微分双脚，这样给人以自信、豁达的感觉，双手可以随意放置；女士一般要并拢双膝，或者小腿交叉端坐，这样，可以给人以端庄、矜持的感觉，双手一般要放在膝盖上。

以下这些做法是应该避免的：拖拉椅子，发出很大的声响；一屁股坐在椅子上；坐在椅子上，耷拉着肩膀，含胸驼背，给人萎靡不振的感觉；半躺半坐，男的跷着二郎腿，女的双膝分开、岔开腿等，给人放肆和缺乏教养的感觉；坐在椅子上，脚或者腿自觉不自觉地颤动或晃动。

面试时重要的是自信。这种自信可以通过走姿表现出来。现在，越来越多的公司强烈地意识到走姿的重要性。自信的走姿应该是，身体重心稍微前倾，挺胸收腹，上身保持正直，双手自然前后摆动，脚步要轻而稳，两眼平视前方。步伐要稳健，步履自然，有节奏感。需要注意的是，如果同行的有公司的职员或接待小姐，不要走在他们前面，应该走在他们的斜后方，距离 1m 左右。

每个人都会有一些属于自己的习惯动作，如挠头、揉眼睛、玩手指、双手交叉在胸前等，若是在平时，尽可以去做，但在面试时，都要省略，它们会分散人的注意力，给面试考官留下不好的印象。中国有句古话"此时无声胜有声"，用无声的、职业化的举止，向招聘者表明"我是最适合的人选"。

5）面试的其他细节

正在面试时，千万不要出现不礼貌的行为，因为一些小动作也会被主考官列作评判内容。以下举例说明须留意的小节。

不嚼口香糖、不抽烟，尤其现在提倡禁烟，更不要在面试现场抽烟。与人谈话时，口中吃东西、叼着烟都会给人不庄重的感觉，也显得不尊重对方；不可要求茶点，除非是咳嗽或需要一杯水来镇定自己；不要随便乱动办公室的东西；不要谈论个人故事而独占谈话时间。

自己随身携带的物品，不可放置在面试考官的办公桌上。可将公文包、大型皮包放置于座位下右脚的旁边，小型皮包则放置在椅侧或背后，不可挂在椅背上。

离座时记住椅子要还原，并向主考官行礼以示谢意。

在一般面试者看来，主考官向你表示面试结束，求职面试的全过程就结束了。其实不然，这只是面试的结束，求职还没有结束。此时此刻，作为求职者，万万不可大意，认为大功告成或没有希望了。面谈结束后的礼仪同样很重要，也许可以扭转之前的不利局面，在困境中重新获得生机。

第五节　社交礼仪修养

社交礼仪修养是指一个人在社会交往实践活动中，根据一定的社交礼仪原则和规范自觉地进行学习和训练，以使自己养成一种时时事事按礼仪要求待人接物的行为习惯的过程。社交礼仪的修养不仅指对礼仪的学习、练习，还包括将所习之礼培养成一种习性或者说是品性的过程。然而，这并非一朝一夕就可练就。一般来说，应着重于知、情、意、行

的统一，注重运用以下方法。[①]

1. 树立学习礼仪的意识

在明确礼仪重要性的基础上，最关键的就是必须树立长久的"习礼意识"，处处留心，时时经意。礼仪是一个社会文化沉淀的外显方式，经历了传承、变异的过程，它的习得首先便是个体的"社会化"的过程。也就是说，它是靠传统，靠有意无意地模仿，靠周围环境的影响，靠在交际实践中不断地学习、摸索，并逐渐地总结经验教训而习得的。同时，就社会方面而言，为适应现代市场经济发展的需要，可开办一些礼仪的学校或短期培训班，也可通过电视、广播等传播媒介开办专题系列讲座，发挥大众传媒的示范作用，这些都是人们学习礼仪的良好方法。

2. 陶冶尊重他人的情感

在礼仪教育过程中，情感是由知到行的桥梁。陶冶情感就是要使受教育者产生一种尊重他人的真挚的情感，能够时时处处替他人着想，对人始终抱有一种热情友好的态度。我们大概都有这样的体验，在交际活动中如果遇到一个对人热情诚恳的人，那么就能与其建立起一种良好的关系；相反，如果碰到的是一个冷漠无情或虚情假意的人，则难以产生融洽交流的气氛。一个人可以很快就了解一些礼仪方面的知识，但若缺少对人的情感，那么他就无法使这些礼仪形式完满地表现出来，这些形式也就成了没有灵魂的躯壳。因此可以看出，情感比认识具有更大的保守性，改变情感比改变认识要困难得多，陶冶情感是礼仪教育中更为艰巨的一项任务。

3. 锻炼履行礼仪的意志

要使礼仪规范变成自觉的行为，没有坚韧不拔的意志是办不到的。意志坚强的人能有效地控制自己的言行，特别是在不顺利的情况下也能不畏困难，始终不渝地按照自己的信念待人处事。同时，还要有意识地摒弃不合礼仪的旧习惯，养成遵从礼仪的新习性。

习性是一个人行为方式的自动化，是不需要多加思考和意志努力的行为方式，它受人的性格核心层和中介层的支配与制约。一个人的行为习惯是其观念、态度下意识的表现。习性一旦形成，便具有一定的稳固性，但通过意志努力可以使之改变。因此，不该以"习惯成自然"为由，姑息迁就那些不合礼仪的坏习惯，而应从思想观念上加以重视、加强"礼仪意识"，牢记坚强的意志是保证实现礼仪规范的精神力量。

4. 养成遵从礼仪的行为

礼仪规范是为维护社会生活的稳定而形成和存在的，实际上是反映了人们的共同利益要求。社会上的每个成员无论身份高低、职位大小、财富多寡，都有自觉遵守、应用礼仪的义务，都要以礼仪去规范自己的一言一行、一举一动。如果违背了礼仪规范，就会受到社会舆论的谴责，自然交际也就难以成功。例如，苏联领导人赫鲁晓夫(Khrushchev)在这

---

① 何浩然. 中外礼仪[M]. 大连：东北财经大学出版社，2002.

方面就有前车之鉴。他在一次联合国会议上为了让人们安静下来，竟然脱下鞋子，并用鞋子敲打会议桌子。他的不雅举止显然违背了礼仪规范，更有损他本人及苏联的国际形象。在这次会议上，联合国作出决定：对苏联代表团罚款一万美元。可见，违背社交礼仪的遵守原则是不行的。从这一原则出发，关键是要养成良好的习惯。

小故事 12—14

令人尴尬的女经理

某省会城市一家三星级饭店的女总经理，衣着得体大方，语言热情适宜，正在宴请北京来的专家。席间，秘书突然过来说有急事，请她暂时离席去送外宾，可是这位女经理迟迟未起身。原来双脚不堪忍受高跟鞋束缚，出来"解放"了一会儿，突然有了情况，一时找不到"归宿"，令女经理好不难堪。造成这种情况的原因恐怕不是不懂礼仪知识，而是还没有养成良好的习惯，对礼仪规则遵守得不够造成的。所以，养成遵从礼仪的行为是十分必要的。

(资料来源：李兴国. 现代社交礼仪[M]. 哈尔滨：黑龙江科学技术出版社，1998.)

礼仪教育的综合结果就在于使人养成良好的礼仪行为，也就是使人在交际活动中对于礼仪原则和规范的遵从变成一种习惯的行为。衡量礼仪教育的效果如何，主要不是看受教育者了解了多少有关礼仪的书本知识，而是看他在交际活动中的行为是否符合礼仪规范的要求，是否能够促进交际活动顺利进行。因此，在礼仪教育中，要认真组织和指导受教育者的行为演练，通过严格的训练掌握调节行为的能力，养成良好的行为习惯。从一件件具体、琐碎的小事做起，点滴养成；大处着眼，小处着手；寓礼仪于细微之中，逐渐成习。

在礼仪教育过程中，知、情、意、行是相互联系、相互渗透、相互促进、缺一不可的整体。没有知，情就失去了理性指导，意和行就会是盲目的；没有情，就难以形成意，知就无法转化为行；没有意，行即缺乏巨大的力量，知和情也就无法落到实处；没有行，知、情、意都没有具体的表现，也就都变成了空谈。因此，在礼仪教育过程中，要坚持晓之以理、动之以情、炼之以意、守之以行。

小知识 12—9

有教养者的十大特征

(1) 守时。无论是开会、赴约，有教养的人从不迟到。他们懂得，即使是无意的迟到，对其他准时到场的人来说，也是不尊重的表现。

(2) 谈吐有节。注意从不随便打断别人的谈话，总是先听完对方的发言，然后再去反驳或者补充对方的看法和意见。

(3) 态度和蔼。在同别人谈话的时候，总是望着对方的眼睛，保持注意力集中，而不

是翻东西、看书报，心不在焉，显出一副无所谓的样子。

(4) 语气中肯。避免高声喧哗，在待人接物上，心平气和，以理服人，往往能取得满意的效果。扯开嗓子说话，不但不能达到预期目的，反而会影响周围的人，甚至使人讨厌。

(5) 注意交谈技巧。尊重他人的观点和看法，即使自己不能接受，也不当着他人的面指责对方是"瞎说""废话""胡说八道"等，而是陈述己见，分析事物，讲清道理。

(6) 不自傲。在与人交往相处时，从不强调个人特殊的一面，也不有意表现自己的优越感。

(7) 信守诺言。即使遇到某种困难也不食言。自己说出来的话，要竭尽全力去完成，身体力行是最好的诺言。

(8) 关怀他人。无论何时何地，对妇女、儿童及上了年纪的老人，总是表示出关心并给予最大的照顾和方便。

(9) 大度。与人相处胸襟开阔，不会为一点小事情而和朋友、同事闹意见，甚至断绝来往。

(10) 富有同情心。在他人遇到某种不幸时，尽量给予同情和支持。

(资料来源：佚名. 有教养者的十大特征[EB/OL]. [2019-05-26].
http://www.360doc.com/content/19/0526/14/18334519_838303072.shtml.)

思考与训练

1. 3~5 人一个小组，每组设计一个见面场景，将称呼、介绍、握手等见面礼、问候、递接名片等交际礼仪，连贯地演示下来，学生对各组的表演进行评价，最后教师总结。表演之前，每组应就设计的场景和成员的角色进行说明。

2. 设计出用于商务场合的富有个性的名片，然后相互之间练习名片的递接。选出最具特色的名片，进行一次名片展览。

3. 请纠正以下电话礼仪中的错误并用正确的礼仪语言重说一遍。

"喂，王芳在吗？"

"对不起，她不在，您有什么需要……"

"不在？算了，算了。"

4. 模拟训练赠送与受赠礼物的礼节。

5. 赴宴应注意哪些礼仪？

6. 进行拜访礼仪实践。学生 2~4 人为一组，利用业余时间，到亲朋好友家进行拜访。拜访的目的可以是社会调查、礼节性拜访或是请教问题等。拜访结束后，每个人写出详细的拜访过程，在教师的指导下，在全班进行拜访总结。

7. 办公室的天地虽小，你知道办公室礼仪都包括哪些方面吗？假如你要去一个办公室实习，你该做哪些准备？

8. 在职场你认为哪些礼仪是我们需要特别关注的？

9. 怎样展示自己的良好形象并取得面试的成功？

10. 案例分析。

自我介绍不到位

著名礼仪专家金正昆曾谈到这样一件事：有一次去参加春节联欢会，节目开始前我们几个朋友在嘉宾休息室聊天。我们在那儿聊普京和布什这两个总统，讨论到底哪个人口才比较好，哪个人外形比较好，哪个人个人魅力指数比较高，当然这是大家在那儿说笑话了，有的说普京，有的说布什。说着说着来了个小伙子，听清了我们聊的内容就说，我看他们俩都不行，然后自顾自地说了普京的不行，布什的不行。我们大家都误认为他是我们这四五个人中间一个人的熟人，他走之后我们就问，这个是谁的朋友？大家都说不认识，结果在场的四五个人没有一个人认识他。

思考题

(1) 案例中的小伙子的行为存在哪些礼仪错误？

(2) 在交际场合如何避免自我介绍不到位的情况？

(3) 应该怎样进行自我介绍？

(资料来源：http://www.360doc.com/content/11/0929/20/1323471_152240070.shtml.)

电话里的女高音

某歌舞团计划于下月赴美国演出，该团团长刘明就此事向市文化局作请示，于是他拨通了文化局局长办公室的电话。

可是电话响了足足有半分多钟的时间，不见有人接听。刘明正纳闷着，突然电话那端传来一个不耐烦的女高音："什么事啊？"刘明一愣，以为自己拨错了电话："请问是文化局吗？""废话，你不知道自己往哪儿打的电话啊？""哦，您好，我是市歌舞团的，请问王局长在吗？""你是谁啊？"对方没好气地盘问。刘明心里直犯嘀咕："我叫刘明，是歌舞团的团长。"

"刘明？你跟我们局长什么关系？"

"关系？"刘明更是丈二和尚摸不着头脑。

"我和王局长没有私人关系，我只想请示一下我们团出国演出的事。""出国演出？王局长不在，你改天再来电话吧。"没等刘明再说什么，对方就"啪"地挂断了电话。

刘明感觉像是被人戏弄了一番，拿着电话半天没回过神来。

(资料来源：http://www.ruiwen.com/liyichangshi/1238347.html.)

思考题

(1) 本案例中"女高音"接电话时哪些地方不符合礼仪规范？

(2) 接电话与塑造组织形象有什么关系？

小张错在哪儿

一位刘小姐和一位姓张的男士在一家西餐厅就餐，男士小张点了海鲜大餐，刘小姐则

点了烤羊排。主菜上桌，两人的话匣子也打开了，小张边听刘小姐聊起童年往事，一边吃着海鲜，心情愉快极了。正在陶醉的当口，他发现有根鱼骨头塞在牙缝中，让他不舒服。小张心想，用手去掏太不雅了，所以就用舌头舔，舔也舔不出来，还发出啧啧喳喳的声音，好不容易将它舔吐出来，就随手放在餐巾上。之后他在吃虾时又在餐巾上吐了几口虾壳。刘小姐对这些不太计较，可这时小张想打喷嚏，拉起餐巾遮嘴，用力打了一声喷嚏，餐巾上的鱼刺、虾壳随着风势飞出去，其中的一些正好飞落在刘小姐的烤羊排上，这下刘小姐有些不高兴了。接下来，刘小姐话也少了许多，饭也没怎么吃。

(资料来源: 谢迅. 商务礼仪[M]. 北京: 对外经济贸易大学出版社, 2007.)

思考题

(1) 请指出本案例中小张的失礼之处。

(2) 本案例对你有哪些启示？

如何用西餐

老张的儿子留学归国，还带了位洋媳妇回来。为了讨好未来的公公，这位洋媳妇一回国就诚惶诚恐地张罗着请老张一家到当地最好的四星级饭店吃西餐。

用餐开始了，老张为在洋媳妇面前显示出自己也很讲究，就用桌上一块"很精致的布"仔细地擦了自己的刀、叉。吃的时候，学着他们的样子使用刀叉，既费劲又辛苦，但他觉得自己挺得体的，总算没丢脸。用餐快结束了，吃饭时喝惯了汤的老张盛了几勺精致小盆里的"汤"放到自己碗里，然后喝下。洋媳妇先一愣，紧跟着也盛着喝了，而他的儿子早已是满脸通红。

老张闹了两个笑话，一个是他不应该用"很精致的布"(餐巾)擦餐具，那只是用来擦嘴或手的；二是"精致小盆里的汤"是洗手的，而不是喝的。

随着我们对外交往越来越频繁，西餐也离我们越来越近。只有掌握一些西餐礼仪，在必要的场合，才不至于"出意外"。

(资料来源: 陈光谊. 现代实用社交礼仪[M]. 北京: 清华大学出版社, 2009.)

思考题

(1) 吃西餐的礼仪有哪些？

(2) 你对此案例有何评价？

糟糕的应聘者

以下是某企业人力资源经理对求职者的忠告。

面试从你接到电话通知的那一刻就已经开始了。也许是等待就业的心情比较迫切吧，我在通知有资格参加下一轮面试的面试者时，一般从电话另一头听到的都是一些浮躁的声音，这里摘了一些我们的对话，供大家参考。

"喂！"

"喂，您好，请问是×××先生吗？"

"你是谁啊？"

(当时，我的心里已经不高兴了，但是不会表露出来)"我是××公司的，请问您参加了我们公司的招聘吗？"

"哪个公司？"(肯定是撒大网了)

"我们把您的面试时间安排在了明天的×××，地点在×××。"

"我记一下，你们是什么公司？"

(噢，我的天)……

这样我就会把我的看法写在他(她)的简历上，供明天面试的时候参考，影响可想而知！

(资料来源：李扬. 招聘看好什么样的面试者[J]. 中国大学生，2002(7))

思考题

(1) 应该怎样接听通知你参加面试的电话？

(2) 你认为面试是从什么时候开始的？为什么？

11. 自我测试。

请你完成下面的选择题，看看自己在办公室是否受欢迎。

(1) 是否经常早到 10 分钟？(　　)

　　　A. 经常　　　B. 很多次　　　C. 偶尔　　　D. 从不

(2) 是否经常打水、扫地？(　　)

　　　A. 经常　　　B. 很多次　　　C. 偶尔　　　D. 从不

(3) 是否经常翻人家的东西？(　　)

　　　A. 经常　　　B. 很多次　　　C. 偶尔　　　D. 从不

(4) 是否传播小道消息？(　　)

　　　A. 经常　　　B. 很多次　　　C. 偶尔　　　D. 从不

(5) 是否经常打断别人的谈话而自己浑然不知？(　　)

　　　A. 经常　　　B. 很多次　　　C. 偶尔　　　D. 从不

(6) 是否经常向人得意扬扬地夸耀在哪儿进餐、在哪儿购物？(　　)

　　　A. 经常　　　B. 很多次　　　C. 偶尔　　　D. 从不

(7) 是不是经常"一杯茶，一根烟，一张报纸看半天"？(　　)

　　　A. 经常　　　B. 很多次　　　C. 偶尔　　　D. 从不

(8) 有没有借同事的钱没有还的事情发生，即使数额不多？(　　)

　　　A. 经常　　　B. 很多次　　　C. 偶尔　　　D. 从不

参考答案：如果回答 A 项居多，就要好好反省了，因为测试表明你很可能在同事中不怎么受欢迎；如果回答 D 项居多，那说明你很懂得办公室里的礼仪，应该是很受大家欢迎的人物。

第十三章　气　质　培　养

做一个杰出的人，光有一个合乎逻辑的头脑是不够的，还要有一种强烈的气质。

——[法]司汤达(Stendhal)

气质之美与其说是来自内心的修养，不如说它是来自一种对美好事物的欣赏能力。这份欣赏力就使一个人的言谈举止不同流俗。

——[法]罗曼·罗兰(Romain Rolland)

课程思政要求：

- 进行社会主义核心价值观教育；
- 进行爱国主义教育；
- 开展诚信教育、法律意识教育和道德意识教育；
- 塑造职业形象、提高职业素养；
- 促进学生全面发展；
- 提高大学生的审美意识和审美情趣。

第一节　气　质　概　述

一、气质的概念

气质是个人心理活动的稳定动力特征。它是指在人的认识、情感、语言、行为中，心理活动发生时力量的强弱、变化的快慢和均衡程度等稳定的动力特征。气质是心理活动表现在强度、速度、稳定性和灵活性等方面的动力性质的心理特征。

心理活动的动力特征主要是指心理活动的速度和稳定性，例如，直觉的速度、思维灵活程度、注意力集中时间的长短；心理活动的强度，如情绪的强弱，意志努力的程度；心理活动的指向性，如有人倾向外部事物，有人倾向内心世界等。

这些相对稳定的心理动力特征的相互联系和相互作用，使人的日常活动均带有一定的色彩，形成一定的风貌。世上为什么没有两个完全相同的人，犹如树上没有完全相同的两片叶子一样。气质影响个体活动的一切方面，具有某种气质特征的人，在内容完全不同的活动中会显示出同样性质的动力特点。它仿佛可使一个人的整个心理活动都涂上个人独特的色彩。例如，一个学生每逢考试就表现出激动，等待朋友时坐立不安，参加比赛前沉不住气，并且经常抢先回答教师的提问，这个学生具有情绪激动的气质特征(我们常常说这是一个情绪化的人)。气质相当于人们日常生活中所说的脾气、秉性或性情。

英国的一些心理学家将"气质"看作"人格"的同义词，但大多数心理学家将气质看作人格的一个组成部分。人们对气质的含义主要有以下三种观点。

(1) 强调个体的情绪。西方一些心理学家认为气质是个体的习惯性的情绪反应。

(2) 偏重生理因素。有些心理学家认为，气质是个体生理特征的表现。这种看法与气质的原始含义极为接近。例如，麦独孤(McDougall)就认为气质是"体内的新陈代谢或化学变化对心理活动产生的总效应"。

(3) 强调动作反应。有些心理学家认为气质是个体反应的独特模式。奥尔波特(Allport)指出："气质指与个体的情绪有关的各种现象，包括个体对情绪刺激的敏感性、习惯的反应强度与速度以及主导心境的特性、强度与变化等特点，这些个人情绪上的特有现象常随体质而定，因此大部分起因源自遗传。"

我们在这里将气质视为人格的一部分，将气质、性格与能力融合为一体的个性心理倾向表现的形式作为气质来分析。

二、气质的特性

1. 气质的动力特性

气质的动力特性体现为：①心理活动的强度：情绪的强弱、心理体验的程度。②心理活动的速度：知觉速度(反应快慢)、思维灵活度和反应敏捷度等。③心理活动的稳定性：注意力集中的程度和意志力的强弱。④心理活动的指向性：人倾向于外界获得的印象，或倾向于内部，体验自己的情绪，分析自己的思想和感觉等。

2. 气质具有天赋性和遗传性因素

每个人都具有先天性的心理特征，这些特征构成了个人独特的心理活动基础。与生俱来的心理特征是稳定的，是人生固有的，它决定了个人的心理活动动力方面的自然属性，因而使每一个人均独具自己特有的色彩。例如，"诚实与虚伪、勤奋与懒惰、公正与自私"等都是天生的，这些天赋的心理活动特性是很难改变的，正如俗语所言："江山易改，本性难移。"但是在环境和教育的影响下，气质特点并非一成不变，只是这种变化较为缓慢和困难。

三、气质学说

1. 四液说

古希腊著名的医生、哲学家希波克拉底(Hippocrates)认为，每一个人之所以独具特色，是因为在他们身上具有四种体液：血液、黏液、黄胆汁和黑胆汁，这四种体液构成了人体的性质。这四种液体的对应关系如表 13-1 所示。

希波克拉底认为，四种液体在人体中配合协调人就健康，比例失调人就生病，人的气质取决于这四种液体的混合比例，哪一种液体在人体内占优势，其人就属于哪一种气质类型。他的学说在现实生活中和我们观察到的四种气质类型的典型特点极为一致，相当吻合，所以他的学说对后人关于气质类型的研究产生了较为深远的影响，受他的影响，气质类型的名称一直沿用了 2000 多年。

表 13-1　四种液体的对应关系

四　液	生理基础	气质类型	特　点
黄胆汁	生于肝	胆汁质	热烈易怒
血液	生于心脏	多血质	热情易变
黑胆汁	生于脾(胃)	抑郁质	稳慎迟缓
黏液	生于脑	黏液质	细微抑郁

2. 阴阳五行说

我国早在《内经》医学典籍中对阴阳五行学说就有深刻的研究,在《周易》《尚书》等哲学著作中也对阴阳五行说进行过探讨。可见,我国对人类体型、体液的研究是很早的。阴阳五行说按阴阳之强弱将人分为太阳、少阳、太阴、少阴、阴阳平衡。阳即为兴、强、活之意;阴则为抑、弱、冷之说。五行思想是古代的医学家把五行"金、木、水、火、土"与五脏、五色联系起来。其对应关系如表 13-2 所示。

表 13-2　阴阳五行说对应关系

五　行	五　脏	五　色	阴　阳	特　点
金	肺	白色	太阳	刻板
木	肝	青色	厥阴阳	安静
水	肾	黑色	少阴	善欺
火	心	赤色	少阳	实效
土	脾	黄色	太阴	忠厚

小知识

五　行　人

《黄帝内经》中的《灵枢经》中根据五行和五形进行"人格五分法"。如,对五行人作了如下的描述。

"木形之人,其为人苍色,小头、长面、大肩背、直身、小手足……为才、好劳心、少力、多忧劳于事",意思是说木形人,肤色苍白,头小面长,两肩宽阔,背部挺直,身体弱小,体力不强,手足灵活,有才智,好用心机,多忧劳于事物,非常劳心。这一类人属于足厥阴肝经,他的特点是柔美而安静。

"火形之人,其人赤色,广今、锐面小头、好肩背髀腹,小手足,行安地,疾心,行摇,肩背肉满……有气、轻财、少信、多虑、见事明、好颜、急心"。这一类人皮肤呈赤色,齿根宽广,脸型尖瘦,头小,肩背髀腹匀称,手足小,行路步履急速摇动,脊背肌肉宽厚。有气魄,轻财,缺乏信心,多忧虑,对事物观察和分析很敏锐、明白、清楚,爱美,性情急躁。这一类人属于少阳心经,他们的特征是讲求实效,对事物的认识很深。

　　"土形之人，其为人黄色，圆面，大头，美肩背，大腹、美股胫，小手足，多肉，上下相称，行地安，举是浮……安心、好利人，不喜权势，善附人也"。这一类人肤色略黄，面圆头大，肩背丰满而健美，腹大，从大腿到足胫都很健壮，手足小，肌肉丰满，全身上下各部分都很匀称，步履稳定，举足很轻。这一类人很安静，不急躁，做事足以取信于人，助人为乐，不喜欢权势，爱结交人。这种人属于太阴脾经，他们的特征是诚恳而忠厚。

　　"金形之人，其人方面，白色，小头，小肩背，小手腹，小手足，如骨发踵外，骨轻……身清廉，急心、精悍、善为吏"。他们的特征是面方，皮肤白，小头，小肩背，小腹，小手足，足跟坚厚大，其骨如生在足踵的外面一样，骨轻……他们行动轻快，秉性廉洁清白，性情急躁刚强，不动则静，动时则猛悍异常，果断利索，办事认真。这种人属于太阴肺经，他们的特点刻薄寡恩，对任何事物都不肯徇私。

　　"水形之人，其人为黑色，面不平，大头，广额，小肩，大腹，动手足，发行摇身，下长，背延延然……不敬畏，善欺坑人……"水形人的特点是，皮肤黑色，面部多皱不光整，头大，额部宽阔，两肩小，腹部大，手足好动，骨和脊背很长，行路时摇摆身体。对人的态度既不恭敬又不畏惧，善于欺诈。此种人属于少阴肾经，他们的特征是人格卑下。

　　我国的阴阳五行学说与四液说如出一辙，颇有异曲同工之妙。

(资料来源：姚春鹏. 黄帝内经[M]. 北京：中华书局，2010.)

3. 高级神经活动类型说

　　苏联著名生理学家巴甫洛夫(Pavlov)认为：人类高级神经活动过程就是兴奋与抑制的过程，兴奋与抑制过程的强度、平衡性与灵活性决定了人类特有的高级神经活动类型，也称之为兴奋、抑制学说。

　　兴奋过程是跟有机体的某些活动的发动或加强相联系的；抑制过程是跟有机体的某些活动的停止或减弱相联系的。二者相互依存、相互转化。例如，清醒时兴奋占优势，睡眠时抑制占优势。

　　神经过程的强度，是指大脑皮层经受强烈刺激或持久工作的能力。强刺激引起强兴奋，弱刺激引起弱兴奋。但是，刺激物很强时，并不是所有的有机体都能以相应的兴奋对它发生反应，兴奋过程强的人，对很强的刺激能形成和保持条件反射；兴奋过程弱的人，对很强的刺激不能形成条件反射，并且抑制和破坏已经建立的条件反射，甚至会导致神经活动的"分裂"。抑制过程较强的动物可以耐受不间断的内抑制 5～10 分钟，而抑制过程弱的动物则不能耐受持续 15～30 秒钟的内抑制，甚至会导致中枢神经系统的病变。

　　神经过程的平衡性，是指兴奋过程和抑制过程之间力量的对比。兴奋过程的强弱和抑制过程的强弱大体上相近即是平衡的，其兴奋过程和抑制过程的强弱出现较大的差势则是不平衡的。

　　神经过程的灵活性，是指对刺激物的反应速度以及兴奋过程与抑制过程相互转换的速度。如有的人灵活，有的人不灵活。我们把神经系统的特性看作"天赋的特性"，研究表明，神经过程的三个特性是变化的，例如，兴奋过程强抑制过程弱的动物，经过训练有可能使抑制过程增强而与兴奋过程相平衡。

巴甫洛夫根据神经活动系统的三种特性将高级神经活动分为四种类型。

(1) 强、平衡而灵活的类型。健康、坚强、充满活力的神经活动类型。这是一种最完善的类型，这种类型的人比其他类型的人能较好地与环境维持平衡。这种类型的人受刺激时活泼、灵敏，没有受刺激时倾向于昏沉。他们很容易建立抑制性条件反射。在不良的环境中，这种类型的人也难以出现神经性疾病。

(2) 强、平衡而不灵活的类型。能够良好地适应环境。这种类型的个体兴奋过程和抑制过程都强，而且平衡，这是一种坚韧而行动迟缓的类型。由于神经过程不灵活，这种类型的个体很难适应快速变化的环境。即使生活在不良的环境中，也很难出现神经性疾病。

(3) 强而不平衡的类型。个体兴奋过程强于抑制过程，这是一种容易兴奋、不受约束的类型，所以也称为不可遏制型。在特别强的抑制情境中，这种类型的个体倾向于抑郁和昏沉，或者产生难以遏制的行为或攻击性行为。

(4) 弱型。这种类型的个体需要特殊的环境才能生存，他们难以建立条件反射。这种类型的个体神经细胞很弱，所以正常强度的刺激也会引起他们的保护性抑制，在新刺激作用下，会产生错乱，甚至衰竭。这种类型的个体常见于神经官能症，他们也很难对抑制性刺激作出反应。环境中的快速、经常性的变化会引起行为错乱。弱型具有一定的保护性，他们只有在特定的环境中生活才有价值。

强、平衡而灵活的类型称为活泼型；强、平衡而不灵活的类型称为安静型；强而不平衡的类型称为兴奋型；弱型称为抑郁型。这些高级神经活动的类型，是人的气质形成的生理基础。这种观点得到了人们的认可与接受。

高级神经活动类型与气质类型对应关系如表 13-3 所示。

表 13-3　高级神经活动类型与气质类型对应关系

高级神经活动类型			气质类型	参 照 系
强型	不平衡型(不可遏制型)		胆汁质	常见
	平衡型	灵活(活泼型)	多血质	最常见
		不灵活(安静平衡型)	黏液质	常见
弱型(抑制型)			抑郁质	少见

四、四种典型的气质类型

现代心理学研究了人身上一些共同的或近似的心理活动动力特征的规律，根据人的感受性、耐受性、敏捷性、兴奋性以及内倾、外倾等特征不同程度的结合，按其规律，组织分类，并参照或者说沿用了古希腊著名医生希波克拉底的学说，根据这些心理活动的动力特征分门别类地归纳出了四种气质类型，虽说科学依据尚显不足，但是得到了心理学界的普遍认可。气质可分为如下四种典型类型。

1. 胆汁质

胆汁质的特点是强烈的兴奋过程，较弱的抑制过程，情绪难以自制，反应敏捷，行动

果断，明显的外倾型。此类人精力充沛，敢说敢干，热情直爽，勇往直前，敢冒风险，冲动莽撞，易怒易躁，激动热烈。

2. 多血质

多血质的特点是情绪兴奋度强，具有灵活性和较高的可塑性，适应性强但稳定性较差，具有外倾性。此类人活泼好动，思维敏捷，情绪易变，朝气蓬勃，注意力涣散，兴趣易变，聪明伶俐，善与人交，天真活泼。

3. 黏液质

黏液质的特点是兴奋和抑制过程比较平衡，感情不易兴奋，不易激动，有较强的稳定性和持续性，反应较慢，不易外露，较为内倾。此类人沉着冷静，反应缓慢，坚韧练达，老练，态度稳重，交际适度，注意力稳定，埋头苦干，忍耐力强，沉默稳重。

4. 抑郁质

抑郁质的特点是较强的抑制过程，较弱的兴奋过程，反应缓慢迟钝，感情细腻、深刻，严重内倾。此类人沉默寡言，敏感多疑，意倦，审慎小心，观察力强，注意细节，不善交际，喜欢独处，行动缓慢，胆小心细，孤僻冷漠。

以上四种类型的人在对待同一事物中，他们的心理活动、言语表现、行为方式会各不相同。例如，工作中遇到挫折失败，胆汁质的人会暴躁易怒，不问青红皂白与人争斗；多血质的人则会问明问题的症结，在接受教训的同时，他会很风趣地回敬别人，很快地把不愉快的事转移；黏液质的人则会蹲在一旁生闷气，不肯轻易发表意见；而抑郁质的人则经受不住打击，会多疑别人瞧不起自己，可能一蹶不振，成为精神负担。这是比较明显的四种气质类型的不同表现。但是在现实生活中，一个人往往是同时具有几种气质类型特点的混合型。

气质类型特征具体如表 13-4 所示。

表 13-4　气质类型的具体特征

气质类型	高级神经活动类型	气质心理特征的组合	行为方式的典型表现
胆汁质	强而不平衡型(不可遏制型)	感受性低，有一定耐受性，反应快而不灵活，情绪兴奋性高，抑制能力差，外倾性明显，行为有一定的可塑性	直率、热情、精力旺盛、情绪激动、心境变换剧烈、脾气急躁
多血质	强而平衡灵活型(活泼型)	感受性低，耐受性高，反应快而灵活，情绪兴奋性高，外部表露明显，外倾性明显，行为可塑性大	活泼好动、敏感、反应迅速、喜欢与人交往，注意力易转移，兴趣易变化，缺乏持久力

续表

气质类型	高级神经活动类型	气质心理特征的组合	行为方式的典型表现
黏液质	强而平衡(不灵活型)安静型	感受性低，耐受性高，反应缓慢，具有稳定性，情绪兴奋性、外倾性明显，行为有可塑性	安静、稳重、反应缓慢，情绪不易外露，注意力稳定，难转移，善于忍耐
抑郁质	弱型(抑制型)	感受性高，耐受性低，速度慢，刻板而不灵活，情绪兴奋性高而体验深，内倾性特别明显，行为可塑性小	情绪体验深刻，行动迟缓，能察觉他人不易察觉的事情，富于幻想，胆小

气质本身并无好坏之分。气质并不决定人的性格品德，任何气质类型的人，都既可能养成良好的品质和习惯，也可能形成不良的品质和习惯。无论哪一类气质类型都有其闪光的一面，也都有其晦涩的一面，即积极的一面和消极的一面。举例如下。

胆汁质：聪慧活泼——积极；注意力涣散——消极。

黏液质：沉着稳重——积极；固执淡漠——消极。

抑郁质：观察细腻——积极；多疑多虑——消极。

多血质：热情敏捷——积极；急躁易怒——消极。

由此看来，无论哪一种气质类型的人都各有所长、各有所短，人生事业成败不在于气质本身，而在于驾驭气质的能力。

气质是与生俱来的心理动力特征，打上深深的遗传烙印，对于一个人来说没有选择的余地，重要的是了解自己，自觉地发扬自己气质中积极的方面，努力克服气质中的消极方面。

五、气质与性格

气质、性格与能力是个性心理特征的三个重要方面，其中，气质与性格的关系尤为密切。"气质"这一概念与我们平常所说的"秉性""脾气"相近似。气质是人生来就具有的心理活动的动力特征。例如，情绪体验的强度、意志努力的强度；知觉的速度、思维的灵活程度、注意力集中时间的长短。有的人倾向于外部事物，从外界获得新印象；有的人倾向于内心世界，经常体验自己的情绪，分析自己的思想和印象等方面在行为上的表现。

性格是个人对现实的稳定的态度和习惯化了的行为方式。性格是人对现实的态度和相应行为方式中较为稳定的心理特征的结合。例如，有的人谦虚谨慎，克己奉公；有的人狂妄自大，懒惰自私；有的人勤勤恳恳，认真负责；有的人马马虎虎，敷衍塞责；有的人真诚热情，团结友爱；有的人虚伪奸诈，对人冷漠。所有这些都表明人对周围事物、事业、同事的不同态度和行为方式，都属于性格特征。

性格是反映人的精神面貌的主要标志，一个人的兴趣爱好、行为习惯、知识技能，都以性格为核心而转化，所以，性格可以从本质上反映一个人的个性特征。

性格不是先天具有的，而是在长期的社会活动、劳动实践和环境教育中逐步形成发展的，遗传因素不起决定性作用。

气质是先天形成的，在一生中都比较稳定，但气质也具有一定的可塑性，在极为恶劣的条件，或重大生活事件的作用下，气质也会发生显著变化，但是在适当的条件下还会复原。"江山易改，本性难移"中的本性就是指与生俱来的"气质"。

因此，气质是后期性格形成的基础，如冲动、暴躁就是气质，内外向就是性格。

1. 气质与性格的区别

气质与性格都是描述个人典型行为的概念。它们的区别主要表现在下列三个方面。

(1) 从起源上看，气质是先天的，一般产生在个体发生的早期阶段，主要体现为神经类型的自然表现。性格是后天的，在个体的生命开始时期并没有性格，它是人在活动中与社会环境相互作用的产物，反映人的社会性。

(2) 从可塑性上看，气质的变化较慢，可塑性较小；即使能改变，也很不容易。性格的可塑性较大，环境对性格的塑造作用是明显的。

(3) 气质所指的典型行为是它的动力特征而与行为内容无关，因而气质无好坏善恶之分。性格主要是指行为的内容，它表现为个体与社会环境的关系。从社会评价的角度来看，性格有好坏善恶之分。人们总是把正直、诚实、勤劳、勇敢、谦虚、认真等看成是良好的性格特征；而把阴险、狡诈、懒惰、怯懦、骄傲、马虎等看成是不良的性格特征。气质没有好坏之分，在评定人的气质时，我们不能说什么气质是好的，什么气质是不好的。因为，每一种气质都有其积极的方面和消极的方面。例如，多血质的人情绪丰富、工作能力强、容易适应新的环境，但注意力不稳定，兴趣容易转移。抑郁质的人感情比较细腻，做事审慎小心，观察力敏锐，善于察觉到别人不易察觉的细小事物，但耐受能力差，容易感到疲劳，容易产生慌张失措的情绪。黏液质的人容易养成自制、镇静、安宁、不急躁的品质，但也容易对周围事物冷淡、不够灵活。胆汁质的人精力充沛、态度直率，能以极大的热情投入工作，但易暴躁，在精力消耗殆尽时易失去信心，情绪易转为沮丧。

具备上述几点完善性格的人可能外向型的人多一点。不过，内向型的人也不必气馁，因为性格可以锻炼。您不妨从打招呼开始，见面点点头，问个好，日久天长以后人们也会觉得某某变了，他和人说话了，这样受到鼓励以后，他可能也增强了人际交往的信心和能力。不必把自己性格内向或外向作为一个包袱，因为每个人的性格和气质有所长也有所短，只要在实际生活中努力发挥自己的优点克服自己的短处，你就可能拥有成功的人生。

2. 气质与性格的密切联系

从气质对性格形成的影响上来看。首先，气质会影响个人性格的形成。因为性格特征直接依赖于教育和社会相互作用的性质和方法。气质作为性格形成的一种变量在个体发生的早期阶段就会表现出来。有些婴儿喜欢哭或笑，有些婴儿安静，有些婴儿很好动，这些气质特征必然会影响家庭环境，影响父母或其他哺育者的不同行为反应。一个人的性格就是在这种不同性质的教育和社会环境的相互作用过程中逐渐形成的。其次，气质可以按照自己的动力方式，渲染性格特征，从而使性格特征具有独特的色彩。例如，同样是乐于助

人的性格特征，多血质者在帮助别人时，往往动作敏捷，情感明显表露于外，情绪饱满、精力充沛；而黏液质者可能动作沉着，情感不表露于外，表现为踏实肯干、操作精细。同样是勇敢的性格特征，胆汁质的人可能表现为猛打猛冲、怒不可遏；而黏液质的人则可能表现为沉着应战、威武不屈。最后，气质还会影响性格特征形成或改造的速度。例如，要形成自制力，胆汁质的人往往需要作极大的努力和克制，形成之后也很不稳定；而抑郁质的人则比较容易形成，他不用特别抑制自己就能办到。再从性格对气质的影响上来看，性格也可以在一定程度上掩盖或改变气质，使它服从于生活实践的要求。例如，侦察兵必须具备冷静沉着、机智勇敢等性格特征。在严格的军事训练的实践活动中，这些性格特征的形成有可能掩盖或改造着胆汁质者易冲动和不可遏制的气质特征。

3. 气质与性格的相互制约

由于性格更多地受社会生活条件的制约，它又是个性心理特征的核心，因而会在一定程度上掩盖和改造气质，即掩盖和改造神经活动类型的特性。例如，从事精细操作的外科医师所应具备的沉着的性格特征，在形成过程中就有可能改造从事此职业的胆汁质者的容易冲动和不可遏制的原有气质特征。

气质类型相同的人，当然容易形成相同的性格特征，但也可以形成不同的性格特征。气质类型不同的人，既易形成不同的性格特征，也可以形成相同的性格特征。例如，胆汁质的人，既可以是热情、积极、朝气蓬勃的人，也可以是鲁莽粗暴、不能忍耐、爱发脾气的人。多血质的人，既可以是活泼、亲切而有生气的人，也可以是轻率肤浅而轻举妄动的人。黏液质的人，既可以是恬静、沉着、稳重的人，也可以是懒惰、萎靡不振、对一切事物漠不关心的人。抑郁质的人，既可以是情感深刻而善解人意的人，也可以是孤僻羞怯而郁闷的人。

通常，一个人的气质在童年期表现得比较明显。随着年龄的增长，积累的生活经验日益丰富，他的某种气质特点也就更多为后天获得的个性特征所掩盖。在成人身上，气质和性格往往是有机地交织在一起的，表现为一个人特定的态度体系和行为模式。在日常生活中，我们往往很难把气质和性格严格区分开来。

六、气质与人格

人格是一个人区别于他人的独特的整体特性，包括气质、性格与能力。气质，是体现在高级神经活动类型上的差异；性格，是体现在社会道德评价方面的差异；能力体现人的综合素质与自我发展的差异。

人格是一个人与社会环境相互作用表现出的一种独特的行为模式、思维模式和情绪反应的特征，也是一个人区别于他人的特征之一。因此人格就表现在思维能力、认识能力、行为能力、情绪反应、人际关系、态度、信仰、道德价值观念等方面。一般地讲，人的性格的形成与生物遗传因素有关，但是人格是在一定的社会文化背景下产生的，所以也是社会文化的产物。

从心理学角度讲，人格包括两部分，即性格与气质。性格是人稳定个性的心理特征，

表现在人对现实的态度和相应的行为方式上。从好的方面讲，人对现实的态度包括热爱生活、对荣誉的追求、对友谊和爱情的忠诚、对他人的礼让关怀和帮助、对邪恶的仇恨等；人对现实的行为方式比如举止端庄、态度温和、情感豪放、谈吐幽默等。人们对现实的态度和行为模式的结合就构成了一个人区别于他人的独特的性格。在性格这个问题上，恩格斯曾说，人的性格不仅表现在做什么，而且表现在怎么做。做什么说明一个人在追求什么，拒绝什么，反映了人对现实的态度；怎么做说明人是怎么追求的，反映了人对现实的行为方式。性格从本质上表现了人的特征，而气质就好像是给人格打上了一种色彩、一个标记。气质是指人的心理活动和行为模式方面的特点，赋予性格光泽。同样是热爱劳动的人，可是气质不同的人表现就不同：有的人表现为动作迅速，但粗糙一些，这可能是胆汁质的人；有的人很细致，但动作缓慢，这可能是黏液质的人。气质和性格就这样构成了人格。

第二节　气质的培养

这里所提到的气质培养，实际上主要是人格(气质、性格、能力)的培养，因此，这里所讲的气质，是一种内在修养和外在形象的结合，是一种说不清、道不明却又让人真真切切感受到的美，是可以征服人的内心的一种形象，与漂亮不漂亮无关，是厚重的文化底蕴与素质修养的升华，是经得起时间考验的人格魅力与高雅气质。要想培养自身良好的气质，首先要明确良好气质的基本要求，然后掌握正确的培养方法，长期坚持，一定会达到完善原有气质特征，塑造完美形象的目的。

一、良好气质的要求

良好的气质包括内在气质和外在的气质，是以其丰富的内在素养为底蕴，加上外在形象的塑造而构成的。内在的优良气质应该是：远大的理想和坚定的信念、高尚的道德品质、扎实的文化知识、良好的心理素质以及积极的创新精神和实践能力。外在的优良气质应该是：在待人接物、为人处世和日常外事交往等活动中行为得体、语言文明、礼仪庄重、着装得体大方。通过这种内在和外在的气质培养，完全能够塑造一种既有人格魅力又具有高雅气质的比较完整的优良气质形象。

如果一个人没有理想、缺乏道德、知识匮乏，就会造成内心空虚，那就无法表现出内在的气质美。而外在的气质又是通过在内在素养孕育的基础上，加上得体的行为举止、文明的语言、庄重的礼仪礼节、大方得体的着装等多方面体现出来，形成一种比较完整的优良气质形象。

良好气质的要求有以下几点。

1. 合适的感受性和灵敏性

感受性是指个体对外界刺激达到多大强度时才能引起反应；灵敏性是指个体心理反应的速度和动作的敏捷程度。感受性过高，势必造成精力分散，注意力不集中，影响正常工作；感受性太低，也会出现怠慢现象，必须随时调节感受性和灵敏性至合适状态。

2. 忍耐性和情绪兴奋性不能太低

忍耐性是指个体遇到各种刺激和压力时的心理承受能力。情绪兴奋性是指个体遇到高兴和扫兴的事情时，是否能够控制自己的情绪。人在遇到挫折、压力、巨大挑战的时候，情绪都会有波动，如遇到尖酸刻薄的人、不可理喻的事能够控制情绪，保持良好状态，体现出很高的素养就显得很重要。面对这样的问题时，要选择积极的、催人奋进的语言给自己打气，进行心理暗示，告诉自己一定可以战胜挫折。

3. 自信

自信就是相信自己，深信自己有能力去完成自己所担负的各种任务。自信心就像人的能力的催化剂，能将人的一切潜能都调动起来，将各部分的功能推动到最佳状态。而高水平的发挥在不断反复的基础上，会逐渐巩固成为人的本性的一部分。自信的人表现在对工作的积极性和主动性上，会产生战胜困难的巨大勇气；缺乏自信是一个人性格软弱的表现，表现为缩手缩脚、犹豫不决，因丧失勇气而自卑。

小故事

小泽征尔因自信而取胜

小泽征尔是世界著名的交响乐指挥家。在一次世界优秀指挥家大赛的决赛中，他按照评委会给的乐谱指挥演奏，敏锐地发现了不和谐的声音。起初，他以为是乐队演奏出了错误，就停下来重新演奏，但还是不对。他觉得乐谱有问题。这时，在场的作曲家和评委会的权威人士坚持说乐谱绝对没有问题，是他错了。面对一大批音乐大师和权威人士，他思考再三，最后斩钉截铁地大声说："不！一定是乐谱错了！"话音刚落，评委席上的评委们立即站起来，报以热烈的掌声，祝贺他大赛夺魁。

原来，这是评委们精心设计的"圈套"，以此来检验指挥家在发现乐谱错误并遭到权威人士"否定"的情况下，能否坚持自己的正确主张。前两位参加决赛的指挥家虽然也发现了错误，但终因随声附和权威们的意见而被淘汰。小泽征尔却因充满自信而摘取了世界指挥家大赛的桂冠。

(资料来源：http://www.honggushi.com/Article/cgjl/200909/11344.html, 2009-09-21)

4. 诚实

诚实待人和诚实待己。一是对人讲真话，忠诚老实，不弄虚作假，不阳奉阴违；二是要诚实地对待自己，如实地反映自己的优缺点，恰当地评价自己。相信别人，待人真诚，并能积极倾听别人的想法，从他们的行为中寻找优点。恰到好处地推崇赞扬别人。

5. 谦虚

谦虚是一种公认的美德，是一种良好的个性品质。"满招损，谦受益""莫言人非，莫道己长"确实是一种境界和修养。

6. 宽容

宽容，就是能够容忍，有气量，不过分计较和追究，能够谅解他人。做到：一是能以大局为重，不计较个人得失，在非原则性问题上能够忍让；二是团结和自己意见不同甚至相反的人共事，求大同而存小异，保持良好的人际关系；三是不嫉贤妒能，绝不能心胸狭窄。

宽容不是简单地忍受，而是理解、同情、练达、包涵，是因大而容，因容而大。无论遇到多么大的困难，都要认真解决，任何时候都不要为自己的错误找借口，诚恳地感谢指出自己错误的人，同时对他人做错事时要给予谅解与包容。保持心情愉快、舒畅，不为芝麻小事烦心，保持阳光心态。

7. 具有较强的观察力和准确的判断力

具有敏锐的观察力，通过着装、表情、言谈举止对人和事进行准确的判断。

8. 出色的表现能力和表达能力

通过自己的语言、行动和表情，完整、准确、恰当地表达自己的观点和思想。展示自身的魅力。

以上这些都是很完善的人格特征，是人的一生中努力追求和完善的目标。只有完美的人格，才能散发出无尽的气质魅力。

二、良好气质的培养

举止得体、语言文明大方、人际关系和谐是完美人格、高雅气质的展现，那么如何培养良好的气质，树立良好的个人形象呢？

1. 培养内在美

精神世界的美与丑是形成气质的内在根源。唯有美好的情操，才有照人的风采。长期的思想文化和道德品质的修养是形成良好气质的重要因素。为此要倍加珍惜自己的青春年华，立志高远，努力学习，加强道德文化修养。培根说过，"读史使人明智，读诗使人灵秀，数学使人周密，科学使人深刻，伦理学使人庄重，逻辑学使人善辩；凡有所学，皆成性格"。唯有内在美，才能导致外在美。而内在美的形成非一日之功，它需要不懈地努力，不断地积累，不断地进行思想文化和道德情操的修养，才能逐渐培养起来。

首先要树立崇高的理想信念。这是现代人培养气质美的基本前提。理想信念是人生奋斗的目标和指路明灯，没有理想信念的追求和支撑，人只能浑浑噩噩、内心空虚、萎靡不振，所以有人说：没有理想信念的青春是灰色的，没有理想信念的行为是盲目的，没有理想信念的生活是乏味的。现代人一旦树立了坚定的理想信念，就会朝气蓬勃、充满斗志、乐观向上，朝着明确的目标，以坚强的毅力，努力提高精神境界，塑造高尚的人格。这样，就会在工作和生活中塑造出美好、阳光的气质和风度。

其次要培养高尚的道德品质。道德品质的纯洁高尚或庸俗低下是一个现代人是否受欢迎的分水岭。道德高尚的人具有爱心、诚信、真心，以热爱祖国、服务人民、崇尚科学、

辛勤劳动、团结互助、诚实守信、遵纪守法、艰苦奋斗为自己的道德准则,使自己成为引领社会主义道德风尚的楷模。

2. 培养语言美

古人云:"言,心声也;书,心画也。"语言是心灵之窗,其粗俗与文雅,是一个人道德情操和知识水平的反映。因而大学生要在培养健康、文雅、深刻的语言上下功夫。首先,要有健康的语言,即语言所表达的内容要健康、高尚、清洁。健康的语言产生于美好的心灵。一个志向远大、品德高尚、内心充实的大学生,自然会将粗鄙的内容排斥于谈吐之外;相反,满嘴污言秽语的人,也正反映出他心灵深处的肮脏。因此,语言美首先要使语言的内容美。其次,要有文雅的语言,即语言要讲究艺术。语言是人与人交往的桥梁。俗话说:"良言一句三冬暖,恶语伤人六月寒。"高雅优美的语言可以消除误会,增进友谊;相反便会造成隔阂,甚至酿成大祸。最后,大学生的语言一定要有深刻性。不论是与人交谈、会上发言,还是写文章,都要有深度,有一定的见解和水平,切忌言之无物的空话。因此大学生要在培养健康、文雅、深刻的语言上下功夫。

3. 培养鲜明的个性

良好的气质还表现在鲜明的个性上。现代人要注意个人的涵养,遇事不急、不慌、不怒、不狂;待人接物有主见、有智慧、有度量、有修养,能体贴人、谦让人、帮助人。要做到:高雅但不高傲、自尊但不自负、温柔但不懦弱、活泼但不轻浮、开朗但不粗俗、天真但不幼稚、成熟但不世故。

4. 培养高雅的兴趣爱好

兴趣爱好的广泛性也是气质美的内涵之一。作为现代人要努力做到一专多能。一专就是对自己所学的专业、所从事职业的相关知识、业务能力要刻苦钻研、专心致志、有所发明、有所创造。多能就是兴趣爱好广泛,培养爱美之心。如爱好文学、喜欢读书可以让你了解人情世故,还可以提高语言表达能力,显得有书卷气;爱好音乐可以让你更热爱这个动感的世界;爱好美术可以让你感受色彩的美丽,享受这五彩缤纷的世界;爱好体育和舞蹈可以让你身健体美,让病痛远离你,让健康伴随你。总之,高雅的脱离了低级趣味的广泛的兴趣爱好,可使人在其中学会欣赏美、追求美、创造美、表现美、演绎美,处处散发出特有的魅力,显示出与众不同的高雅气质。

5. 培养高雅的举止

高雅的举止不仅能在外观上给人以美感,而且有利于团结与合作,是气质美的重要标志。培养高雅的举止,应做到如下几点。

(1) 彬彬有礼。中华民族素称礼仪之邦,彬彬有礼的气质风度历来广受人们的赞誉。待人彬彬有礼,获得的将是友谊和尊敬。

(2) 严守纪律。遵守纪律恰恰是有知识、有教养的表现。每个人都应该养成严守纪律的良好习惯。

(3) 豁达大度。豁达大度是一种性格、气质美，它表明一个人待人接物通情达理颇有胸怀，有最大限度的理解和容忍，能够抛弃心胸狭隘和易怒的性格。有的人心胸狭窄，不能容人，常因一点小事就暴跳如雷，或出口伤人，或大打出手，这是个性修养上的一大缺陷。因此，应注意克服这些缺陷。

6. 培养美观的仪表

仪表是首先映入人们眼帘的气质表现。注重仪表美是热爱生活、积极向上的表现，而不修边幅、邋遢萎靡则是消极颓废的反映。对每个人来说，整洁、朴素、大方的仪表最美。苏联诗人马雅可夫斯基赞美说："世界上没有任何一件衣衫能比健康的皮肤和发达的肌肉更美丽。"每个人在珍惜自己的自然美的同时，如果能根据自身的形体特点和情趣爱好，恰到好处地锦上添花，使本来的自然美与修饰美浑然一体、相映生辉，那就更美了。爱美是可贵的，但美并不等于浓妆艳抹。托尔斯泰(Lev Tolstoy)在《安娜·卡列尼娜》一书中描写了这样一个故事：年轻的姑娘吉堤为了和安娜争美，参加舞会前打扮了一整天，她穿上最华贵的衣服，连裙子的每一个褶皱都考虑过了，以为稳操胜券。可是到舞会上一看，安娜只穿了一件黑色天鹅绒长袍，未作任何修饰。然而在那些珠光宝气、浓妆艳抹、五光十色的贵夫人之间翩翩起舞，却显得冰清玉洁，光彩照人，使举座倾倒。这时的吉堤感到自己身上的装饰品和华贵的衣服是多么多余，那些贵夫人就更显俗气了。从这个故事中可以看出，过多的修饰只能破坏青春之美，而淡雅、朴素、大方的服饰却能起到绿叶映红花的作用。

总之，良好的气质不是生来就有的，而是经过后天的努力长期培养起来的。人的气质美是各具特色的，气质美的表现形式是因人而异的，因此不能生硬机械地模仿，只能长期培养。

思考与训练

1. 什么是气质？气质具有哪些类型和特点？
2. 气质与性格是一成不变的吗？如何理解"江山易改，本性难移"这句话？
3. 良好的人格具有哪些要求？
4. 如何培养良好的气质？
5. 案例分析。

周恩来语惊四座

看过《周恩来外交风云》的人不会忘记：在日内瓦会议和万隆会议上，周恩来以其卓越才智和个人魅力，为和平解决印度支那问题、促进亚非会议作出了历史性的贡献。他的举手投足，都展现出一个彬彬有礼、温文尔雅、和蔼可亲的东方美男子形象。1954 年，当周恩来代表中国出现在日内瓦会议上时，他的风采，他的气质，他的落落大方、不卑不亢的外交才干令所有人为之惊叹、为之折服，令西方国家对新中国的总理刮目相看。在万隆会议上，周恩来又以其风度与个人魅力从会前需要"老前辈"介绍而变为会后公认的"外

"交明星",他所倡导的"和平共处五项原则""求同存异"方针也产生了深远的影响,被广泛认可为处理国与国之间关系的基本准则。

周恩来那优雅的充满独特魅力的翩翩风度,倾倒了多少不同国度不同民族甚至不同信仰的人,令多少人为之惊叹与折服!

一次,周恩来东南亚之行,在告别前举行的记者招待会上,周恩来彬彬有礼地回答着每一位记者的提问。会场上,所有的记者即使不能得到满意的答复,也无法挑剔周恩来的风度。在记者招待会即将结束前,一个外国姑娘向周总理问道:"周恩来先生,能不能问您一个私人问题?"

周恩来很坦诚地点头,微笑着说:"可以。"

"您已经60多岁了,为什么仍然神采奕奕,记忆非凡,显得这样年轻、英俊?"

场内顿时响起友善的笑声和议论声,看得出:很多中国人认为自己的总理配有长生不老药。

然而,这位素有"东方第一美男子"之称的周恩来总理,声音洪亮地回答道:"因为我是按照东方人的生活习惯生活,所以我至今很健康。"顿时,场内掌声如潮!多少年来,东方人从来都是贫穷、落后、愚昧、病夫的代名词。而如今,有了受人尊敬的周恩来成为东方人的代表,顷刻间,不分国家、不分政见、不分肤色,只要是东方人都感到了荣幸与骄傲!

(资料来源: http://blog.sina.com.cn/s/blog_4e16931d0100coxp.html.)

思考题

(1) 周恩来具有怎样的气质风度?

(2) 通过观看网上的关于周恩来的图片或者视频,体会其气质风度。

6. 请运用以下《气质测量表》进行自我气质测量

指导语:认真阅读下列各题,对于每一题,你认为非常符合自己情况的记"+2",比较符合的记"+1",拿不准的记"0",比较不符合的记"-1",完全不符合的记"-2"。问题如下所述。

(1) 做事力求稳妥,一般不做无把握的事。

(2) 遇到可气的事就怒不可遏,想把心里话全说出来才痛快。

(3) 宁可一人干事,不愿很多人在一起。

(4) 到一个新环境很快就能适应。

(5) 厌恶那些强烈的刺激,如尖叫、噪声、危险镜头等。

(6) 和别人争吵时总是先发制人,喜欢挑衅别人。

(7) 喜欢安静的环境。

(8) 善于和别人交往。

(9) 是那种善于克制自己感情的人。

(10) 生活有规律,很少违反作息制度。

(11) 在多数情况下,情绪是乐观的。

(12) 碰到陌生人觉着很拘束。

(13) 遇到令人气愤的事，能很好地自我克制。

(14) 做事总是有旺盛的精力。

(15) 遇到事情总是举棋不定，优柔寡断。

(16) 在人群中从不觉得过分拘束。

(17) 情绪高昂时，觉得干什么都有趣，情绪低落时，又觉得干什么都没意思。

(18) 当注意力集中于一事物时，别的事很难使我分心。

(19) 理解问题总比别人快。

(20) 碰到问题总有一种极度恐怖感。

(21) 对学习、工作怀有很高热情。

(22) 能够长时间做枯燥单调的工作。

(23) 感兴趣的事情，干起来劲头十足，否则，就不想干。

(24) 一点小事就能引起情绪波动。

(25) 讨厌那种需要耐心细致的工作。

(26) 与人交往不卑不亢。

(27) 喜欢参加热闹的活动。

(28) 爱看感情细腻、描写人物内心活动的文艺作品。

(29) 工作学习时间长了，常感到厌倦。

(30) 不喜欢长时间谈论一个问题。

(31) 愿意侃侃而谈，不愿窃窃私语。

(32) 别人总是说我闷闷不乐。

(33) 理解问题常比别人慢些。

(34) 疲倦时只要短暂休息就能精神抖擞，重新投入工作。

(35) 心里有话，宁愿自己想，不愿说出来。

(36) 认准一个目标，就希望尽快实现，不达目的，誓不罢休。

(37) 学习或工作同样一段时间后，常比别人更疲倦。

(38) 做事有些莽撞，不考虑后果。

(39) 老师或他人讲授新知识、技术时总希望讲得慢些，多重复几遍。

(40) 能够很快忘记那些不愉快的事情。

(41) 做作业或完成一项工作总比别人花时间多。

(42) 喜欢运动量大的剧烈体育活动，或者参加文艺活动。

(43) 不能很快地把注意力从一件事情上转移到另一件事情上去。

(44) 接受一个任务后，就希望把它迅速解决。

(45) 认为墨守成规比冒险强些。

(46) 能够同时注意几件事物。

(47) 当我烦恼时，别人很难使我高兴起来。

(48) 爱看情节起伏跌宕、激动人心的小说。

(49) 对工作认真严谨，始终保持一贯的态度。

(50) 和周围人的关系总是相处不好。

(51) 喜欢复习学过的知识，重复做熟练的工作。

(52) 喜欢做变化大、花样多的工作。

(53) 小时候会背的诗歌，似乎比别人记得清楚。

(54) 别人说我"出语伤人"，可我不觉得这样。

(55) 在体育活动中，常因反应慢而落后。

(56) 反应敏捷，头脑机智。

(57) 喜欢有条理而不甚麻烦的工作。

(58) 兴奋的事常使我失眠。

(59) 老师讲新概念，常常听不懂，但弄懂以后就很难忘记。

(60) 假如工作枯燥，就马上会情绪低落。

类 型	项 目	总 分
胆汁质	2、6、9、14、17、21、27、31、36、38、42、48、50、54、58	
多血质	4、8、11、16、19、23、25、29、34、40、44、46、52、56、60	
黏液质	1、7、10、13、18、22、26、30、33、39、43、45、49、55、57	
抑郁质	3、5、12、15、20、24、28、32、35、37、41、47、51、53、59	

得分情况：分别把属于每一种气质类型的题的分数相加，得出的和即为该气质类型的得分。最后的评分标准是：如果某种气质得分明显高出其他三种(均高出 4 分以上)，则可定为该种气质；如两种气质得分接近(差异低于 3 分)而又明显高于其他两种(高出 4 分以上)，则可定为两种气质的混合型；如果三种气质均高于第四种的得分且相接近，则为三种气质的混合型。由此可能具有 13 种类型：①胆汁；②多血；③黏液；④抑郁；⑤胆汁－多血；⑥多血－黏液；⑦黏液－抑郁；⑧胆汁－抑郁；⑨胆计－多血－黏液；⑩多血－黏液－抑郁；⑪胆汁－多血－抑郁；⑫胆汁－黏液－抑郁；⑬胆汁－多血－黏液－抑郁。

一般来说，正分值越高，表明该气质越明显；反之分值越低越负，表明越不具备该气质特征。

参 考 文 献

[1]涂远娜，邹萱萱．舞蹈与幼儿舞蹈创编[M]．北京：人民邮电出版社，2015．

[2]朱列文，李薇．服务礼仪与形体训练[M]．北京：中国轻工业出版社，2014．

[3]赵晓玲，张潇云．形体塑造与训练[M]．重庆：重庆大学出版社，2014．

[4]黄咏．形体训练[M]．武汉：武汉大学出版社，2013．

[5]吴昆．风度[J]．思维与智慧，2013(16)．

[6]熊妍．中国民族民间舞文化内涵探究[J]．大众文艺，2013(24)．

[7]李霞，胡红霞，甘琛．秘书礼仪实务[M]．杭州：浙江大学出版社，2012．

[8]鲍日新．社交形象礼仪[M]．上海：上海浦江教育出版有限公司，2012．

[9]顾筱君．21世纪想想设计教程[M]．北京：机械工业出版社，2012．

[10]陈康荣．舞蹈基础[M]．上海：复旦大学出版社，2012．

[11]朱明华．职场人士的气质培养[J]．转业军官，2012(11)．

[12]关洁．个人形象设计[M]．北京：中国戏剧出版社，2011．

[13]唐满城，金浩．中国古典舞身韵教学法[M]．上海：上海音乐出版社，2011．

[14]张桂兰．形体训练[M]．北京：国防工业出版社，2010．

[15]王佩英．中国古典舞身韵[M/CD]．北京：北京舞蹈学院出版社，2010．

[16]张华莹．浅谈形体训练的内容及常见的形体运动[J]．运动，2010(9)．

[17]陈晓洁．浅谈健美操的内涵美[J]．新西部，2010(18)．

[18]杨坤．芭蕾形体训练教程[M]．北京：高等教育出版社，2009．

[19]郑彦离．礼仪与形象设计[M]．北京：清华大学出版社，2009．

[20]徐桂云．形体训练教程[M]．济南：山东大学出版社，2009．

[21]贾孟喜，陈开梅．职业女性形象设计教程[M]．武汉：华中师范大学出版社，2009．

[22]向智星．形体训练[M]．北京：高等教育出版社，2009．

[23]李晓帆，张绍荣．形体训练三要素：综合性、科学性和艺术性[J]．湖南税务高等专科学校学报，2009(4)．

[24]岳婷婷．浅谈芭蕾基础训练及其重要性[J]．成功(教育)，2009(6)．

[25]钱利安，王华．金融职业礼仪[M]．北京：中国金融出版社，2009．

[26]陈光谊．现代实用社交礼仪[M]．北京：清华大学出版社，2009．

[27]王芬．秘书礼仪实务[M]．北京：电子工业出版社，2009．

[28]吴雨潼．职业形象设计与训练[M]．大连：大连理工大学出版社，2008．

[29]陈宝珠．形体训练与形象塑造[M]．北京：清华大学出版社，2008．

[30]杨超．浅谈形体训练与良好气质的培养[J]．重庆：科学咨询(教育科研)，2008．

[31]刘丽．形体健美训练的科学安排[J]．体育世界(学术版)，2008(2)．

[32]葛犀．形体训练的健心价值[J]．网络科技时代，2008(10)．

[33]张澜．民航服务心理与实务[M]．北京：旅游教育出版社，2007．

[34]谢迅．商务礼仪[M]．北京：对外经济贸易大学出版社，2007．

[35]刘长凤．实用服务礼仪培训教程[M]．北京：化学工业出版社，2007．

[36]吕维霞，刘彦波．商务礼仪[M]．北京：清华大学出版社，2007．

[37]徐克茹．商务礼仪标准培训[M]．北京：中国纺织出版社，2007．

[38]周庆．商务礼仪实训教程[M]．武汉：华中科技大学出版社，2007．

[39]彭澎．礼仪与文化[M]．北京：清华大学出版社，2007．

[40]杨茳，王刚．礼仪培训教程[M]．北京：人民交通出版社，2007．

[41]杨丽敏．现代职业礼仪[M]．北京：高等教育出版社，2007．

[42]邹奇．世界艺术经典：交际舞卷[M]．长春：吉林文史出版社，2006．

[43]科雯．瑜伽 52 式健康功效图谱[M]．北京：中国纺织出版社，2006．

[44]李莉．实用礼仪教程[M]．北京：中国人民大学出版社，2006．

[45]唐树伶，等．服务礼仪[M]．北京：清华大学出版社、北京交通大学出版社，2006．

[46]杨海清．现代商务礼仪[M]．北京：科学出版社，2006．

[47]周彬琳．实用口才艺术[M]．大连：东北财经大学出版社，2006．

[48]刘艳．培养当代大学生风度美管见[J]．辽宁教育行政学院学报，2005(2)．

[49]国英．现代礼仪[M]．北京：机械工业出版社，2005．

[50]王伟伟．礼仪形象学[M]．北京：人民出版社，2005．

[51]胡晓涓．商务礼仪[M]．北京：中国人民大学出版社，2005．

[52]黄琳．商务礼仪[M]．北京：机械工业出版社，2005．

[53]王佩英．中国古典舞基本功训练教程[M]．上海：上海音乐出版社，2004．

[54]陈柳．职业人形象设计与修炼[M]．上海：上海远东出版社，2004．

[55]国英．公共关系与现代交际礼仪案例[M]．北京：机械工业出版社，2004．